A Criança e o Seu Mundo

O GEN | Grupo Editorial Nacional – maior plataforma editorial brasileira no segmento científico, técnico e profissional – publica conteúdos nas áreas de ciências humanas, exatas, jurídicas, da saúde e sociais aplicadas, além de prover serviços direcionados à educação continuada e à preparação para concursos.

As editoras que integram o GEN, das mais respeitadas no mercado editorial, construíram catálogos inigualáveis, com obras decisivas para a formação acadêmica e o aperfeiçoamento de várias gerações de profissionais e estudantes, tendo se tornado sinônimo de qualidade e seriedade.

A missão do GEN e dos núcleos de conteúdo que o compõem é prover a melhor informação científica e distribuí-la de maneira flexível e conveniente, a preços justos, gerando benefícios e servindo a autores, docentes, livreiros, funcionários, colaboradores e acionistas.

Nosso comportamento ético incondicional e nossa responsabilidade social e ambiental são reforçados pela natureza educacional de nossa atividade e dão sustentabilidade ao crescimento contínuo e à rentabilidade do grupo.

D.W. Winnicott

A Criança e o Seu Mundo

TRADUÇÃO
Álvaro Cabral

Sétima edição

- O autor deste livro e a editora empenharam seus melhores esforços para assegurar que as informações e os procedimentos apresentados no texto estejam em acordo com os padrões aceitos à época da publicação, *e todos os dados foram atualizados pelo autor até a data de fechamento da edição original do livro*. Entretanto, tendo em conta a evolução das ciências, as atualizações legislativas, as mudanças regulamentares governamentais e o constante fluxo de novas informações sobre os temas que constam do livro, recomendamos enfaticamente que os leitores consultem sempre outras fontes fidedignas, de modo a se certificarem de que as informações contidas no texto estão corretas e de que não houve alterações nas recomendações ou na legislação regulamentadora.
- Data do fechamento da edição brasileira do livro: 27/09/2021
- O autor e a editora se empenharam para citar adequadamente e dar o devido crédito a todos os detentores de direitos autorais de qualquer material utilizado neste livro, dispondo-se a possíveis acertos posteriores caso, inadvertida e involuntariamente, a identificação de algum deles tenha sido omitida.
- **Atendimento ao cliente: (11) 5080-0751 | faleconosco@grupogen.com.br**
- Traduzido de
  The Child, the Family and the Outside World
  © 1964, 1957 by Estate of D. W. Winnicott.
  First published in English by Tavistock Publications Ltd. Authorised translation from the English language edition published by Routledge, a member of the Taylor & Francis Group.
- Direitos exclusivos para a língua portuguesa
  Copyright © 2022 by
  LTC | Livros Técnicos e Científicos Editora Ltda.
  Uma editora integrante do GEN | Grupo Editorial Nacional
  Travessa do Ouvidor, 11
  Rio de Janeiro – RJ – 20040-040
  www.grupogen.com.br
- Reservados todos os direitos. É proibida a duplicação ou reprodução deste volume, no todo ou em parte, em quaisquer formas ou por quaisquer meios (eletrônico, mecânico, gravação, fotocópia, distribuição pela Internet ou outros), sem permissão, por escrito, da LTC | Livros Técnicos e Científicos Editora Ltda.
- Capa: e-Clix
- Imagem da capa: Izaias Costa
- Editoração eletrônica: Caio Cardoso

CIP-BRASIL. CATALOGAÇÃO-NA-FONTE
SINDICATO NACIONAL DOS EDITORES DE LIVROS, RJ.

W742c
7. ed.

Winnicott, D. W. (Donald Woods), 1896-1971
 A criança e o seu mundo / D. W. Winnicott; tradução Álvaro Cabral. - 7. ed. - Rio de Janeiro: LTC, 2022.
 248 p. ; 21 cm.

 Tradução de: The child, the family and the outside world
 ISBN 9788521637714

 1. Crianças - Formação. 2. Pais e filhos. I. Cabral, Álvaro. II. Título.

21-72708   CDD: 649.1
                        CDU: 649.1

Leandra Felix da Cruz Candido - Bibliotecária - CRB-7/6135

A maior parte deste livro baseia-se em palestras transmitidas pela B.B.C., em diversas ocasiões, e desejo exprimir minha gratidão à produtora do programa, Srta. Iza Benzie. Desejaria, também, agradecer à Dra. Janet Hardenberg, que ajudou a preparar os temas para o público leitor (em contraste com o público ouvinte), quando foram publicadas pela primeira vez.

D. W. Winnicott

Nota da editora

A Criança e o Seu Mundo foi escrito por Donald Woods Winnicott há mais de cinco décadas, em um contexto histórico, cultural, social e político muito distinto do atual. Embora continue a ser um dos conteúdos mais utilizados e aceitos em sua área, a editora está ciente de que pode haver trechos considerados anacrônicos. Contudo, para garantir rigor científico e respeito ao pensamento do autor, optou-se por manter o texto original, sem qualquer ressalva.

SUMÁRIO

Apresentação, ix
Flávia Maria de Paula Soares

Introdução, xvii

PRIMEIRA PARTE
Mãe e Filho, 1
Capítulo 1 Um Homem Encara a Maternidade, 2
Capítulo 2 Conheça o Seu Filhinho, 6
Capítulo 3 O Bebê como Organização em Marcha, 12
Capítulo 4 Alimentação do Bebê, 17
Capítulo 5 Para Onde Vai o Alimento, 22
Capítulo 6 O Fim do Processo Digestivo, 27
Capítulo 7 Pormenores da Alimentação do Bebê pela Mãe, 32
Capítulo 8 Amamentação, 37
Capítulo 9 Por que Choram os Bebês?, 45
Capítulo 10 O Mundo em Pequenas Doses, 56
Capítulo 11 O Bebê como Pessoa, 62
Capítulo 12 O Desmame, 67
Capítulo 13 Mais Ideias sobre os Bebês como Pessoas, 72

viii A Criança e o Seu Mundo

Capítulo 14 A Moralidade Inata do Bebê, 80
Capítulo 15 Instintos e Dificuldades Normais, 85
Capítulo 16 As Crianças e as Outras Pessoas, 90

SEGUNDA PARTE
A Família, 99

Capítulo 17 E o Pai?, 100
Capítulo 18 Os Padrões Deles e os Seus, 106
Capítulo 19 O que Entendemos por uma Criança Normal?, 112
Capítulo 20 O Filho Único, 119
Capítulo 21 Gêmeos, 124
Capítulo 22 Por que as Crianças Brincam?, 130
Capítulo 23 A Criança e o Sexo, 134
Capítulo 24 Roubar e Dizer Mentiras, 148
Capítulo 25 Primeiras Experiências de Independência, 154
Capítulo 26 Apoio aos Pais Normais, 160

TERCEIRA PARTE
O Mundo Exterior, 165

Capítulo 27 Necessidades das Crianças de Menos de Cinco Anos, 166
Capítulo 28 A Mãe, a Professora e as Necessidades da Criança, 176
Capítulo 29 Sobre Influenciar e Ser Influenciado, 186
Capítulo 30 Diagnóstico Educacional, 192
Capítulo 31 Timidez e Perturbações Nervosas nas Crianças, 198
Capítulo 32 Educação Sexual nas Escolas, 203
Capítulo 33 Visitas a Crianças Hospitalizadas, 208
Capitule 34 Aspectos da Delinquência Juvenil, 214
Capítulo 35 As Raízes da Agressividade, 220

APRESENTAÇÃO

> A assistência adequada a um bebê só pode ser feita com o coração; talvez eu devesse dizer que a cabeça, por si só, nada pode fazer, se os sentimentos não estiverem também livres para agir em conjunto com ela.
>
> Winnicott | *A criança e o seu mundo* (p. 112)

Em 2021, comemoram-se os 125 anos do nascimento de Donald Woods Winnicott (1896-1971), pediatra e psicanalista inglês que, diante de sua clínica, percebeu que grande parte da sintomatologia dos bebês e das crianças pequenas tinha sua origem na relação mãe-bebê e no estilo das condições psicológicas maternas.

Publicado originalmente em 1964, *A criança e o seu mundo* é organizado em três partes e, em cada uma delas, Winnicott traz uma dimensão de ambiente que permite a criação dos mundos pela criança. Na primeira parte, *Mãe e Filho*, Winnicott aborda a relação íntima entre a mãe e seu filhinho como um vínculo afetivo que fundamenta a constituição de uma personalidade rica e saudável do bebê. O autor se dirige diretamente às mães, não como um especialista detentor de um saber, mas com a humildade de quem é sábio. Ele busca compreender a arte da maternagem ao reconhecer o precioso saber das mães em comparação ao saber técnico profissional. Para ele, "talvez só as mães possam dizer o que queremos saber" (p. 25).

Porém não é só a mãe que possui um saber. Winnicott acrescenta a importante concepção de que o bebê também detém um saber, pois, em suas palavras: "Ele [o bebê] não é tão bobo assim" (p. 30). Ainda que mãe e bebê tenham, cada um, seu próprio saber, mesmo assim eles precisarão se conhecer. Isso porque cada bebê tem seu jeito peculiar, e também a mãe é única na relação com cada filho. Desse modo, a mãe precisará conhecer o seu bebê e o bebê precisará conhecer a mãe.

Segundo Winnicott, essa relação de mutualidade entre os dois oferece as bases para uma personalidade rica e saudável do bebê, que se tornará adulto. A possibilidade de a mãe vir a conhecer seu bebê é propiciada por um forte vínculo entre os dois. O pediatra inglês localiza os fundamentos da saúde mental nos primeiros meses de vida, nas primeiras semanas, nas primeiras mamadas do bebê e, invariavelmente, na relação com sua mãe, a qual se passa entre dois seres humanos que "estão prontos a unirem-se mutuamente pelos tremendamente poderosos laços do amor, e, naturalmente, terão primeiro de se conhecer um ao outro antes de aceitarem os grandes riscos emocionais envolvidos" (p. 38).

De acordo com essa concepção teórica, a ação prescritiva de um saber técnico exterior à dupla mãe-bebê é inválida e até prejudicial ao desempenho da mãe suficientemente boa. A razão disso é que o que deve ser colocado em ação na maternagem não é um saber intelectual, artificial e mecânico, mas intuitivo – de ordem inconsciente – que é centrado no prazer da experiência mútua da mãe com seu bebê, e não na realização pura e simples de suas tarefas da maternagem. Trata-se de uma relação que acontece na intimidade da casa, no campo privado e, principalmente, nos braços da mãe.

Na atualidade, pode-se observar que as mães recorrem com frequência aos saberes de manuais ou conselhos – em geral, homogeneizantes –, encontrados nas redes sociais, os quais se tornam barreira ao seu verdadeiro saber pessoal. Saberes externos a ela trazem imperativos do que seria uma mãe ideal (como se alguém o soubesse!) e podem fazer a mãe perder a confiança em seu saber íntimo e se submeter às intervenções de um saber externo, mecânico e artificial.

Neste livro, Winnicott parte de conferências transmitidas pela BBC e, por meio da utilização de meios de comunicação da grande mídia, dirige-se ao público leigo. O leitor logo perceberá uma das principais características do estilo de Winnicott presentes nas suas obras, inclusive em *A criança e o seu mundo*: ele se expressa com clareza e aparente simplicidade em sua linguagem, utilizando-se de palavras do cotidiano e do senso comum, que tornam seus ensinamentos acessíveis às mães, suas principais interlocutoras. No entanto, por trás dessa aparente simplicidade, os termos utilizados na psicanálise winnicottiana ganham o estatuto de noções e conceitos técnicos. Winnicott consegue atingir as mães, mas implica também, em sua obra, os profissionais da área da saúde (médicos, enfermeiros e psicanalistas), da assistência social e da educação.

E o que se descobre em seus textos? A preciosidade do aprofundamento técnico para quem sabe da potência criativa de sua psicanálise e das consequências que podem orientar a prática profissional. Não podemos, porém, nos enganar: Winnicott afirma com veemência que a intervenção dos especialistas pode produzir uma fratura na capacidade de maternagem e nas referências familiares que devem ocorrer espontaneamente no curso da vida da criança.

A psicanálise winnicottiana é fundamentada nas experiências empíricas de sua clínica pediátrica e psicanalítica. Winnicott, a partir de sua prática profissional específica, destaca a importância do ambiente e das relações do dia a dia familiar na saúde do indivíduo, situando as bases da personalidade no tempo mais precoce do desenvolvimento. Se autores da psicologia do desenvolvimento, em geral, e, em particular, da psicanálise localizam os fundamentos da identidade e da personalidade nos primeiros anos de vida, Winnicott também o faz, afirmando que os primeiros meses de vida, os primeiros dias e as primeiras mamadas do bebê são os mais importantes.

Na medida em que o ambiente se amplia, o mundo se complexifica. Inicialmente, o ambiente é a mãe-ambiente; em seguida, passa a ser a família. Na progressão da ampliação do mundo, estão a escola, a comunidade e, finalmente, a sociedade mais abstrata, da qual o indivíduo maduro participa e à qual contribui com sua maturidade, para a sustentação da democracia.

Winnicott é um autor que visa às experiências cotidianas das pessoas comuns, mas é para as mães que ele principalmente dedica sua contribuição. O mais interessante em seu modo de fazê-lo é que ele não lhes oferece um manual prescritivo, de cunho técnico, de como as mães devem agir, mas, ao contrário, ele se coloca como seu aprendiz. Winnicott valoriza as experiências de vida da mãe na relação com seu bebê e autoriza o saber materno – inconsciente –, reconhecendo que uma das principais justificativas para a existência dessa sua habilidade é porque a mãe já foi, ela mesma, um bebê. No período inicial da vida do bebê recém-nascido, a mãe consegue resgatar regressivamente sua experiência precoce com sua própria mãe, a qual envolve a preocupação saudável que permite que ela, na atualidade como mãe, identifique-se com seu bebê e o compreenda com grande sofisticação e sensibilidade, adaptando-se, de modo quase exato, às necessidades dele. Esse estado psicológico da mãe é a preocupação materna primária.

Para se compreender a primeira parte do livro, convém uma explicação breve acerca do psiquismo materno e da teoria do amadurecimento pessoal. No campo psicanalítico, é somente Winnicott que se dedica a desenvolver conceitos do psiquismo materno, tal como o brilhante conceito de mãe dedicada comum, ou mãe suficientemente boa, que demonstra que suas falhas normais, suas dúvidas e suas inseguranças fazem parte de ser uma boa mãe. Assim, cai por terra a perspectiva da existência da mãe ideal, que seria absolutamente presente, e ganha espaço, em sua teoria, a mãe real, da vida de verdade: a minha mãe, a tua, a da amiga ou a do vizinho.

A originalidade e a genialidade de Winnicott estão em sua habilidade de conceituar fenômenos presentes no cotidiano das famílias, tão evidentes e óbvios que parece que ninguém os percebe. Por exemplo: a preocupação materna primária enquanto hipersensibilidade das mães (nos períodos pré-natal e pós-parto), os objetos transicionais (a boneca de pano, o ursinho ou o paninho) e os fenômenos transicionais (os maneirismos de mexer no lóbulo da orelha, fazer bolinhas de lã com os fiapos de sua mantinha etc.), em suas funções apaziguadoras das ansiedades da criança pequena, diante da percepção da separação da mãe.

Este livro também trata da constituição da percepção de mundo para a criança, que ocorre progressivamente, no processo de amadurecimento pessoal. O mundo não existe desde o início para a criança; ele precisará ser construído por ela em diversas versões da constituição de realidades, de acordo com sua perspectiva de amadurecimento pessoal. Como o mundo das coisas vai sendo apreendido pelo bebê?

Para compreender as especificidades da psicanálise winnicottiana, ela deve ser situada como uma teoria do amadurecimento pessoal – individual e saudável. Tal teoria do desenvolvimento "normal" é dividida por etapas do ciclo da vida: do bebê, da criança pequena, da criança na latência, da adolescência, da vida adulta e, finalmente, da velhice. Cada uma dessas grandes etapas possui tarefas peculiares a serem conquistadas no campo pessoal. O amadurecimento pessoal emocional é composto por uma tendência inata ao desenvolvimento (presente na vida) e pelo ambiente que facilita essa tendência. Winnicott, dirigindo-se às mães, esclarece a dimensão vital inata do desenvolvimento:

O seu bebê não depende de você para crescer e desenvolver-se. Cada bebê é uma organização em marcha. Em cada bebê há uma centelha vital, e seu ímpeto para a vida, para o crescimento e o desenvolvimento é uma parcela do próprio bebê, algo que é inato na criança e que é impelido para a frente de um modo que não temos de compreender (p. 35).

Em outra dimensão do amadurecimento pessoal da criança, a mãe propicia o ambiente apropriado para que a tendência inata do bebê se realize. O ambiente é pessoal e caracterizado por uma relação de mutualidade, devendo ainda ser estável, previsível e confiável. De início, o ambiente é a mãe-ambiente.

A criança, no entanto, não é autônoma e independente nesse processo. Isso porque ela precisa do suporte de um ambiente de relações que facilitem a realização da constituição de seus mundos. No início da vida, a mãe-ambiente progressivamente apresenta, "em pequenas doses", os objetos do mundo para o bebê. Nas palavras de Winnicott,

> A mãe reparte com o seu filho um fragmento especializado do mundo, conservando esse fragmento suficientemente pequeno para que a criança não se confunda, mas ampliando-o gradualmente, de maneira que a crescente capacidade da criança para desfrutar o mundo seja alimentada. Esta é uma das partes mais importantes da tarefa materna. E a mãe a desempenha com naturalidade (p. 79).

Em *A criança e o seu mundo*, Winnicott apresenta, talvez, uma das noções mais originais da sua psicanálise: a proposição de uma nova dimensão de realidade, a terceira área da experiência. Essa noção contempla, além das frequentes concepções psicanalíticas de tradição, as realidades interna e externa, ou seja, um lugar "entre", recheado de ilusão e de símbolos, que o autor denomina terceira área da experiência. Trata-se, pois, de um espaço criativo do brincar, das artes e da religião, que é verdadeiramente o lugar onde vivemos. É nesse espaço de potência criativa que Winnicott afirma ser onde devemos ter um pé, enquanto o outro deve estar na realidade dos objetos exteriores reconhecidos e compartilhados com as outras pessoas, onde encontramos as coisas do mundo. Para Winnicott, "[...] ele [o bebê] estará exultante por encontrar a mãe por trás do seio ou da mamadeira, e descobrir o quarto por trás da mãe, e o mundo para além do quarto" (p. 29).

Aqui Winnicott traz o paradoxo da questão filosófica sobre se a realidade existe por si, exterior a nós, ou se ela é criada, ou seja, "aquele objeto que vemos ali está realmente ali ou apenas o imaginamos?" (p. 112). O autor ensina que essa pergunta *nunca* deve ser feita. O paradoxo deve ser aceito, e *nunca* questionado. No entanto, é preciso destacar que, para Winnicott, a noção de saúde não é suficiente, posto que a experiência da vida deve ser enriquecedora, sempre na relação com o outro, na riqueza das experiências subjetivas e na saúde de sua expressão na realidade.

A criança e, posteriormente, o indivíduo criam o mundo – ou, melhor dizendo, os mundos se complexificam à medida em que o ambiente se amplia: inicialmente a mãe-ambiente; em seguida, a família, a escola e, finalmente, a abertura progressiva para o mundo social.

Na segunda parte do livro, *A Família*, Winnicott dedica-se à relação das crianças um pouco maiores com a família, quando o ambiente facilitador da tendência ao amadurecimento se amplia e inclui o pai, os irmãos, os primos, os tios e os avós. Essa criança se encaminha rumo à independência (nesse momento, ainda relativa), desenvolvendo sua sexualidade infantil e criando seus mundos por meio do brincar.

De que família se trata? Tal como em sua psicanálise – a mãe precisa ser apenas suficientemente boa, isto é, ela apresenta falhas normais em oposição a modelos de mãe ideal ou perfeita –, Winnicott caracteriza o lar comum e normal com bons pais comuns. De difícil definição, mas de fácil compreensão, o lar comum remete às experiências que ocorrem espontaneamente no cotidiano, sem modelos *prêt-à-porter*. Winnicott alerta que:

> O que os pais necessitam sempre é ser esclarecidos sobre as causas subjacentes, não aconselhados nem instruídos quanto a um método. Deve-se também dar aos pais margem para experiências e para o cometimento de erros, para que possam aprender à própria custa (p. 193).

No início da vida do bebê, a função do pai é proteger a mãe de interferências externas à sua dedicação ao bebê. O pai pode preservar as condições ambientais, para que a mãe exerça sua maternagem. Quando a criança está um pouco maior, o pai recebe destaque, como uma importante parte da família, quando passa a participar do desenvolvimento de seu filho. Posteriormente, quando já é reconhecido pela criança, o pai pode agir trazendo as leis, os limites e as regras de convivência da sociedade. Ele também oferece as referências sobre o masculino na relação edípica, tanto para o menino como para a menina. Dessa forma, torna-se aporte para identificações de seu filho, ou o suporte para ser o modelo de destinação amorosa de sua filha menina.

Também importantes são os irmãos e os primos, que participam na organização das relações emocionais com os pares, com brincadeiras que acessam simultaneamente seu interior com a realidade externa compartilhada.

Na terceira e última parte do livro, "O mundo exterior", Winnicott considera a criança em um ambiente mais vasto – sobretudo a escola. Nessa parte da obra, as temáticas são mais heterogêneas: a criança na pré-escola e na escola; observações para os professores; a criança hospitalizada; a delinquência infantil e as raízes da agressividade.

Quando a criança não está mais somente no âmbito familiar, passando a frequentar a pré-escola e a escola, para a aprendizagem de disciplinas de ordem mais intelectual, ela pode conviver (e brincar) com seus pares e os professores. Seu mundo se amplia significativamente em direção ao exterior, até que este se torne a sociedade.

Em praticamente todos os capítulos da obra, o pano de fundo que se encontra é o de que se as coisas "se saem bem", conforme a facilitação de diversos ambientes, encontraremos um adulto maduro, que participa da sociedade, a qual, por sua vez, contribui de modo responsável com a família e a mãe. Conforme Winnicott, "[...] existe hoje a compreensão de que na infância está a base para a saúde mental e, finalmente, para a maturidade em termos do adulto que pode identificar-se com a sociedade, sem perder o sentido de sua importância pessoal" (p. 192).

Desta forma, a possibilidade da existência de uma sociedade democrática depende da contribuição da mãe exercida na relação com seu bebê. Citando Winnicott:

> Procuro chamar a atenção para a imensa contribuição prestada no início, ao indivíduo e à sociedade, pela boa mãe comum, com o apoio do marido, uma contribuição que ela dá, simplesmente, graças à dedicação pelo seu bebê. Não será essa contribuição da mãe devotada incompreendida precisamente por ser imensa? (p. 18)

Como um fio que perpassa os capítulos do livro, Winnicott traz a importância da agressividade como um aspecto saudável do amadurecimento pessoal individual. A agressividade participa da formação da personalidade da criança e se transforma no decorrer da vida. Ela faz parte da natureza humana, desde o bebê até a velhice. Para o autor, "a agressão tem dois significados. Por um lado, constitui direta e indiretamente uma reação à frustração. Por outro lado, é uma das muitas fontes de energia de um indivíduo" (p. 240).

A moralidade inata existe no indivíduo como uma tendência ao desenvolvimento da responsabilidade sobre sua agressividade. Como alternativa à destruição, tem-se a construção que, em condições favoráveis do ambiente, transforma o significado da agressão como reação à frustração e, por outro, como uma das fontes construtivas do psiquismo a partir dessa energia presente no indivíduo. A moralidade existe no indivíduo como uma tendência inata ao desenvolvimento da responsabilidade sobre sua agressividade. Diante disso, Winnicott pergunta para as mães: "[...] de que maneira o seu filho encontrará um método para dominar essas forças agressivas, colocando-as a serviço da tarefa de viver, amar, brincar e, finalmente, trabalhar?" (p. 246).

Eu te convido, leitor, a responder às questões trazidas nesta apresentação da obra *A criança e o seu mundo*, por meio da escrita, ao mesmo tempo leve e profunda, das contribuições oferecidas por Donald Woods Winnicott!

Boa leitura!

Flávia Maria de Paula Soares
Psicóloga (PUC-PR), Psicanalista, Professora Universitária
(PUC-PR), Mestre em Psicologia Clínica (PUC-SP) e
Doutora em Filosofia – Filosofia da Psicanálise (PUC-PR)

INTRODUÇÃO

Este livro necessita, ao que me parece, de uma introdução. Trata de mães e bebês, de pais e filhos, e, mais para o final, de crianças na escola e no mundo mais vasto que as cerca. A linguagem que usei cresce, por assim dizer, com o crescimento da criança e espero que se conjugue bem com a transformação que vai desde a intimidade dos cuidados com o bebê até as mais desenvolvidas e apropriadas relações com a criança mais velha.

Embora os primeiros capítulos estejam dedicados, com uma intimidade familiar, às mães, não pretendo certamente defender o ponto de vista de que à jovem mãe seja essencial a leitura de livros sobre os cuidados a dispensar a seus filhos. Isso implicaria estar a mãe mais cônscia e segura de seu estado do que realmente é o caso. Ela necessita proteção e esclarecimentos; precisa do melhor que a ciência médica pode oferecer no tocante aos cuidados físicos. Necessita de um médico e de uma enfermeira que sejam seus conhecidos e em quem deposite confiança. Precisa também da dedicação de um marido e de experiências sexuais que a satisfaçam. Mas não necessita, forçosamente, que lhe expliquem antecipadamente o que se sente ao ser mãe.

Uma das minhas principais ideias é esta: que os melhores instintos maternos promanam de uma confiança natural nos recursos próprios e convém distinguir as coisas que ocorrem naturalmente e as que têm de ser aprendidas; por isso, tento distinguir entre ambos, de maneira que tudo quanto sucede naturalmente não se estrague.

Creio haver justificação para dirigirmo-nos diretamente a mães e pais, visto que as pessoas querem saber o que acontece nas primeiras fases da infância e, seja como for, o assunto ganha mais vida dessa maneira do que se eu escrevesse a respeito de mães e bebês em um plano abstrato.

As pessoas querem saber sobre os primórdios de suas vidas, e acho que elas devem querer saber. Poder-se-ia dizer que alguma coisa faltaria na sociedade humana se os filhos crescessem e fossem, por seu turno, pais e mães, mas sem saberem e reconhecerem o que as mães fizeram por eles no começo.

Com isto não quero dizer que os filhos devem agradecer aos pais pelo fato de os terem concebido, ou mesmo pela colaboração na formação do lar e orientação dos problemas de família. O que me interessa é a relação entre a mãe e o seu bebê, antes de este nascer e nas primeiras semanas e meses após o nascimento. Procuro chamar a atenção para a imensa contribuição prestada no início, ao indivíduo e à sociedade, pela boa mãe comum, com o apoio do marido, uma contribuição que ela dá, simplesmente, graças à dedicação pelo seu bebê.

Não será essa contribuição da mãe devotada incompreendida precisamente por ser imensa? Se tal contribuição for reconhecida e aceita, segue-se que todo indivíduo mentalmente são, todo aquele que se sente como pessoa no mundo e para quem o mundo significa alguma coisa, toda pessoa feliz, está em infinito débito com uma mulher. Em certa época, nos primeiros tempos da infância, em que não existia percepção de dependência, éramos totalmente dependentes.

Permitam-me realçar, uma vez mais, que o resultado de tal reconhecimento do papel materno, quando surge, não será gratidão nem mesmo louvor. O resultado será certo abrandamento, em nós próprios, de uma sensação de medo. Se a nossa sociedade demora em reconhecer plenamente essa dependência que constitui um fato histórico na fase inicial do desenvolvimento de todo indivíduo, ficará um obstáculo ao conforto e à saúde completa, um obstáculo que resulta de um medo. Se não houver um verdadeiro reconhecimento do papel da mãe, então permanecerá em nós um vago medo de dependência. Esse medo adquire por vezes a forma de um medo à mulher, em geral, ou a determinada mulher; e, em outras ocasiões, assumirá formas menos facilmente reconhecíveis, mas incluindo sempre o medo de ser dominado.

Infelizmente, o medo de ser dominado não faz com que grupos de pessoas evitem ser dominados; pelo contrário, são atraídos para uma dominação específica ou escolhida. De fato, se estudarmos a psicologia do ditador, é de esperar que se encontre, entre outras coisas, que em sua luta pessoal está tentando esforçadamente controlar a mulher cujo domínio ele inconscientemente ainda teme, procurando controlá-la servindo-a, atuando para ela e, por seu turno, exigindo total sujeição e "amor".

Muitos estudiosos da história social têm sustentado que o medo à mulher é uma causa poderosa do aparentemente ilógico comportamento dos seres humanos em grupos, mas raramente se averiguam suas verdadeiras raízes. Observando as suas causas profundas na história de cada indivíduo, esse medo à mulher resulta ser um medo de reconhecer o fato de dependência, a dependência inicial da infância mais remota. Há, portanto, boas razões sociais para instigar as pesquisas sobre as primeiras fases das relações entre o bebê e a mãe.

Atualmente, nega-se a importância inicial da mãe, com bastante frequência, e em seu lugar diz-se que, nos primeiros meses, tudo o que é preciso é uma técnica de cuidados físicos e, portanto, uma boa ama pode realizar a mesma tarefa a igual contento. Sabemos até de mães a quem se recomenda que devam ser maternais com seus bebês, sendo este o grau extremo de negação de que a "ação materna" resulta, naturalmente, do fato de ser mãe.

O asseio administrativo, as leis da higiene, uma louvável preocupação em incentivar a saúde física, estas e muitas outras coisas interpõem-se entre a mãe e seu bebê e é improvável que as próprias mães se ergam, em um esforço conjugado para protestar contra essa interferência. Escrevo este livro porque alguém deve agir a favor das jovens mães que estão tendo seus primeiros ou segundos bebês e que se encontram, necessariamente, em estado de dependência. Espero levar-lhes apoio à confiança que depositam em suas tendências naturais, enquanto, ao mesmo tempo, rendo completo tributo à habilidade e ao zelo dos que prestam ajuda quando a mãe e o pai ou os vários substitutos paternos necessitam de quem os auxilie.

PRIMEIRA
PARTE

Mãe e Filho

CAPÍTULO 1

Um Homem Encara a Maternidade

Para começar, você ficará aliviada, leitora, quando souber que não tenciono explicar o que tem a fazer. Sou homem e, portanto, jamais poderei saber, na verdade, o que se sente ao ver ali embrulhado no berço uma parcela do meu próprio ser, um pedaço de mim vivendo uma vida independente, mas, ao mesmo tempo, dependente e tornando-se, pouco a pouco, uma pessoa. Só uma mulher pode sentir isso e, talvez, só uma mulher possa até imaginar essa experiência quando, por infortúnio de uma ou outra espécie, lhe falta a prova real e concreta.

Que me competirá então fazer, se não vou dar quaisquer instruções? Estou habituado a receber mães que me trazem seus filhos e, quando isso acontece, vemos logo diante dos olhos aquilo sobre o que queremos falar. O bebê salta nos joelhos da mãe, tenta agarrar objetos sobre a minha escrivaninha, desliza para o chão e engatinha de um lado para o outro; sobe nas cadeiras ou joga no chão os livros das estantes; ou talvez se agarre com força à mãe, aterrorizado à vista do médico de bata branca, que será com certeza um monstro devorador de crianças, quando elas são boazinhas, ou fará coisas ainda piores, se forem endiabradas. Ou uma criança mais velha vai sentar-se a uma mesa à parte fazendo desenhos, enquanto a mãe e eu tentamos organizar, peça por peça, a história do seu desenvolvimento, para averiguarmos em que momento as coisas começaram a falhar. A criança está de ouvido atento, para se assegurar de que não estejamos tramando alguma maldade, e, ao mesmo tempo, está se comunicando comigo sem falar, por intermédio dos desenhos que eu, uma vez por outra, vou até a mesa espiar.

Quão fácil é tudo isso e como é diferente minha tarefa agora, obrigado a configurar bebês e crianças pequenas, a partir de minha imaginação e experiência!

Você teve a mesma dificuldade. Se eu não posso comunicar-me consigo, imagino o que você sentiria na presença de um bebê de apenas algumas semanas de idade, ignorando se estava ali ou não algo com que se comunicar. Se você está meditando nisto, procure recordar em que idade o seu bebê (ou bebês) pareceu dar-se conta de você como pessoa e o que lhe fez ter a certeza, nesse momento emocionante, de que vocês eram duas pessoas comunicando-se mutuamente. Não lhe foi necessário fazer tudo, falando de diversos pontos do quarto. Que linguagem teria você usado? Não, você se viu absorvida, nos cuidados com o corpo do bebê, e gostou que assim fosse. Você sabia exatamente como segurar o bebê nos braços, como deitá-lo e como deixá-lo sozinho e bem instalado, para que o berço atuasse por si mesmo; você aprendeu a arranjar as roupas de modo que propiciassem conforto e conservassem o calor natural do bebê. Na verdade, você já sabia tudo isso desde menina, quando brincava com bonecas. E, depois, vieram os momentos especiais em que você fazia coisas definidas: alimentar, banhar, mudar fraldas e acariciar. Por vezes, a urina escorria pelo seu avental ou lhe ensopava a roupa como se você própria houvesse tido um descuido, mas nada disso lhe incomodava. De fato, era por meio dessas pequenas coisas que você iria compreender não só que era mulher, mas uma dedicada mãe, como todas as outras.

Estou dizendo isto porque quero que você saiba o seguinte: este homem, agradavelmente desprendido da vida real, livre do barulho, do cheiro e da responsabilidade de cuidar de uma criança, sabe, na realidade, que a mãe de um bebê está conhecendo o gosto de coisas concretas e palpáveis, e não perderia semelhante experiência por coisa alguma deste mundo. Se até este ponto nos entendemos, talvez me seja permitido falar a respeito do que é ser uma dedicada mãe normal e da maneira como se orientam as primeiras fases da vida de um novo ser. Não lhe poderei dizer exatamente o que fazer, mas poderei falar sobre o que tudo isso significa.

Nas coisas rotineiras e correntes que você faz, você está muito naturalmente realizando coisas muito importantes, e a beleza disso consiste no fato de que você não precisa ser inteligente nem sequer pensar, se isso não lhe apetecer. Você poderá ter sido uma calamidade em Matemática, na escola, ou talvez todas as suas amigas tenham ganhado bolsas de estudo, enquanto você não gostava nem de ver o livro de História, de maneira que sobreveio o fracasso e você abandonou a escola cedo; ou talvez você estivesse saindo-se bem, mas foi acometida de sarampo na véspera do exame. Ou você pode ser realmente inteligente. A verdade é que nada disso conta para o fato de ser, ou não, boa mãe. Se uma criança pode brincar com uma boneca, você pode ser uma dedicada mãe como qualquer outra, e creio que é isso o que sucede quase sempre. Não é estranho que uma coisa tão tremendamente importante dependa tão pouco de uma inteligência excepcional?

Para que os bebês se convertam, finalmente, em adultos saudáveis, em indivíduos independentes, mas socialmente preocupados, dependem totalmente de que lhes seja dado um bom princípio, o qual está assegurado, na natureza, pela existência de um vínculo entre a mãe e o seu bebê: amor é o nome desse vínculo. Portanto, se você ama o seu filhinho, ele estará recebendo um bom princípio.

Apresso-me a esclarecer que não estou falando de sentimentalismos. Todos conhecemos o tipo de gente que vive dizendo: "Ah, como eu adoro crianças!" Mas, perguntamo-nos com uma ponta de incredulidade, será que as amam? O amor de mãe é algo semelhante a uma força primitiva. Nele se conjugam o instinto de posse, o apetite e até certo elemento de contrariedade, em momentos de exasperado humor; e há nele generosidade, energia e humildade, também. Mas o sentimentalismo é alheio a esse amor e algo que repugna as mães.

Ora, pode muito bem suceder que a minha leitora seja mãe dedicada e, além disso, seja daquelas que não gostam de pensar muito nas razões por que o são. Os artistas são, muitas vezes, as pessoas que mais detestam pensar em arte e nas finalidades da arte. A leitora, como mãe, preferirá talvez não pensar nisso e é por tal motivo que faço a advertência seguinte: neste livro iremos tratar de questões que qualquer mãe dedicada conhece, só pelo simples fato de ser ela própria. Mas algumas poderão gostar de meditar sobre o que estão fazendo. Outras já terão, provavelmente, ultrapassado o período propriamente materno; os filhos cresceram e foram para a escola. Poderão gostar, portanto, de relembrar as boas coisas que fizeram e meditar sobre a maneira como lançaram as bases para o desenvolvimento dos filhos. Se o fizeram intuitivamente, esse terá sido, com toda a probabilidade, o melhor método.

É vitalmente importante que se entenda o papel desempenhado pelos que se preocupam com o bebê, a fim de que possamos proteger a jovem mãe de tudo quanto pretenda interpor-se entre ela e o seu filhinho. Se ela não compreende aquilo que realiza tão bem, está sem meios para defender a sua posição e a um passo de estragar facilmente sua tarefa, tentando fazer o que lhe dizem que deve ser assim, ou o que a sua própria mãe fez, ou o que os livros afirmam.

Neste ponto os pais intervêm, não só pelo fato de que podem ser boas mães por períodos limitados de tempo, mas porque também podem ajudar a proteger a mãe e o bebê de tudo que pretenda interferir no vínculo entre ambos, que é a essência e a própria natureza do cuidado materno.

Nas páginas seguintes, estarei deliberadamente tentando converter em palavras o que a mãe faz quando é normalmente e muito simplesmente dedicada ao seu bebê.

Ainda temos muito que aprender sobre os primeiros tempos de uma criança e talvez só as mães possam dizer o que queremos saber.

CAPÍTULO 2
Conheça o Seu Filhinho

A vida da mulher modifica-se, de muitas maneiras, quando ela concebe um filho. Até esse momento, poderia ter sido uma pessoa de vastos interesses, talvez nos negócios, ou uma política arguta, ou uma entusiástica jogadora de tênis, ou alguém sempre disposta para os bailes e diversões. Poderia ser propensa a desdenhar da vida relativamente restrita de suas amigas que tiveram filhos, fazendo rudes comentários sobre a natureza vegetativa de suas existências. É provável que sentisse até repulsa por detalhes técnicos, tais como lavar e passar babadores. Se porventura se interessava por crianças, pode-se dizer que era de um modo mais sentimental que prático. Porém, mais cedo ou mais tarde, acaba por ficar grávida.

No princípio, pode facilmente acontecer que ela se ressinta desse fato, já que poderá vislumbrar, com demasiada clareza, a terrível interferência na sua "própria" vida que isso significa. O que ela vê é a pura realidade, e seria tolice pretendermos negá-lo. Os bebês são uma carga de trabalho e um embaraço positivo, a menos que sejam desejados. Se a mulher jovem não começou ainda a querer o bebê que traz dentro de si, não pode evitar sentir-se infeliz.

A experiência revela, porém, que se opera uma gradual transformação, tanto nos sentimentos quanto no corpo da mulher que concebeu. Poderei dizer que o seu interesse se concentra gradualmente? Talvez seja melhor dizer que a direção do seu interesse se transfere do exterior para o interior. Lenta, mas seguramente, acaba por acreditar que o centro do mundo está situado em seu próprio corpo.

Talvez alguma leitora tenha acabado de atingir essa fase e comece a sentir-se um pouco orgulhosa de si mesma, a sentir que é alguém merecedora de respeito e a quem as pessoas devem, naturalmente, dar passagem na rua.

À medida que vai ficando cada vez mais certa de que em breve se converterá em mãe, começará a arriscar tudo em uma só jogada, como se costuma dizer. Principiará a aceitar o risco de preocupar-se com um só objetivo, o menino ou a menina que vai nascer. Esse pequeno ser humano será seu, no mais profundo sentido possível, e você será dele ou dela.

Para ser mãe, você terá de passar por muita coisa, e creio que é por causa disso que você está apta a enxergar com uma clareza especial certos princípios fundamentais da assistência ao bebê, razão por que são necessários anos de estudo para que os que não são mães atinjam o ponto de compreensão que você adquiriu no decurso normal de sua experiência. Mas você poderá necessitar de apoio daqueles, entre nós, que a estudamos, visto que as superstições e as histórias de velhas comadres – algumas delas bastante modernas – podem fazer você duvidar de seus verdadeiros sentimentos.

Examinemos o que é que uma mãe comum, de mentalidade sadia, conhece a respeito do seu filhinho que seja vitalmente importante e que, entretanto, é suscetível de ser esquecido pelos que apenas observam. Creio que a coisa mais importante é a leitora sentir facilmente que o seu filhinho é digno de ser conhecido como pessoa e digno de ser conhecido o mais cedo possível. Ninguém que se aproxime para lhe dar conselhos jamais saberá isso tão bem quanto você própria.

Mesmo no ventre, o seu bebê já é um ser humano, distinto de qualquer outro ser humano, e no momento em que nasce já teve uma grande soma de experiências, tanto agradáveis como desagradáveis. É fácil, claro, ver no rosto de um recém-nascido coisas que lá não estão, embora, por certo, um bebê possa parecer por vezes muito sabido, até filosófico. Mas se eu fosse você, não esperaria que os psicólogos decidissem até que ponto um bebê é humano ao nascer – eu tomaria a iniciativa de conhecer por mim mesmo essas pequenas pessoas e de fazer com que ele ou ela me conhecesse.

Você já conhece algumas das características do seu bebê, por causa dos movimentos que você se habituou a esperar dele, no interior de seu ventre. Se houve muitos movimentos, você terá meditado sobre o que haverá de verdade naquela divertida crença de que os meninos espernseiam mais do que as meninas; e, de qualquer maneira, você ficou satisfeita por receber esses sinais concretos de vida e de vivacidade que essa agitação lhe forneceu. E durante esse tempo, suponho, o bebê também aprendeu muito a

8   A Criança e o Seu Mundo

seu respeito. Compartilhou de suas refeições. Seu sangue fluía com maior rapidez quando você bebia uma boa xícara de café pela manhã ou quando você corria para pegar um ônibus. Até certo ponto, ele deve ter aprendido quando você estava ansiosa, ou agitada, ou zangada. Se você foi incansável ele acabou por habituar-se ao movimento, e poderá esperar que o balancem nos joelhos ou o embalem no berço. Se, por outro lado, você é do tipo calmo ele terá conhecido a paz e poderá esperar, nesse caso, um colo tranquilo e aconchegado, e uns passeios calmos em seu carrinho. De certo modo, eu diria que ele a conhece melhor do que você a ele, até ele nascer e até você ouvir o choro dele e poder olhá-lo e acolhê-lo em seus braços.

Os bebês e as mães sofrem uma tremenda variação, em suas condições, após o acontecimento natalício, e talvez decorram dois ou três dias, no seu caso, antes que você e o seu bebê estejam aptos a gozar a companhia mútua. Mas não existe qualquer razão concreta para justificar por que não comecem a conhecer-se imediatamente um ao outro, se ambos estiverem bem. Conheço o caso de uma jovem mãe que estabeleceu um contato, desde muito cedo, com o seu filhinho, o seu primeiro bebê. Desde o dia do nascimento, após cada amamentação, ele era colocado no berço e deixado ao lado da cama da mãe por uma experimentada enfermeira de maternidade. Por algum tempo, ali ficava ele acordado, no sossego do quarto, e a mãe estendia o braço, colocando a mão no bebê; antes de uma semana decorrida, ele começou a agarrar os dedos da mãe e a olhar na direção dela. Essa relação íntima continuou sem interrupção e foi-se desenvolvendo; e creio que ajudou a lançar os alicerces da personalidade da criança, daquilo que chamamos o seu desenvolvimento emocional e a sua capacidade para suportar as frustrações e choques que, mais cedo ou mais tarde, surgiriam em seu caminho.

A parte mais impressionante do seu primeiro contato com o bebê será nas horas de amamentação, quer dizer, quando ele está excitado. Você poderá estar também excitada e ter sensações nos seios que indiquem uma excitação útil e que você se está preparando para amamentar. O bebê tem sorte se puder contar consigo e suas excitações desde o princípio, de modo que possa prosseguir em sua tarefa de satisfazer e orientar seus próprios impulsos e anseios. Isto porque, em minha opinião, será algo sumamente alarmante para um bebê descobrir que suas sensações se apresentam quando a excitação é acelerada. Alguma vez a leitora já pensou no caso por esse ângulo?

Compreenderá, portanto, que tem de travar conhecimento com o bebê em dois estados: quando ele está satisfeito, e mais ou menos calmo, e quando está excitado. A princípio, quando ele está calmo, passará a maior parte do tempo dormindo, mas não sempre, e os momentos de vida desperta, mas pacífica, são preciosos. Sei de alguns bebês que dificilmente conseguem estar alguma vez satisfeitos e choram, mostrando-se aflitos por muito tempo, mesmo depois de alimentados; não dormem com facilidade e, nesse caso, é muito difícil para a mãe estabelecer um contato satisfatório. Mas, com o tempo, as coisas provavelmente se resolvem e haverá ocasião para algum contentamento; talvez durante a hora do banho haja oportunidade para dar início a uma relação humana.

Uma das razões por que você deve conhecer o seu bebê, tanto nas horas de excitação como nas de satisfação, é que ele precisa da sua ajuda. E você não poderá dar essa ajuda sem saber em que ponto suas relações se encontram. Ele necessita da sua ajuda para controlar as espantosas transições do sono ou do contentamento desperto para um ávido e guloso ataque. Poderíamos dizer ser essa a sua primeira tarefa como mãe, à parte a rotina, e é necessária uma grande habilidade que só a mãe do bebê possui, a menos que se trate de alguma boa mulher que adote um bebê nos primeiros dias após o nascimento.

Por exemplo, os bebês não nascem com um despertador pendurado no pescoço, com instruções: amamentação a cada três horas. A alimentação regular é uma conveniência para a mãe ou para a ama e, do ponto de vista do bebê, pode muito bem resultar que a alimentação regular seja a segunda boa coisa decorrente de sentir um abalo quando se apresenta um impulso para comer. Mas um bebê não começa, necessariamente, *querendo* uma alimentação regular e a horas certas; de fato, creio que o que um bebê espera é encontrar um seio que aparece quando é procurado e desaparece quando já não é preciso. Ocasionalmente, a mãe poderá ter de dar-lhe o peito de um modo irregular, durante um curto período, antes de adotar uma rotina severa que se ajuste às suas conveniências. Seja como for, é aconselhável que, quando a leitora começar a conhecer o seu bebê, saiba o que ele está esperando, mesmo que decida que ele não pode ter o que pretende. E, se você conhecer bem o seu filhinho, perceberá que só quando ele está excitado é que revela tal natureza imperiosa. Nos intervalos, ele estará exultante por encontrar a mãe par trás do seio ou da mamadeira, e descobrir o quarto por trás da mãe, e o mundo para além do quarto. Conquanto haja muitas coisas a aprender acerca do bebê, durante as horas de amamentação, você terá percebido também que estou sugerindo haver ainda mais a aprender sobre ele quando está no banho, ou deitado no berço, ou quando você está mudando-lhe as fraldas.

Se você é auxiliada por uma enfermeira, espero que ela compreenda o que quero dizer e não pense que estou interferindo quando afirmo que você está em desvantagem se o seu bebê apenas lhe é entregue nas horas de amamentação. Você precisa do auxílio da enfermeira e não está ainda suficientemente forte para cuidar sozinha do bebê. Mas se você não conhece o seu bebê quando dorme, ou quando está acordado e divagando, terá certamente uma curiosa impressão dele quando ele lhe for entregue apenas para que você o amamente. Nessa ocasião, ele é um feixe de descontentamento, um ser humano, sem dúvida, mas com leões e tigres à solta dentro dele. E estará quase certamente assustado por seus próprios sentimentos. Se ninguém lhe explicou tudo isso, você poderá ficar igualmente assustada.

Se, por outra parte, você já conhece o seu filhinho porque o observa enquanto ele está deitado ao seu lado, ou permite-lhe que brinque em seus braços, ou em seus seios, você poderá ver sua excitação nas proporções adequadas e reconhecer nisso uma forma de amor. Você estará também apta a compreender o que sucede quando ele afasta a cabeça e recusa beber, à semelhança do cavalo do provérbio quando o levaram para a água, ou quando fica adormecido em seus braços em lugar de prosseguir sugando, ou quando fica tão agitado que não consegue executar bem seu trabalho. Está apenas assustado com o que sente e você poderá ajudá-lo, nessa ocasião, como nenhuma outra pessoa o faria, graças à sua grande paciência, permitindo-lhe que brinque um pouco, que abocanhe o mamilo ou que o agarre até em suas mãos; enfim, qualquer coisa que permita ao bebê um pouco de prazer, até que por fim ganhe confiança para correr o risco e sugar. Isto não é tarefa cômoda nem fácil para você, pois você tem de pensar também em si própria, com seus seios excessivamente cheios ou, então, esperando que o bebê mame, antes que comecem a encher. Mas se você sabe o que está acontecendo, encontrará maneira de superar os momentos difíceis e fazer o bebê estabelecer boas relações consigo enquanto se alimenta.

Ele não é tão bobo assim. Se pensarmos que a excitação significa para ele uma experiência parecida com a que teríamos se nos pusessem em um covil de leões, não admira que o bebê queira estar seguro de que você é uma fornecedora de leite digna de confiança, antes de decidir procurá-la. Se você lhe faltar, ele sentirá como se um bando de feras o tivesse tragado. Dê-lhe tempo e ele descobrirá; e ambos acabarão, finalmente, por apreciar até o amor que ele tem pelos seus seios.

Creio que uma coisa importante a respeito da experiência da jovem mãe, em seus contatos iniciais com o bebê, é a tranquilidade que eles lhe dão de que seu filho é normal (seja o que for que isso possa significar). No seu caso, como eu disse, é possível que você esteja demasiado exausta para fazer amizade com o seu bebê logo no primeiro dia, mas convém que você saiba ser inteiramente natural que a mãe queira conhecer o seu filhinho logo após o nascimento. Isto não é apenas devido à ânsia de querer conhecê-lo: é também – e esse fator é o que torna o caso urgente – porque a mãe alimentava toda uma série de ideias sobre dar à luz algo de horrível, algo muito diferente de um bebê são e perfeito. É como se os seres humanos achassem muito difícil acreditar serem bastante bons para criarem dentro deles alguma coisa boa e perfeita. Duvido que qualquer mãe acredite, realmente, completamente, em seu filho, nos primeiros momentos. O pai também participa nisso, pois sofre tanto quanto a mãe as dúvidas sobre ser ou não capaz de criar uma criança normal e saudável. Conhecer o seu filhinho constitui, portanto, em primeiro lugar, uma questão urgente, por causa do alívio que as boas notícias acarretam para ambos os progenitores.

Depois disso, você quererá conhecer o seu filhinho por causa do seu amor e orgulho. E então você o estudará minuciosamente para dar-lhe todo o auxílio de que necessita, auxílio que ele só pode obter da pessoa que melhor o conhecer, quer dizer, de você, que é mãe dele.

Tudo isto significa que a assistência a um recém-nascido é uma tarefa absorvente e contínua, que só pode ser bem executada por uma pessoa.

CAPÍTULO 3
O Bebê como Organização em Marcha

Escrevi até agora, de modo geral, sobre as mães e seus bebês. Não foi minha intenção especial instruir as mães sobre o que têm a fazer, visto que podem muito facilmente obter conselhos sobre os detalhes em qualquer centro de assistência. De fato, os conselhos desse tipo chegam à mãe com uma quase excessiva facilidade, provocando por vezes uma sensação confusa. Preferi, pelo contrário, escrever para as mães que cuidam normalmente bem dos seus bebês, pretendendo assim ajudá-las a saber como são os bebês e revelar-lhes um pouco do que se passa. A ideia que me anima é que, quanto mais elas souberem, tanto mais aptas estarão para confiar em seu próprio discernimento. É precisamente quando a mãe confia em seu próprio julgamento que está em sua melhor forma.

É, sem dúvida, tremendamente importante que a mãe tenha a experiência de fazer aquilo que lhe parece dever fazer, o que a habilita a descobrir a plenitude da maternidade em si própria; pois assim como um escritor fica surpreendido pela abundância de ideias que lhe ocorrem quando põe a caneta sobre o papel, também a mãe se surpreende constantemente pelo que encontra na riqueza do seu contato permanente, minuto a minuto, com seu próprio bebê.

Com efeito, é caso para indagar como poderia a mãe aprender a ser mãe de qualquer outro modo que não assumindo a plena responsabilidade? Se faz apenas o que lhe dizem, terá de continuar sempre fazendo o que lhe disseram e, para melhorar, não terá outra solução senão escolher alguém melhor para dar-lhe instruções. Mas caso se sinta livre para agir da maneira que lhe ocorrer naturalmente, a mãe aprimora-se na sua tarefa.

Neste ponto, o pai pode ajudar. Pode ajudar a criar um espaço em que a mãe circule à vontade. Adequadamente protegida pelo seu homem, à mãe é poupado o trabalho de ter de ocupar-se das coisas externas que acontecem à sua volta, em uma época em que ela tanto precisa concentrar-se, quando tanto anseia por preocupar-se com o interior do círculo formado pelos seus próprios braços e no centro do qual está o bebê. Esse período de tempo em que a mãe está naturalmente preocupada com uma criança não dura muito. O vínculo entre a mãe e o bebê é muito poderoso no início, e todos devemos fazer o máximo para fazê-la preocupar-se com o seu bebê nessa época, que é a época natural.

Ora, acontece que não apenas à mãe essa experiência é útil; o bebê também precisa, indubitavelmente, desse tipo de ambiente. Só agora começamos a dar-nos conta da maneira absoluta como o bebê recém-nascido necessita do amor da mãe. A saúde da pessoa crescida foi estabelecida no decorrer da infância, mas os alicerces da saúde do ser humano são lançados por você, nas primeiras semanas ou meses de vida do bebê. Talvez esta ideia possa ajudar um pouco quando você se sentir surpreendida pela temporária perda de interesse pelos assuntos do mundo. Você está alicerçando as bases da saúde de uma pessoa que será um membro da nossa sociedade. É algo que vale a pena. Fato estranho é pensar que a assistência aos filhos é mais difícil quando é maior o número de crianças a cuidar. Na realidade, estou convencido de que quanto menos crianças houver, tanto maior será a tensão emocional. A dedicação a uma só criança é o máximo de tensão, e é uma boa coisa que só dura algum tempo.

De modo que a leitora jogou tudo em uma cartada. Que tenciona fazer? Bem, faço votos para que se divirta! Divirta-se por a julgarem importante. Divirta-se deixando que as outras pessoas cuidem do mundo, enquanto você está produzindo um dos seus novos membros. Divirta-se com a sua concentração interior, quase enamorada de si própria – o bebê é uma parcela tão próxima de si. Divirta-se com a maneira como o seu homem sente-se responsável pelo bem-estar tanto seu como do bebê. Divirta-se descobrindo coisas novas a seu próprio respeito. Divirta-se tendo mais direito do que jamais conseguira ter, antes de fazer justamente aquilo que acha bom. Divirta-se quando fica contrariada porque os gritos e prantos do bebê o impedem de aceitar o leite que você anseia por dar com generosidade. Divirta-se com toda espécie de sentimentos femininos que você não pode nem sequer começar a explicar a um homem. Em particular, sei que a leitora vai adorar os sintomas que gradualmente irão aparecendo, de que o bebê é uma pessoa e de que você é reconhecida como uma pessoa pelo bebê.

Desfrute tudo isso para seu próprio prazer, mas o prazer que você pode extrair do complicado negócio de cuidar de uma criança é vitalmente importante do ponto de vista do bebê. O bebê não quer tanto que lhe deem a alimentação correta na hora exata como, sobretudo, ser alimentado por alguém que ama alimentar seu próprio bebê. O bebê aceita como coisas naturais a maciez das roupas ou a temperatura correta da água do banho. O que ele não pode dispensar é o prazer da mãe que acompanha o ato de vestir ou de dar banho ao seu próprio bebê. Se tudo isso lhe dá prazer, é algo como o raiar do sol para o bebê. O prazer da mãe tem de estar presente nesses atos ou então tudo o que fizer é monótono, inútil e mecânico.

Esse prazer, que surge naturalmente no processo normal, pode sofrer, sem dúvida, a interferência de outras preocupações, e estas dependem muito da ignorância. É algo como os métodos de relaxamento para facilitar o parto, sobre os quais você já leu alguma coisa. As pessoas que escrevem tais livros fazem tudo o que podem para explicar o que acontece durante a gravidez e o parto, de modo que as mães possam descontrair-se, isto é, deixar de preocupar-se com o desconhecido e como que confiar-se aos processos naturais. Grande parte da dor do parto não pertence ao parto em si, mas à contração resultante do medo, especialmente o medo do desconhecido. Tudo isso lhe é explicado e, se você tem um bom médico e enfermeira ao alcance, poderá suportar a dor que não pode ser evitada.

Do mesmo modo, após o nascimento da criança, o prazer que você sente ao cuidar do bebê depende de não haver tensões nem preocupações causadas pela ignorância e medo.

Nestas páginas, pretendo fornecer informações às mães para que saibam mais do que sabiam sobre o que se passa no bebê e para que vejam como o bebê necessita exatamente daquilo que a mãe faz perfeitamente, se for natural, se estiver à vontade e entregue à sua missão.

Falarei do corpo do bebê e do que se passa dentro dele; e tratarei do desenvolvimento da personalidade do bebê, da maneira como você introduz nele o mundo em pequenas doses, para que o bebê não fique confuso.

Agora quero deixar um ponto bem claro. É o seguinte. O seu bebê não depende de você para crescer e desenvolver-se. Cada bebê é uma organização em marcha. Em cada bebê há uma centelha vital, e seu ímpeto para a vida, para o crescimento e o desenvolvimento é uma parcela do próprio bebê, algo que é inato na criança e que é impelido para a frente de um modo que não temos de compreender. Por exemplo, se você acabou de colocar um bulbo na estufa de plantas, sabe perfeitamente que não precisa interferir para que o bulbo se desenvolva e se converta em um narciso. Você providenciará o tipo exato de terra e conservará a planta regada na dose certa; o resto vem naturalmente, porque o bulbo possui vida em si mesmo. Ora, a assistência às crianças é muito mais complicada do que a assistência a um bulbo de narciso, mas o exemplo serve ao meu objetivo porque, tanto no bulbo quanto na criança, algo está em marcha que não é de sua responsabilidade. O bebê foi concebido em você e, a partir desse momento, tornou-se um hóspede em seu corpo. Após o nascimento, ele converteu-se em um hóspede em seus braços. É uma questão temporária. Não durará para sempre, não durará por muito tempo. O bebê não tardará a atingir a idade de ir para a escola. Justamente no momento o seu hóspede é frágil e débil de corpo, e necessita dos cuidados especiais que promanam do seu amor. Isso não altera o fato de que a tendência para a vida e o desenvolvimento é algo inato no bebê.

Eu gostaria de saber se você se sente aliviada pelo fato de ouvir alguém afirmar isso. Conheci mães cujo prazer da maternidade foi estragado pelo fato de sentirem-se responsáveis pela vivacidade do bebê. Se o bebê dormia, ficavam debruçadas sobre o berço, na esperança de que ele despertasse e desse sinais de vida. Se o bebê era rabugento ou taciturno, desdobravam-se em malabarismos, davam-lhe palmadas no rosto, tentando provocar um sorriso, que, claro, nada significa para a criança. Trata-se apenas de uma reação. Essas pessoas passam o tempo fazendo saltitar os bebês no colo, para provocar uma risada ou qualquer outra coisa que as tranquilize, indicando que o processo vital continua na criança.

A algumas crianças nunca é permitido sequer, nos primeiros tempos, que fiquem simplesmente deitadas e entregues às suas divagações. Perdem assim muito e pode-lhes fugir a sensação de que elas próprias querem viver. Parece-me que se eu for capaz de lhe incutir a existência real desse processo vital no bebê (o qual, de fato, é muito difícil de extinguir), você sentirá muito mais prazer em cuidar do bebê. Em última análise, a vida depende menos da vontade de viver do que do fato de respirar.

Algumas de vocês criaram obras de arte. Executaram desenhos e pinturas, ou esculpiram no barro, ou tricotaram camisas e fizeram vestidos. Quando vocês fizeram tais coisas, o que resultou foi obra de vocês. Os bebês são diferentes. Eles crescem e vocês são as mães que propiciaram um ambiente apropriado.

Algumas pessoas parecem considerar uma criança como o barro saído das mãos de um oleiro. Começam a modelar a criança e sentem-se responsáveis pela obra acabada. Isso é um grande erro. Se é assim que você se sente, então você andará curvada ao peso de uma responsabilidade que não há razão alguma para aceitar. Se você aceitar essa ideia de um bebê como organização em marcha, estará então livre para se interessar bastante pela observação do que acontece no desenvolvimento do bebê, enquanto desfruta o prazer de reagir às suas necessidades.

CAPÍTULO 4

Alimentação do Bebê

Desde o início do século XX, muito se fez a respeito da alimentação do bebê; médicos e fisiologistas escreveram inúmeros livros e artigos científicos, cada um deles acrescentando um pouco aos nossos conhecimentos. O resultado de todo esse trabalho é ser agora possível distinguir entre dois grupos de coisas: os de um tipo físico, bioquímico ou substancial, que era impossível conhecer intuitivamente, e os de um tipo psicológico, que as pessoas sempre puderam conhecer, tanto pelos sentimentos como pela simples observação.

Por exemplo, para irmos imediatamente à raiz do problema, a alimentação da criança é uma questão de relações mãe-filho, o ato de pôr em prática a relação de amor entre dois seres humanos. Contudo, era difícil ver isto aceito (embora as mães sempre o sentissem como verdadeiro), enquanto muitas dificuldades não fossem superadas no aspecto físico do problema. Em qualquer período da história do mundo, a mãe natural, levando uma vida sadia, terá facilmente pensado sempre na alimentação do bebê como uma simples relação entre ela própria e seu filho; mas existia, ao mesmo tempo, a mãe cujo bebê morria de diarreia e vômitos; ela ignorava que fora um germe que matara o seu bebê e convencia-se de que o seu leite era ruim. As doenças e a morte de crianças faziam as mães perderem a confiança nelas próprias, levando-as a procurar um conselho autorizado. A doença física tem complicado, de inúmeras maneiras, o problema tal como é visto pela mãe. De fato, só em virtude dos grandes progressos realizados no conhecimento da saúde e doença físicas é que podemos agora reverter à questão principal que é a situação emocional, o vínculo afetivo entre a mãe e o bebê. É esse vínculo que se deve desenvolver satisfatoriamente se quiser que a alimentação materna decorra bem.

Hoje em dia, os médicos do corpo entendem bastante de raquitismo para impedirem a sua ocorrência; sabem bastante sobre os perigos da infecção para impedirem a cegueira que costuma sobrevir à infecção gonocócica, por ocasião do parto; bastante sobre o perigo de leite tuberculoso proveniente de vacas infectadas para impedirem a meningite tuberculosa que costuma ser comum e fatal; bastante sobre o escorbuto para o terem virtualmente eliminado. E agora tornou-se subitamente importante para aqueles que se preocupam, principalmente, com os sentimentos determinarem com toda a precisão possível os problemas psicológicos com que todas as mães se defrontam, por mais completa que seja a ausência de doenças e perturbações físicas em consequência da competência dos médicos.

Não há dúvida de que ainda não podemos estabelecer rigorosamente a natureza do problema psicológico com que se defronta toda mãe de um recém-nascido, mas podemos tentar, e as mães podem colaborar na correção do que estiver errado no que eu disser, aditando-lhe o que for omitido.

Vou correr o risco. Se a mãe que temos em mente é normalmente sadia, vive em um lar razoavelmente tolerável, mantido por ela e seu marido, e se partirmos do princípio de que o bebê chegou com boa saúde e no momento exato, então há algo notavelmente simples a dizer: nessas circunstâncias, a alimentação do bebê constitui apenas uma parte, uma das mais importantes partes, é certo, de uma relação entre dois seres humanos. Estes dois, a mãe e o recém-nascido, estão prontos a unirem-se mutuamente pelos tremendamente poderosos laços do amor e, naturalmente, terão primeiro de se conhecer um ao outro antes de aceitarem os grandes riscos emocionais envolvidos. Assim que chegarem a uma compreensão mútua – que pode acontecer logo ou só depois de alguma luta – passam a confiar um no outro e a entender-se reciprocamente, e a alimentação começa a cuidar de si própria.

Por outras palavras, se a relação entre a mãe e o bebê teve início e está se desenvolvendo naturalmente, então não fazem falta quaisquer técnicas alimentares nem o estudo de toda espécie de investigações; os dois juntos, mãe e filho, sabem melhor o que está certo do que qualquer pessoa estranha. Em tais circunstâncias, um bebê tomará a porção exata de leite no ritmo adequado e saberá quando tem que parar. E nesse caso nem sequer a digestão e as excreções do bebê terão de ser observadas por gente de fora. Todo o processo físico funciona precisamente porque a relação emocional se está desenvolvendo naturalmente. Eu iria ainda mais longe para dizer que a mãe em tais circunstâncias pode aprender sobre bebês com o seu bebê, tal como o bebê aprende a respeito de mães pela dele.

A verdadeira dificuldade é que tão grandes sensações de prazer participam do íntimo vínculo físico e espiritual, que pode existir entre a mãe e seu bebê, que as mães são presas dos conselhos de outras pessoas que parecem dizer que não devem ter tais sensações. Por certo o moderno puritano será encontrado nesse domínio da alimentação maternal. Imaginem afastar um bebê de sua mãe, depois do nascimento, até que ele tenha perdido sua única possibilidade (por meio do sentido do olfato) de sentir que a encontrou de novo, após a ter perdido! Imaginem que o bebê é embrulhado enquanto o alimentam, de modo que não possa manejar o peito ou a mamadeira, resultando daí que só possa tomar parte no processo mediante "Sim" (sugar) ou "Não" (desviar a cabeça ou dormir)! Imaginem, ainda, iniciar-se a alimentação de um bebê pelo relógio, antes de ele ter sentido que existe realmente qualquer coisa fora dele, além de seus desejos.

No estado natural (como o que quero dizer, quando os dois seres humanos em questão são sadios), as técnicas, as quantidades e os horários podem ser deixados ao cuidado da natureza. Isso significa, na prática, que a mãe pode permitir ao bebê que decida o que está em sua capacidade decidir, visto que ela facilmente é capaz de decidir e fornecer o que lhe compete, tanto nos métodos de orientação como na forma concreta de leite.

Pode-se julgar uma imprudência de minha parte afirmar semelhantes coisas, já que tão poucas mães estão isentas de dificuldades pessoais e da tendência para preocuparem-se que as faz precisarem de apoio; também existem, sem dúvida, mães que negligenciam seus bebês ou são cruéis com eles. É minha opinião, contudo, que mesmo as mães sabedoras de que precisam de conselhos todo o tempo serão, apesar de tudo, ajudadas se tiverem diante dos olhos estes fatos básicos. Se tal mãe quiser aprender a realizar sua tarefa com o segundo ou terceiro bebê que tiver, no tocante a estabelecer um contato inicial com ele, convém que saiba aquilo que pretendia mesmo com o seu primeiro bebê, para o qual necessitou tanta ajuda; pretendia ser independente de conselhos em sua orientação e tratamento dispensado a seus próprios filhos.

Eu diria que a alimentação natural é dada exatamente quando o bebê a quer, e cessa quando o bebê cessa de a querer. Esta é a base. E é nessa base, e só nela, que um bebê pode começar a transigir com a mãe; o primeiro sinal de transigência é a aceitação de uma alimentação regular e segura, digamos, de três em três horas, o que é conveniente para a mãe e pode ainda ser aceito pelo bebê como o cumprimento de um desejo seu, se ele porventura puder arranjar as coisas de maneira a ter fome regularmente, com intervalos de três horas. Se esse intervalo for demasiado extenso para a criança em questão, sobrevém a angústia, e o método mais rápido de recuperar a confiança consiste na mãe amamentar o bebê como e quando for exigido, por certo período, voltando a um horário regular e conveniente assim que o bebê for capaz de tolerá-lo.

Também essa ideia poderá parecer um tanto extravagante. A mãe que foi ensinada a treinar seu bebê para que adquira hábitos regulares, começando com a alimentação regular a cada três horas, sente-se realmente em pecado mortal se lhe disserem que amamente o seu bebê como uma cigana. Como eu já disse, ela sente-se facilmente alarmada pelo enorme prazer que existe nisso e pensa que será censurada pelos sogros e vizinhos por tudo o que sair errado desse dia em diante. A principal dificuldade é que as pessoas se deixam facilmente dominar pela própria responsabilidade de ter um bebê, pelo que prontamente aceitam com entusiasmo regras, regulamentos e prescrições que tornam a vida menos arriscada, ainda que um tanto monótona. Em certa medida, porém, temos de culpar por isso as profissões médica e de orientação pediátrica, e devemos retirar rapidamente tudo o que tivermos posto entre a mãe e o seu bebê. A própria ideia de amamentação natural seria prejudicial caso se convertesse em uma coisa conscientemente planejada, só porque as autoridades tivessem dito que isso era bom.

Quanto à teoria de que o treino do bebê deve ter início o mais cedo possível, a verdade é que o treino está deslocado enquanto a criança não tiver aceitado o mundo exterior a ela e chegado a termos com o mesmo. E a base de sua aceitação da realidade externa é o primeiro e breve período em que a mãe obedece, naturalmente, aos desejos do seu bebê.

Notem que não estou afirmando que podemos pôr de lado os centros de assistência infantil e deixar que as mães e os bebês lidem com todos os problemas de dieta básica, vitaminas, vacinas e o método adequado de lavar as roupas do bebê. O que estou dizendo é que os médicos e as enfermeiras especializadas deveriam buscar prover orientação para esse aspecto físico do problema de modo que coisa alguma pudesse perturbar o delicado mecanismo das crescentes relações entre mãe e filho.

Evidentemente, se eu estivesse falando às enfermeiras que cuidam de bebês que não são delas, teria bastante a dizer sobre suas dificuldades e seus desapontamentos. Em seu livro *The Nursing Couple*, a minha falecida amiga, a Dra. Merell Middlemore, escreveu:

> Não é de surpreender que a rudeza da enfermeira de crianças tenha por vezes origem no nervosismo. Ela acompanha os êxitos e fracassos do par sob sua vigilância, de amamentação em amamentação e, até um ponto, os interesses daqueles são os seus próprios. Pode achar duro ter que observar os desajeitados esforços da mãe para amamentar a criança e pode, por fim, ser impelida a interferir porque acha que pode endireitar as coisas. É como se o seu próprio instinto maternal fosse levado a competir com o da mãe, em vez de o reforçar.

As mães que leem o que escrevi não devem ficar preocupadas se fracassarem em seu primeiro contato com um de seus filhos. Há tantas razões para justificar um malogro e tanto pode ser feito mais tarde para compensar os erros e omissões anteriores! Mas o risco de fazer com que algumas mães se sintam infelizes tem de ser aceito, se quisermos levar apoio às que podem triunfar, e estão triunfando, na mais importante de todas as tarefas maternas. De qualquer modo, devo arriscar-me a ferir algumas que estão em dificuldade se quiser transmitir a minha opinião de que, se a mãe estiver orientando suas relações com o bebê à sua própria maneira, estará fazendo o melhor que pode pelo seu filho, por ela e pela sociedade em geral.

Por outras palavras, a única base autêntica para as relações de uma criança com a mãe e o pai, com as outras crianças e, finalmente, com a sociedade, consiste na primeira relação bem-sucedida entre a mãe e o bebê, entre duas pessoas, sem que mesmo uma regra de alimentação regular se interponha entre elas, nem mesmo uma sentença que dite que um bebê deve ser amamentado ao peito materno. Nos assuntos humanos, os mais complexos só podem evoluir a partir dos mais simples.

CAPÍTULO 5

Para Onde Vai o Alimento

Quando os bebês começam a sentir fome, algo principiou a viver neles que está pronto para dominar tudo o mais. Você própria começou a fazer com que certos ruídos se relacionem com a preparação do alimento, os quais são reconhecidos pelo bebê como um sinal de que chegou o momento em que estará seguro para deixar que a ânsia do alimento se converta em um terrível e impetuoso anseio. Você poderá ver a saliva escorrer, pois os bebês não engolem a saliva – mostram ao mundo, babando, que têm interesse nas coisas de que possam apoderar-se com a boca. Bom, isto apenas quer dizer que o bebê está ficando excitado e, especialmente, excitado na boca. As mãos também desempenham seu papel na busca de satisfação. Assim, quando você alimenta o bebê, está satisfazendo um tremendo desejo de alimento. A boca está preparada. O almofadado dos lábios, nessa época, é muito sensível e ajuda a fornecer um elevado grau de sensação de prazer oral que o bebê nunca mais voltará a ter em sua vida ulterior.

A mãe adapta-se ativamente às necessidades do seu bebê. E gosta que assim seja. Por causa do seu amor, é especialista em fazer delicados ajustamentos que as outras pessoas julgariam inúteis e cujas razões seriam incapazes de explicar. Quer o bebê seja alimentado ao peito ou com mamadeira, a boca da criança fica muito ativa e o leite corre para ela seja de um lado ou de outro.

Pensa-se, geralmente, haver uma diferença entre o bebê criado ao peito e o com mamadeira. O bebê alimentado ao peito ultrapassa a raiz do mamilo e rilha com as gengivas. Isto pode ser bastante doloroso para a mãe, mas aí a pressão empurra o leite que está no mamilo para dentro da boca. O leite é então engolido. Contudo, o bebê alimentado à mamadeira tem de empregar uma técnica diferente. Neste caso, a sucção passa ao primeiro plano, enquanto na experiência mamária pode ser uma questão relativamente subalterna.

Alguns bebês alimentados à mamadeira necessitam de um orifício razoavelmente grande no bico da garrafa, pois querem receber o leite sem sugar até aprenderem os movimentos de sucção. Outros sugam e ficam assoberbados se o orifício for muito grande.

Quando usa a mamadeira, a mãe tem de preparar-se para fazer alterações no que está executando, de um modo mais consciente do que seria preciso no caso da amamentação ao peito. A mãe que amamenta descontrai-se, sente o sangue afluir aos seios, e o leite sai sem problemas. Quando usa a mamadeira, tem de manter-se atenta. Deverá retirar amiúde a mamadeira da boca do bebê, para que entre ar na garrafa, senão o vácuo formado dentro dela seria tão grande que o bebê não conseguiria sugar leite algum. Terá de deixar o leite esfriar quase à temperatura correta e comprová-lo colocando o frasco contra o braço; e deverá ter perto um recipiente e água quente para colocar dentro a mamadeira, no caso de o bebê ser lento e o leite esfriar demais.

Bem, examinemos agora o que sucede ao leite. Poderíamos dizer que o bebê sabe muito a respeito do leite até o momento em que é engolido. Entrou primeiro na boca, provocando uma sensação definida e tendo um sabor característico. Isso é, sem dúvida, muito satisfatório. E depois é engolido, o que significa, do ponto de vista do bebê, que está praticamente perdido. Os punhos e os dedos são melhores, a tal respeito, porque ficam sempre no mesmo lugar e permanecem à disposição. Mas o alimento engolido não está inteiramente perdido, pelo menos enquanto se conservar no estômago. Daqui o alimento ainda pode ser devolvido. Os bebês parecem conhecer o estado de seus estômagos.

Você sabe, perfeitamente, que o estômago é um pequeno órgão cujo formato se parece com a clássica mamadeira do bebê e está atravessado horizontalmente, da esquerda para a direita, sob as costelas; é um músculo bastante complicado, com uma capacidade maravilhosa para fazer, justamente, o que as mães fazem aos seus bebês, isto é, adaptar-se às novas condições. E assim o fará automaticamente se não for perturbado por excitação, medo ou angústia, tal como as mães são naturalmente boas mães se não estiverem tensas e angustiadas. O estômago é, pois, como uma miniatura interna de boa mãe. Quando o bebê está tranquilo (ou o que consideramos descontraído, ao falar de pessoas adultas), esse recipiente muscular a que chamamos estômago se comporta muito bem. Isso quer dizer que conserva uma determinada tensão no seu interior, sem deixar, porém, de conservar a forma e a posição.

Assim, o leite chegou ao estômago e é aí conservado. Tem então início uma série de processos a que chamamos digestão. Existem sempre fluidos no estômago, sucos digestivos e, na parte superior, há sempre ar. Esse ar tem um interesse especial para as mães e os bebês. Quando o bebê engole o leite, verifica-se um aumento no volume de fluido do estômago. Se a mãe e o bebê estão razoavelmente calmos, a pressão na parede do estômago adapta-se e este afrouxa um pouco; o estômago fica maior. Contudo, o bebê está usualmente um tanto excitado e, nesse caso, o estômago leva algum tempo para adaptar-se. A pressão temporariamente maior no estômago é inconfortável e uma rápida solução para o problema é o bebê arrotar um pouco de ar. Por esta razão, depois de a mãe ter alimentado o seu bebê, poderá parecer-lhe uma boa ideia esperar esse pequeno arroto; e, se o bebê estiver colocado de pé quando arrota, é muito mais provável que o ar seja expelido por si só, em vez de vir acompanhado de algum leite. É por isso que vemos mães encostar verticalmente os bebês no ombro e dar ligeiras pancadas nas costas deles, pois isso estimula o músculo do estômago e torna mais fácil para a criança arrotar.

Claro que sucede muitas vezes de o estômago do bebê adaptar-se tão rapidamente ao alimento e aceitar o leite com tanta facilidade que não é preciso o arroto. Mas se a própria mãe do bebê estiver em um estado de tensão (como pode suceder algumas vezes), o bebê fica também tenso e, nesse caso, o estômago levará mais tempo a adaptar-se ao aumento do volume de alimento nele contido. Se a mãe compreender o que está acontecendo, será capaz de controlar essa questão eructativa muito facilmente e não se surpreenderá ao verificar que uma mamada é diferente de outra, ou que um bebê é diferente de outro bebê na questão de arroto.

Mas se a mãe não compreender o que está acontecendo, poderá ficar desconcertada. Uma visita dirá: "Certifique-se de que o bebê arrotou depois de mamar!" Ignorando os fatos, não poderá a mãe discutir o conselho, de modo que coloca o bebê contra o ombro e aplica-lhe algumas vigorosas palmadas nas costas, tentando soltar esse arroto, que em sua opinião *tinha de ser* produzido. Pode-se converter em uma espécie de religião. Dessa maneira, a mãe está impondo suas próprias ideias (ou as de sua vizinha) ao bebê e interferindo no processo natural, que no fim de contas é o único bom processo.

Esse pequeno recipiente muscular conserva o leite por certo período de tempo, até que a primeira fase da digestão tenha ocorrido. Uma das primeiras coisas que sucede ao leite é que coalha. De fato, ao preparar uma coalhada, imita-se precisamente o que acontece no estômago. Não se alarme, portanto, leitora, se o bebê vomitar algum leite coagulado. Assim deve ser. Também acontece que os bebês ficam enjoados com bastante facilidade. Nesse período em que as operações ocorrem no próprio estômago, será uma boa ideia que o bebê possa repousar. Se você o conseguir melhor colocando o bebê no berço depois da mamada, ou embalando-o suavemente por algum tempo, isso é um ponto que tenho de deixar ao seu critério, pois não existem duas mães, nem dois bebês, que sejam iguais. Nas circunstâncias fáceis, o bebê fica deitado de costas e parece mergulhar em beatíficas divagações. Sente-se bem nessa ocasião, porque o sangue aflui à parte ativa e isso provoca uma agradável sensação de calor no ventre do bebê. Perturbações, distorções e excitações durante essa primeira fase do processo digestivo podem facilmente provocar choros de descontentamento e redundar em vômitos, ou então na passagem prematura do alimento à fase seguinte antes de ter sofrido realmente todas as transformações a que deveria submeter-se no próprio estômago. Creio que toda mãe sabe o quanto é importante manter afastadas amigas e vizinhas quando está amamentando o seu bebê. Isso não se aplica apenas ao momento em que o amamenta. O período de alimentação prossegue quando a comida caiu no estômago e assemelha-se à parte importante de uma ocasião muito solene que parece ter sido estragada se um avião passa inopinadamente sobre as cabeças dos circunstantes. Esse período solene amplia-se de maneira a abranger o período pós-amamentação, quando o alimento não está ainda totalmente aceito.

Se tudo correr bem, chega-se ao final de um período especialmente delicado e começa-se a ouvir ruídos e gorgolejos. Isto quer dizer que a parte da digestão do leite que se processa no estômago completou-se e, automaticamente, o estômago tende agora a expelir porções sucessivas do leite parcialmente digerido através de uma válvula que o lança nos intestinos.

Nesta altura, a mãe não precisa saber muito sobre o que acontece nos intestinos. O prosseguimento da digestão do leite constitui um processo muito complexo, mas, gradualmente, o leite digerido começa a ser absorvido pelo sangue e transportado para todas as partes do corpo. É interessante saber que pouco depois de o leite abandonar o estômago, lhe é adicionada a bílis. Esta provém do fígado, no momento apropriado, e é por causa da bílis que o conteúdo dos intestinos tem uma cor característica.

Você própria poderá já ter sofrido de hepatite A e conhece, portanto, que sensação horrível resulta da bílis não poder ir do fígado para o intestino, nesse caso em virtude de um intumescimento inflamatório do pequeno canal que faz a ligação. A bílis (na hepatite A) é lançada no sangue, em vez do intestino, e provoca essa característica cor amarelada em todo o corpo. Mas quando a bílis segue o seu caminho normal, no momento adequado, do fígado para o intestino, faz com que o bebê se sinta bem.

Se você procurar em um livro de Fisiologia, encontrará explicado tudo o que acontece nas fases seguintes da digestão do leite, mas os detalhes não lhe interessarão como mãe. O caso é que os citados gorgolejos indicam ter chegado ao fim o período em que a criança é sensível, e o alimento está agora, realmente, dentro dela. Do ponto de vista do bebê, essa nova fase deve ser um mistério, dado que a fisiologia excede a capacidade mental da criança. *Nós* sabemos, contudo, que o alimento é absorvido dos intestinos por vários processos e, finalmente, fica distribuído por todo o corpo; mediante a circulação sanguínea, procede à irrigação de todos os tecidos, que estão incessantemente em desenvolvimento. No bebê, esses tecidos desenvolvem-se a um ritmo tremendo e precisam de um abastecimento regular repetido.

CAPÍTULO 6

O Fim do Processo Digestivo

No capítulo anterior, descrevi o destino do leite ao ser engolido, digerido e absorvido. Nos intestinos do bebê ocorrem muitas coisas que não interessam à mãe e, do ponto de vista da criança, essa parte do processo constitui um mistério. Gradualmente, porém, o bebê vê-se envolvido de novo na última fase, a que chamamos excreção, e nela está igualmente envolvida a mãe, podendo desempenhar melhor o seu papel se souber o que ocorre.

O fato é que nem todo o alimento é absorvido; mesmo o leite materno impecavelmente bom deixa certa espécie de resíduo e, em qualquer caso, temos o desgaste da ação intestinal. De uma maneira ou de outra, sobra bastante coisa de que é preciso desvencilhar-se.

As diversas coisas que vão formar o que se converterá no movimento de descarga são gradualmente empurradas para a extremidade inferior do intestino, rumo a uma abertura chamada ânus. Como se efetua esse movimento? A matéria é movimentada por uma série de ondas de contração, que se desenvolvem em todo o comprimento dos intestinos. A propósito, sabe você que o alimento tem de percorrer um estreito tubo que, no adulto, tem o comprimento total de seis metros? No bebê, os intestinos medem cerca de três metros e meio de comprimento.

Algumas vezes, visitam-me mães que me dizem: "A comida passou por ele num instante, doutor." Pareceu à mãe que, tão pronto o alimento entrou no bebê, saiu logo pela outra extremidade. Isso é o que parece, mas não é verdade. O fato é que os intestinos do bebê são muito sensíveis, e a ingestão do alimento desencadeia as ondas de contração intestinal; quando elas atingem a extremidade inferior, cessou o movimento de evacuação. Normalmente, a parte final do intestino, o reto, está mais ou menos vazia. Essas ondas de contração tornam-se bastante ativas quando há muito material a transportar, ou quando o bebê está excitado, ou os intestinos estão inflamados por uma infecção. Gradualmente, e só gradualmente, a criança consegue exercer algum controle, e vou explicar como isso acontece.

Primeiro, podemos imaginar que o reto começa a encher simplesmente porque há uma grande quantidade de resíduos aguardando passagem para a saída. Provavelmente, o estímulo concreto para o movimento intestinal provém do processo digestivo originado pela anterior ingestão alimentar. Mais cedo ou mais tarde, o reto fica cheio. O bebê pouco saberia acerca do material que estava alojado mais acima, mas o enchimento do reto produz uma sensação definida, que não é desagradável, e faz com que o bebê queira forçar imediatamente a passagem do material. De início, não temos por que esperar que o bebê retenha a evacuação no reto. Sabemos muitíssimo bem que, nas primeiras fases do cuidado materno, a troca de fraldas é uma das operações predominantes. Deve-se proceder à frequente troca de fraldas, senão o material depositado por muito tempo em contato com a pele provoca irritação. Isso é especialmente válido se, por uma ou outra razão, o material for transportado rapidamente e, portanto, for líquido. Esse negócio das fraldas não pode ser eliminado por um treino precipitado. Se a mãe prosseguir no trabalho bem-feito e der tempo ao tempo, as coisas começarão logo a acontecer.

Ora vejamos: se a evacuação for retida pelo bebê na última fase, ou seja, no reto, o material seca; a água é absorvida enquanto fica esperando a excreção. O material desloca-se então como um corpo sólido, cujo movimento pode agradar ao bebê; de fato, no momento da passagem das fezes, pode haver tal excitação no reto que o bebê chora em consequência do excesso de sensação. Vê você agora o que faz ao deixar o assunto por conta do bebê (embora ajudando na medida em que o bebê não possa desvencilhar-se sozinho)? Você está dando ao seu filho todas as oportunidades possíveis para que descubra pela experiência própria que é bom armazenar o material e retê-lo por algum tempo, antes de o expelir, e até para que descubra que o resultado é interessante e que, de fato, a defecção pode ser uma experiência extremamente satisfatória, se tudo correr bem. O estabelecimento dessa atitude saudável do bebê, em relação a essas coisas, é a única base aproveitável para tudo o que você decidir fazer, posteriormente, no tocante ao treino do seu filho.

Talvez alguém lhe tenha aconselhado a incitar ou estimular o bebê, regularmente, após cada mamada, com a ideia de incutir nele um pouco de treino o mais cedo possível. Se você o fizer, fique sabendo que não está fazendo outra coisa senão poupar-se o incômodo das fraldas sujas. E teríamos muito a dizer a tal respeito. Mas o bebê nem de longe está em condições de começar a ser já treinado. Se você não lhe permitir um desenvolvimento próprio nesses assuntos, estará interferindo no início de um processo natural. E também estará perdendo algumas boas coisas.

Por exemplo, se a mãe souber esperar, mais cedo ou mais tarde acabará verificando que o bebê, deitado em seu berço, descobre uma maneira de dar a conhecer que evacuou; e em breve você conseguirá indícios de que vai haver uma evacuação. Assim se estabelece uma nova relação entre o bebê e a mãe; ele não pode comunicar-se com a mãe à maneira habitual dos adultos, mas encontrou um meio de falar sem palavras. É como se ele dissesse: "Creio que vou deixar passar uma descarga. A senhora está interessada?" E a sua resposta (sem que você o diga exatamente) é "sim", dando a conhecer ao bebê que você está interessada não porque esteja assustada com a balbúrdia que ele vai armar, nem porque sente que lhe competia ensiná-lo a ser asseado. Nada disso. Se você está interessada é porque ama o bebê à maneira de todas as mães; assim, se algo é importante para ele, tem de ser igualmente importante para você. De modo que não lhe importa se você chegou tarde, pois o importante não é manter o bebê limpo: é atender ao apelo de um ser humano.

Mais adiante, as suas relações com a criança, nessas condições, tornar-se-ão mais significativas; por vezes, um bebê ficará assustado pelo movimento de evacuação que se avizinha, outras vezes sentirá ser algo de valor. Em virtude de o que você faz basear-se no simples fato de seu amor, em breve você estará capacitada a distinguir entre os momentos em que está ajudando o bebê a livrar-se de coisas más e os momentos em que está sendo recompensada.

Há um aspecto prático que vale a pena mencionar aqui. Quando uma boa e satisfatória evacuação tiver terminado, você poderá pensar que foi o fim de tudo, vestirá novamente o bebê e continuará a fazer o que estava fazendo. Mas o bebê pode dar mostras de novo mal-estar e sujar quase imediatamente as fraldas. É extremamente provável que ao primeiro esvaziamento do reto siga-se quase instantaneamente certa dose de reenchimento. Se você não tiver pressa e puder esperar, o bebê será capaz de evacuar também essa segunda prestação, quando ocorrer a nova onda de contrações. Isso pode acontecer repetidas vezes. Mas se você não tiver pressa, deixará o bebê com o reto vazio. Isso mantém a sensibilidade retal e a próxima vez que o reto encher, algumas horas depois, o bebê passará uma vez mais por todo o processo de um modo natural. As mães que têm sempre pressa deixam o bebê com alguma coisa no reto. O material será expelido, causando uma desnecessária troca de fraldas, ou então será retido no reto que, portanto, se torna menos sensível, e o início da experiência seguinte sofrerá com isso alguma interferência. Uma assistência sem pressa durante um período prolongado cria naturalmente as bases para um sentido de ordem na relação entre o bebê e suas funções excretoras. Se a mãe está com pressa e não pode esperar que se realize o ato total, o bebê acabará perturbado e confuso. O bebê que não for coagido estará em condições de obedecer mais tarde à mãe e, gradualmente, renunciar a uma parte do tremendo prazer que pertence ao ato de evacuar exatamente quando o impulso se manifesta. O bebê assim procede não apenas para acatar o desejo da mãe de que haja tão pouca imundície quanto possível, mas também pelo desejo de esperar pela mãe, para manter-se em contato com a satisfação materna de cuidar de tudo o que diga respeito ao bebê. Muito mais tarde, o bebê estará apto a conseguir o controle de toda a operação, e a fazer confusão quando a intenção for ganhar ascendência e domínio sobre a mãe, ou a reter as fezes até chegar o momento conveniente em que sua intenção seja agradá-la.

Eu poderia falar acerca de inúmeros bebês que nunca tiveram uma oportunidade para se afirmarem nessa importante questão do controle da evacuação. Conheço uma mãe que praticamente nunca deixou qualquer de seus filhinhos ter uma evacuação natural. Sustentava uma teoria segundo a qual a conservação das fezes no reto envenenava a criança, de um ou outro modo. Isso não é absolutamente verdade, e os bebês e as crianças pequenas podem reter a evacuação durante dias, sem que realmente sejam prejudicadas. Essa mãe estava sempre interferindo no reto dos bebês com supositórios e clisteres, e o resultado era mais do que caótico. Por certo, ela não tinha qualquer esperança de produzir crianças felizes que pudessem facilmente gostar dela.

Os mesmos princípios gerais estão subentendidos no outro tipo de excreção, o ato de urinar.

A água é absorvida na circulação sanguínea, e a que não é necessária é expelida pelos rins da criança, passando à bexiga com os produtos residuais dissolvidos na água. O bebê de nada sabe até que a bexiga comece a encher e, então, vem a vontade de urinar. A princípio, a operação é mais ou menos automática, mas o bebê descobre gradualmente que existe uma recompensa se ele retiver um pouco a urina – depois de a reter, o bebê acha agradável ver-se livre da água. Desenvolve-se então outra pequena orgia que vai enriquecer a vida da criança, que torna a vida agradável, e o corpo algo em que dá gosto viver.

Com o decorrer do tempo, essa descoberta da criança – a de que esperar compensa – poderá ser usada pela mãe, porque ela aprenderá por sinais que alguma coisa vai acontecer e poderá enriquecer ainda mais a experiência do bebê, graças ao interesse que o processo suscitará nela. Com o tempo, o bebê gostará de esperar, a fim de manter a operação dentro do âmbito da relação de amor que existe entre ele e a mãe.

Está agora entendido por que a mãe do bebê é tão necessária para a assistência à excreção quanto o é para a alimentação? Somente a mãe sente que vale a pena acompanhar as necessidades do bebê minuciosamente, assim habilitando a experiência excitante do corpo a integrar-se em uma relação de amor entre duas pessoas, o bebê e a mãe.

Quando isso é o que sucede, sendo mantido por certo tempo, aquilo a que se chama treino poderá vir depois sem grandes dificuldades, visto que a mãe ganhou o direito de formular exigências que não excedem a capacidade da criança.

Eis mais um exemplo da maneira como os alicerces da saúde são lançados pela mãe normal, em seus cuidados normais e amorosos em torno do bebê.

CAPÍTULO 7

Pormenores da Alimentação do Bebê pela Mãe

Já acentuei que o bebê aprecia, talvez desde os primeiros dias, a *vivacidade* da mãe. O prazer com que a mãe realiza suas tarefas logo dá a perceber ao bebê que existe um ser humano por trás de tudo o que é feito. Mas o que finalmente leva o bebê a sentir uma pessoa na mãe é, talvez, a capacidade especial da mãe para colocar-se no lugar da criança e, assim, entender o que ela sente. Não há regras nem livros que possam suprir essa intuição que a mãe tem das necessidades do bebê, a qual lhe permite realizar, algumas vezes, uma adaptação quase exata a essas necessidades.

Exemplificarei isto observando de perto a situação ligada à amamentação e comparando dois bebês. Um destes é alimentado pela mãe em casa e o outro em uma instituição, um ótimo lugar, mas onde as assistentes têm muito que fazer e não há tempo para a atenção individual.

Começarei pelo bebê na instituição. As enfermeiras das clínicas pediátricas que lerem estas páginas e que alimentam individualmente os bebês a seu cargo vão me perdoar por usar como exemplo o pior e não o melhor que elas podem fazer.

Assim, temos o bebê em uma instituição; são horas de mamar e ele dificilmente sabe ainda o que esperar. O bebê que estamos observando pouco sabe a respeito de pessoas ou mamadeiras, mas está ficando preparado para acreditar que alguma coisa satisfatória pode acontecer. O bebê é ligeiramente erguido no berço, e uma mamadeira com leite é colocada de um modo tal, com a ajuda de travesseiros, que fique ao alcance da boca. A enfermeira coloca o bico da mamadeira na boca do bebê, espera uns instantes, e vai cuidar de outro bebê que está chorando. A princípio, as coisas poderão correr razoavelmente bem, porque o bebê com fome é estimulado a sugar o bico da mamadeira e o leite corre, o que lhe proporciona uma sensação agradável; mas então a coisa acontece, o bico cola à boca, sem que o bebê saiba como livrar-se dele e, em poucos instantes, converte-se em uma espécie de grande ameaça à existência. O bebê chora ou esbraceja, então a mamadeira cai e isso produz alívio, mas só por uns instantes, pois logo o bebê começa a querer outra tentativa e a mamadeira não aparece e, assim, o choro recomeça. Momentos depois a enfermeira regressa e coloca a mamadeira outra vez na boca do bebê, mas agora aquele objeto, que do nosso ponto de vista parece ser o mesmo da primeira vez, para o bebê ganhou o aspecto de uma coisa má. Tornou-se perigoso. E isto vai se repetindo.

Passemos agora ao outro extremo: o bebê cuja mãe está disponível. Quando observo de que maneira delicada a mãe que não tem pressa cuida da mesma situação, fico sempre maravilhado. Aí está ela, proporcionando todo o conforto possível ao bebê e organizando um *cenário* em que a amamentação possa ocorrer, se tudo for bem. O cenário faz parte de uma relação humana. Se a mãe amamentar ao peito, vemos como ela deixa que o bebê, mesmo o mais pequenino, fique com as mãos livres, de modo que, quando ela expõe o seio, a tessitura da pele e o seu calor possam ser sentidos; além disso, a distância entre o seio e o bebê pode ser calculada, pois o bebê dispõe apenas de uma reduzida nesga de mundo onde colocar objetos, aquela nesga que pode ser alcançada pela boca, as mãos e os olhos. A mãe consente que o rosto do bebê lhe toque o seio. A princípio, os bebês ignoram que os seios fazem parte da mãe. Se o rosto toca no seio, eles não sabem se aquela sensação agradável provém do seio ou do rosto. De fato, os bebês brincam com as bochechas e arranham-nas, exatamente como se fossem seios, e há toda a razão para que as mães permitam aos filhos o máximo de contato que eles queiram. Sem dúvida, as sensações dos bebês são, neste aspecto, muito penetrantes e, se são penetrantes, podemos estar certos de que são importantes.

O bebê, sobretudo, necessita de todas essas experiências *calmas* que estou descrevendo; necessita sentir-se amorosamente envolvido, isto é, de um modo repleto de vida, mas sem pressa, sem impaciência e sem tensão. Este é o cenário. Mais cedo ou mais tarde haverá um contato entre o mamilo materno e a boca do bebê. Não interessa o que exatamente acontece. A mãe integra-se na situação, faz parte da mesma e agrada-lhe sobremaneira a intimidade dessa relação. Participa sem noções preconcebidas sobre a maneira como o bebê se deve comportar.

Esse contato entre o mamilo e a boca do bebê faz este pensar: "Talvez exista alguma coisa lá fora da boca que valha a pena procurar." A saliva começa a correr; de fato, poderá fluir tanta baba que a criança acabe por gostar de a engolir e, por algum tempo, quase nem precise de leite. Gradualmente, a mãe capacita o bebê a compor na imaginação aquilo que ela realmente tem para lhe oferecer, e o bebê começa a levar o mamilo à boca, e alcançá-lo até a raiz com as gengivas e a mordê-lo, talvez mesmo a sugá-lo.

Depois há uma pausa. As gengivas soltam o mamilo, e o bebê desvia-se da cena de ação. A ideia do seio desvanece.

Vê você como é importante a última parte? O bebê tinha uma ideia, e o seio com o mamilo apareceu, estabelecendo-se um contato. Depois o bebê pôs fim à ideia e afastou-se – e o mamilo desapareceu. Esta é uma das maneiras mais importantes em que a experiência do bebê que estamos agora descrevendo difere da daquele que foi confiado a uma instituição muito ocupada. Como encara a mãe a atitude de afastamento do bebê? Neste caso, o bebê não tem um objeto empurrado de novo para dentro da boca, a fim de que os movimentos de sucção se reiniciem. A mãe compreende o que o bebê sente, porque é viva e tem imaginação. Aguarda. Passados alguns minutos, ou menos, o bebê volta-se novamente para onde ela ficou o tempo todo, pronta para colocar o mamilo, e assim se estabelece um novo contato, no momento rigorosamente exato. A operação repete-se diversas vezes e o bebê mama não de uma coisa que contém leite, mas de uma propriedade pessoal cedida por momentos a uma pessoa que sabe o que tem a fazer com ela.

O fato de que a mãe é capaz de executar uma adaptação tão delicada revela que se trata de um ser humano, e o bebê não demora a apreciar esse fato.

Quero destacar especialmente a maneira como, no segundo exemplo, a mãe deixa o bebê afastar-se. É principalmente neste momento, quando ela retira o mamilo da boca da criança, logo que ela deixa de querê-lo ou de acreditar nele, que ela se define como mãe que é. É uma operação tão delicada, no princípio, que a mãe nem sempre consegue realizá-la a contento e, por vezes, o bebê mostrará a necessidade de estabelecer o direito do seu método pessoal, recusando alimento, desviando a cabeça ou dormindo. Isso é uma grande decepção para a mãe que procura mostrar-se generosa. Por vezes, ela não pode suportar a tensão nos seios (a menos que alguém a tenha instruído sobre o método de ordenhar o leite, de modo que possa esperar até que o bebê se volte para ela). Se a mãe não soubesse, porém, que o afastamento do bebê, do seio ou da mamadeira, tinha determinado valor, ela seria então capaz de controlar essas fases difíceis. Aceitaria o afastamento, ou a vontade de dormir do bebê, como uma indicação para cuidados especiais. Isso quer dizer que tudo deve ser feito a fim de preparar o cenário correto para a amamentação. A mãe deve estar confortavelmente instalada. O bebê também. Depois, deve haver todo o tempo que for preciso. E os braços do bebê devem estar livres. O bebê deve ter a pele livre para poder sentir a pele da mãe. Pode até suceder que a criança necessite ficar nua e colocada no corpo nu da mãe. Se houver alguma dificuldade, não adianta nada tentar forçar a amamentação. Se houver uma dificuldade, só propiciando ao bebê o cenário adequado para encontrar o seio é que poderá haver alguma esperança de estabelecer a experiência correta de amamentação. Reflexos de tudo isso poderão surgir em fases ulteriores das experiências infantis.

Enquanto estou tratando deste assunto, gostaria de falar sobre a posição da mãe cujo bebê acabou de nascer. Ela passou por uma angustiosa e forte experiência, e continua necessitando de uma ajuda especializada. Está ainda entregue aos cuidados de quem quer que a tenha auxiliado no período de confinamento. Há razões justificadas para que ela se sinta, justamente nesse período, inclinada a depender de alguém e a ser sensível às opiniões de qualquer mulher importante que esteja perto, seja a superintendente da clínica, a parteira, a sua própria mãe ou a sogra. Está, portanto, em uma posição difícil. Esteve preparando-se durante nove meses para esse momento e, pelas razões que tentei explicar, é a pessoa mais indicada para saber o que fazer para que o seu bebê se alimente no seio materno; contudo, se as outras pessoas que tanto sabem forem teimosas, dificilmente se poderá esperar que ela as combata e por certo não o fará enquanto não tiver tido dois ou três bebês e uma boa dose de experiência. O ideal, evidentemente, é o estabelecimento de boas relações, o que frequentemente acontece, entre as enfermeiras da maternidade ou a parteira e a mãe.

Se existir essa feliz relação, a mãe aufere todas as probabilidades para orientar o primeiro contato com o bebê à sua própria maneira. O bebê está a seu lado, dormindo a maior parte do tempo, e ela pode ficar contemplando o berço colocado ao lado da sua cama de parturiente, para averiguar se realmente ganhou um bonito e delicado bebê humano. Habitua-se ao choro do seu próprio bebê. Se fica preocupada com o choro do bebê, levam-no temporariamente para que ela durma, mas trazem-no de volta. Então, quando pressente que o bebê começa a querer o alimento, ou que talvez queira um contato geral com o corpo materno, ajudam-na a tomar o bebê nos braços e a cuidar dele, embalando-o e amamentando-o. No decorrer dessa espécie de experiência, tem início o contato especial entre o rosto, a boca e as mãos do bebê e o seio materno.

Ouve-se falar da jovem mãe desorientada. Nada lhe foi explicado; o bebê é mantido em um quarto separado, talvez em conjunto com outros bebês, exceto nas horas de mamar. Há sempre um bebê chorando, de modo que a mãe jamais consegue distinguir o choro de seu próprio bebê. Nas horas de mamar, os bebês são trazidos e entregues às mães, solidamente embrulhados em toalhas. Pretende-se que a mãe acolha esse objeto de experiência excêntrica e o amamente, mas nem a mãe sente a vida fluindo para os seios nem o bebê tem oportunidade de efetuar suas explorações e elaborar ideias. Temos ouvido até falar das chamadas pessoas prestimosas que ficam exasperadas quando o bebê não começa a sugar e empurram o nariz do bebê para o peito, por assim dizer. Haverá alguns bebês que tiveram esse tipo de experiência horrível.

Mas até as mães têm de aprender a serem maternais, por meio da experiência. Creio ser preferível que encarem o problema dessa maneira. Pela experiência, elas evoluem. Se encararem as coisas de outra maneira e pensarem que devem debruçar-se assiduamente sobre os livros para aprender como serem boas mães desde o princípio, estarão no caminho errado. Em longo prazo, o que precisamos é de mães – e de pais – que tenham descoberto como acreditar em si próprios. Essas mães e seus maridos edificam os melhores lares onde os bebês podem crescer e desenvolver-se.

CAPÍTULO 8

Amamentação

Enquanto no último capítulo a amamentação foi examinada de um modo pessoal, no presente capítulo trataremos o mesmo assunto em um plano mais técnico. Primeiro, vamos conhecer o ponto de vista da mãe sobre o que nos propomos tratar e, depois, os médicos e as enfermeiras podem determinar entre eles quais problemas as mães devem enfrentar e sobre os quais pretendem esclarecimentos.

Em um debate entre médicos pediatras foi assinalado que realmente não sabemos ainda qual o valor concreto da amamentação. Nem sabemos qual o princípio que deve governar a nossa escolha do momento de desmamar. Obviamente, tanto a Fisiologia como a Psicologia têm um lugar na resposta a essas perguntas. Devemos deixar aos pediatras o estudo muito complexo dos processos físicos, enquanto procuramos elaborar um comentário do ponto de vista da Psicologia.

Embora a psicologia da amamentação seja um problema extremamente complexo, provavelmente já se sabe o suficiente para poder-se escrever algo claro e preciso. Mas há uma complicação. O que se escreve não é necessariamente aceitável, mesmo que seja verdade. Devemos tratar primeiro desse paradoxo.

Não é possível que um adulto, ou mesmo uma criança, saiba o que sentia quando era bebê. Os sentimentos da infância, embora armazenados em alguma parte, sem dúvida, em todos nós, não são facilmente reconstituídos. A intensidade dos sentimentos infantis repete-se nos sofrimentos associados aos sintomas psicóticos. A preocupação infantil com os sentimentos de certo tipo reaparece nas preocupações da pessoa doente, aliada ao medo e ao sofrimento. Quando observamos diretamente uma criança, achamos difícil traduzir o que vemos e ouvimos em termos de sentimentos; ou então imaginamos, e há tanta possibilidade de imaginar corretamente como não, visto que transportamos para a situação toda sorte de ideias que pertencem a fases posteriores do desenvolvimento.

As mães que cuidam de seus próprios filhos se aproximam mais de uma apreciação verdadeira dos sentimentos infantis, por causa da sua capacidade especial, que perdem após alguns meses, para se identificarem com o bebê entregue a seus cuidados especiais. Mas raramente as mães querem comunicar o que sabem enquanto não esqueceram ainda as partes essenciais da história.

Os médicos e as enfermeiras, que são especialistas em suas funções, certamente não são melhores que outras pessoas no conhecimento das crianças como seres humanos acabados de serem lançados na imensa tarefa de se tornarem eles próprios. Diz-se nada existir nas relações humanas que seja mais poderoso do que o vínculo entre um bebê e a mãe (ou o seu seio) durante a excitação provocada pela experiência da amamentação. Não espero que se acredite facilmente nisso; contudo, é necessário ter pelo menos essa *possibilidade* presente, ao analisarmos um problema tal como o do valor da amamentação comparado com o do aleitamento artificial ou com mamadeira. É um princípio válido da psicologia dinâmica em geral, mas em particular da psicologia da infância, que a verdade das verdades não pode ser inteira e imediatamente apreendida. Nas outras ciências, se conclui-se que uma determinada coisa é verdadeira, pode usualmente ser aceita sem esforço emocional, mas na Psicologia há sempre a questão do esforço e da tensão, de maneira que é mais facilmente aceito algo que não seja totalmente verdadeiro do que a própria verdade.

Posto isto, a título preliminar, eu faria a afirmação clara de que a relação do bebê com a mãe, durante a orgia da amamentação, é particularmente intensa. Essa relação também é complexa, pois tem de incluir a excitação da expectativa, a experiência da atividade durante a amamentação, bem como a sensação de gratificação, com o repouso ou acalmia da tensão instintiva resultante da satisfação. Em uma idade posterior, o grupo sexual de sentimentos rivalizará com os que pertencem à amamentação infantil, e o indivíduo recordar-se-á dos segundos quando experimentar os primeiros; com efeito, verificar-se-á que o padrão de experiência sexual derivou muitas de suas características e peculiaridades da vida instintiva nas fases mais remotas da infância.

Contudo, os momentos instintivos não são tudo. Há também as relações da criança com a mãe nos períodos intermédios das orgias de amamentação e as experiências excretoras que comportam uma excitação em si e um clímax. A conjugação dos dois tipos de relações com a mãe constitui uma tremenda tarefa para a criança, nos primeiros tempos do seu desenvolvimento emocional; um tipo em que o instinto é despertado, e outro em que a mãe constitui o meio circundante e a provedora das comuns necessidades físicas de segurança, calor e imunidade ao imprevisível.

Nada estabelece tão clara e satisfatoriamente a concepção infantil da mãe como um ser humano total do que as boas experiências durante a excitação, com gratificação e satisfação. À medida que a criança vai conhecendo gradualmente a mãe como ser humano total, desenvolve-se uma técnica para lhe dar algo em retribuição pelo que ela forneceu. Assim, a criança converte-se também em um ser humano total, com capacidade para reter o momento de carinho e de atenção, em que se deve alguma coisa, mas o pagamento ainda não foi efetuado. E esse é o ponto de origem da sensação de culpa e da capacidade infantil para sentir-se triste se a mãe amada estiver ausente. Se a mãe tiver duplamente êxito em suas relações com o bebê, estabelecendo uma satisfatória amamentação e, ao mesmo tempo, permanecendo como pessoa única na vida da criança durante certo período de tempo, até que ela e o filho possam sentir-se seres humanos integrais, então o desenvolvimento emocional da criança terá percorrido um longo caminho na direção do desenvolvimento saudável que, finalmente, constitui a base para uma existência independente, em um mundo de seres humanos. Muitas mães sentem que estabeleceram contato com seus bebês logo nos primeiros dias e pode-se esperar, certamente, que o bebê manifeste o seu reconhecimento, passadas algumas semanas, mediante um sorriso. Tudo isso são realizações baseadas em boas experiências de cuidados e assistência maternais, bem como na concessão de gratificações instintivas; no início, essas realizações podem perder-se por ocorrências desagradáveis durante a alimentação, por dificuldade na relação com outras experiências instintivas, ou ainda por uma variabilidade do meio circundante, cuja compreensão excede a capacidade da criança. O estabelecimento desde muito cedo de completas relações humanas e a sua manutenção têm o maior valor no desenvolvimento da criança.

É verdade, sem dúvida, que a mãe que, por uma ou outra razão, estiver impossibilitada de aleitar o seu bebê ao peito é capaz de realizar a maior parte desse estabelecimento de relações humanas, propiciando uma gratificação instintiva, nos momentos de excitação alimentar, mediante o uso da mamadeira. Todavia, de modo geral, parece que as mães aptas a aleitarem seus filhos ao peito são capazes de encontrar uma experiência muito mais rica para elas próprias no ato de amamentação e isso parece, ainda, contribuir para o estabelecimento mais cedo das relações entre dois seres humanos. Se a gratificação instintiva fosse o único indício, então não haveria qualquer vantagem da amamentação sobre o uso da mamadeira. Há, contudo, a atitude global da mãe, que é de suprema importância.

Além disso, temos uma complicação que é de extremo valor no estudo da importância especial da alimentação ao peito materno; *o bebê humano tem ideias*. Todas as funções são elaboradas na psique, e mesmo no início há uma fantasia associada à excitação e à experiência alimentar. A fantasia, tal como se depreende, é a de um implacável ataque ao seio materno e, finalmente, à mãe, logo que a criança se apercebe de que pertence à mãe o seio que é atacado. Há um elemento agressivo muito forte no primitivo impulso de amor, que é o impulso para mamar. Nos termos da fantasia de uma data ligeiramente posterior, a mãe é implacavelmente atacada e, embora só uma pequena parcela de agressão seja observável, não é possível ignorar o elemento destrutivo nas pretensões da criança. A amamentação satisfatória faz cessar fisicamente a orgia e circunscreve também a experiência fantasiosa, não obstante, desenvolve-se um elevado grau de apreensão por causa das ideias agressivas logo que a criança começa a ter discernimento bastante para concluir que o seio que era atacado e esvaziado é parte integrante da própria mãe.

A criança que esteve colada milhares de vezes ao peito materno encontra-se, evidentemente, em uma situação muito diferente daquela que foi alimentada o mesmo número de vezes por um frasco; a sobrevivência da mãe é algo mais do que um milagre no primeiro caso, o mesmo não sucedendo no segundo. Não estou sugerindo que a mãe que alimenta seu filho com mamadeira nada possa fazer para enfrentar a situação. Indubitavelmente, o bebê brincará com ela, ser-lhe-á permitido mordiscá-la e é visível que, quando as coisas correm bem, o bebê quase sente o mesmo que se fosse amamentado ao peito. Há uma diferença, porém. Na Psicanálise, em que há tempo para conjugar todas as raízes mais remotas da plena experiência sexual dos adultos, o analista obtém muito boas provas de que, na satisfatória amamentação, o fato concreto de tomar parte do corpo materno fornece um "esquema" para todos os tipos de experiência em que o instinto participa.

É coisa comum um bebê ser incapaz de aceitar o seio materno, não por qualquer incapacidade inata, que deve ser um caso realmente raro, mas por causa de alguma interferência na capacidade da mãe para adaptar-se às necessidades do bebê. Os conselhos errôneos para insistir na amamentação são notoriamente desastrosos. Uma transferência para a mamadeira produz alívio e acontece, frequentemente, de um bebê que estava em dificuldade de não mostrar qualquer novo apuro após a transferência do seio materno para o método mais impessoal, ou seja, com a intervenção da mamadeira. Isso corresponde ao valor que alguns bebês podem obter do fato de estarem deitados em um berço, visto que a riqueza da experiência de serem pegos ao colo era estragada pelas angústias ou depressões maternas, que inevitavelmente falseavam a experiência. Partindo do reconhecimento do alívio da criança, ao ser desmamada de uma angustiada ou deprimida mãe, deveria ser possível ao estudioso do assunto chegar a uma compreensão teórica da grande importância de que se reveste a capacidade *positiva* da mãe para cumprir a sua função a tal respeito. O êxito é importante para a mãe, por vezes mais importante para ela do que para o bebê, embora de enorme valor também para ele.

É necessário acrescentar, neste ponto, que o êxito na amamentação não significa que, por esse fato, todos os problemas estejam resolvidos; o êxito significa que teve início uma experiência de relações muito mais rica e intensa e, com ela, uma oportunidade maior e não menor para que o bebê revele sintomas de que estão sendo enfrentadas as dificuldades inerentes – e realmente importantes – que acompanham a própria vida e as relações humanas. Quando tem de se adotar a alimentação com mamadeira, verifica-se frequentemente um alívio em todos os aspectos e, em termos de fácil controle, um médico pode achar que, facilitando o assunto de um modo total, está obviamente realizando uma boa coisa. Mas isso é encarar a vida em termos de doença e de saúde. Os que cuidam de crianças devem ser capazes de pensar em termos de pobreza e riqueza da personalidade, o que é uma coisa bem diferente.

No caso do bebê amamentado ao peito, em breve desenvolve-se nele uma capacidade para usar certos objetos como símbolos do seio materno e, portanto, da mãe. A relação com a mãe (tanto a excitada como a tranquila) é representada pela relação da criança com o punho, o dedo polegar ou os dedos, ou com um pedaço de tecido, ou um brinquedo macio. Verifica-se um processo gradual no deslocamento dos objetivos dos sentimentos infantis, e um objeto só passa a representar o seio quando a ideia do seio foi incorporada à criança, por intermédio de experiências concretas. Poder-se-ia pensar, de início, que a mamadeira é introduzida como um brinquedo no momento apropriado, quando o bebê já teve experiências com o seio materno. A mamadeira usada em lugar do peito materno, ou substituindo este nas primeiras semanas, tem de ser apenas *uma coisa* e, de certo modo, representa uma barreira entre o bebê e a mãe, em lugar de um elo. De modo geral, a mamadeira não substitui perfeitamente o seio materno.

É interessante examinar o assunto do desmame, visto ser afetado pelas duas alternativas: amamentação ou alimentação com mamadeira. Fundamentalmente, o processo de desmame deve ser o mesmo em ambos os casos. O crescimento do bebê atinge uma fase em que se verifica a necessidade de abandonar algumas coisas, e a mãe sabe que o filho alcançou um estado de desenvolvimento em que o desmame pode ser significativo para ele. Nesse aspecto, há uma disposição positiva para o desmame, quer se trate de amamentação ao peito ou se use a mamadeira. Contudo, até certo ponto, nenhum bebê está jamais preparado para ser desmamado, e isto pode-se afirmar a despeito do fato de que, na prática, uma boa proporção de crianças deixa de mamar por iniciativa própria. Há sempre certa irritação associada ao desmame, e nisso é que o seio e a mamadeira se distinguem. No caso das crianças amamentadas ao peito, o bebê e a mãe têm de vencer os obstáculos de um período em que o seio é alvo da irritação do bebê e em que se registram ideias de uma agressão ou ataque não tanto motivado pelo desejo como pela raiva. É obviamente uma experiência muito mais rica para o bebê e para a mãe superarem com êxito essa fase do que por meio da técnica mais mecânica, com uma mamadeira em lugar do seio materno. Na experiência do desmame, é um fato importante que a mãe resista a todos os sentimentos associados ao desmame e se resiste é porque, em parte, a criança a protege e, também em parte, porque ela pode proteger-se.

Há um problema de ordem prática que assume importância em alguns casos em que uma criança tem de ser adotada. Será melhor para um bebê dispor de um seio por algum tempo ou nunca o ter? Creio que a resposta a isso não está ao nosso alcance. No estado atual dos nossos conhecimentos, não estamos certos se devemos aconselhar a mãe de um filho que será entregue à adoção a amamentar o seu bebê ao peito ou a começar logo com a mamadeira, quando sabe que está sendo arranjada a adoção. Muitos afirmam que a mãe se sente muito melhor entregando o seu bebê depois de ter tido a oportunidade de amamentá-lo ao próprio peito, em qualquer caso, durante certo período; mas, por outro lado, ela pode afligir-se bastante por separar-se do seu filho depois desse período. É um problema muito complexo, pois talvez seja preferível que a mãe sofra essa aflição do que descobrir, depois, que foi privada de uma experiência que teria acolhido com entusiasmo, porque era real. Cada caso tem de ser tratado em seus próprios méritos, com a devida consideração pelos sentimentos da mãe. Quanto ao bebê, parece-nos claro que a amamentação e o desmame bem-sucedidos propiciam uma boa base para a adoção, mas é comparativamente rara uma criança que tenha tido princípios tão bons ser adotada. Muito mais frequentemente os começos da vida da criança são confusos, de modo que quem a adotar encontra-se com um bebê a seu cuidado que já traz uma herança de perturbações causadas pela sua complexa história dos primeiros tempos. Uma coisa é certa: que tudo isso tem enorme importância e não é possível, ao adotar uma criança, ignorar a história alimentar e a história da assistência geral dos primeiros dias e semanas do bebê. Processos que são iniciados facilmente nessas ocasiões, quando tudo corre bem, podem ser, na verdade, muito difíceis de serem estabelecidos algumas semanas ou meses depois quando a confusão já foi criada.

Pode-se afirmar que, se uma criança tiver de submeter-se, eventualmente, a uma longa psicoterapia, é preferível que tenha tido algum contato com o seio materno, no princípio, pois isso facilita uma base de riqueza de relações que pode ser recuperada no tratamento. Contudo, a maioria das crianças não chega à psicoterapia e, na verdade, só muito raramente uma psicoterapia prolongada está ao alcance de qualquer pessoa; portanto, será preferível, ao combinar-se uma adoção, que se contentem com o início mais fraco de uma idônea técnica de alimentação com mamadeira, a qual, pelo próprio fato de que não impõe tão estreitamente a presença da mãe, torna mais fácil para a criança sentir que existe uma assistência assídua, apesar do fato de diversas pessoas estarem encarregadas do processo de alimentação. Parece bastante verossímil que o bebê alimentado com mamadeira desde o princípio, embora mais pobre de experiência, ou talvez *por causa* de ser mais pobre de experiência, seja capaz de ser alimentado por uma série de pessoas solícitas sem que isso lhe provoque muita confusão, simplesmente pelo fato de que, pelo menos, a mamadeira e o alimento mantêm-se constantes. Alguma coisa deve merecer a confiança do bebê, em seus primeiros tempos, caso contrário não haveria esperança de que ele pudesse iniciar bem sua marcha para a saúde mental.

Grande soma de trabalho é ainda necessária neste domínio de investigação, e devemos reconhecer que a fonte mais fértil de novos dados de compreensão se encontra na há muito ativa psicanálise de todos os tipos de casos normais, neuróticos e psicóticos, tanto de crianças de todas as idades como de adultos.

Em *resumo*, pode-se dizer que não é possível passar levianamente por cima da questão de um substituto para a amamentação ao peito materno. Em certos países e culturas, a alimentação com mamadeira é a regra geral, e esse fato deve afetar o padrão cultural da comunidade. A amamentação ao peito fornece a mais rica experiência e o método mais satisfatório, do ponto de vista da mãe, se tudo correr bem. Do ponto de vista da criança, a sobrevivência da mãe e do seio materno, após a amamentação, é muito mais importante do que a sobrevivência da mamadeira e da mãe que segura a mamadeira. Podem surgir dificuldades na mãe e na criança, em resultado da riqueza da experiência de amamentação ao peito materno, mas dificilmente se pode usar isso como argumento contrário, visto que a finalidade dos cuidados maternos não se resume simplesmente a evitar sintomas. O objetivo dos cuidados maternos não está limitado ao estabelecimento de saúde na criança, mas inclui o fomento de condições para a experiência mais rica possível, com resultados de longo prazo na profundidade e valor crescentes do caráter e da personalidade do indivíduo.

CAPÍTULO 9

Por que Choram os Bebês?

Estivemos examinando até agora alguns aspectos bastante óbvios do desejo materno de conhecer o seu bebê e da necessidade que o bebê tem de ser conhecido. Os bebês, tanto quanto necessitam de leite e de carinho maternos, também precisam do amor e compreensão da mãe. Se ela conhece bem o seu bebê, está em condições de ajudá-lo quando ele precisa e, como ninguém pode conhecer um bebê melhor que a própria mãe – ninguém mais, senão ela, poderá ser a pessoa indicada para prestar-lhe essa ajuda. Passemos agora à análise daqueles momentos em que o bebê parece estar, de um modo especial, solicitando ajuda: quando chora.

Como se sabe, a maioria dos bebês chora bastante, e à mãe cabe decidir, constantemente, se deve deixar que o bebê chore, ou tentar acalmá-lo, alimentá-lo, pedir ao pai que dê uma ajuda, ou levá-lo à senhora do andar de cima, que sabe tudo a respeito de crianças, ou julga que sabe. Você gostaria, provavelmente, que eu lhe pudesse dizer de um modo bastante simples o que fazer, mas, se eu assim procedesse, você diria: "Que idiota! Há milhões de motivos diferentes para que um bebê chore, e o senhor não poderá aconselhar-me coisa alguma sem descobrir primeiro a razão do choro." Inteiramente de acordo, e é por isso que vou tentar definir consigo as razões do choro.

Digamos que existem quatro tipos de choro, porque é pouco mais ou menos verdade, e podemos pendurar tudo o que pretendemos dizer nestes quatro cabides: satisfação, dor, raiva e pesar. Você poderá ver que estou realmente dizendo coisas bastante comuns e óbvias, o tipo de coisas que toda mãe de um bebê conhece naturalmente, embora não cogite, usualmente, como exprimir em palavras aquilo que sabe.

O que estou afirmando resume-se nisto: o choro suscita no bebê uma sensação de que está exercitando os pulmões (satisfação), ou, então, uma canção de tristeza (pesar). Se você aceitar isto como uma proposição válida, poderei explicar o que quero justamente dizer.

Você poderá julgar estranho que eu falasse primeiro de choro de satisfação, quase de prazer, pois qualquer pessoa admitiria que, sempre que um bebê chora, é porque deve estar de certo modo aflito. Contudo, acho que esta deve ser a primeira coisa a dizer. Temos de reconhecer que o prazer participa do choro como do exercício de qualquer outra função física, pelo que certa dose de choro pode ser considerada algumas vezes satisfatória, ao passo que uma dose inferior a essa não seria bastante.

Determinada mãe me dirá o seguinte: "Meu filhinho raramente chora, exceto uns momentos antes de comer. Claro, ele chora durante uma hora, entre as quatro e as cinco, todos os dias, mas creio que gosta disso. Não tem realmente nada que o incomode e faço com que ele veja que estou perto, mas não tento de um modo especial acalmá-lo."

Por vezes, ouvimos pessoas dizerem que não se deve pegar num bebê ao colo quando ele está chorando. Trataremos disso mais adiante. Mas outras pessoas afirmam que jamais deveria permitir-se que um bebê chorasse. Acho que essas pessoas dirão às mães, provavelmente, para não deixarem os bebês meter os dedos na boca, ou chupar o polegar, ou usar chupeta, ou brincar com o seio materno quando terminou de mamar. Ignoram que os bebês têm (e têm que ter) seus métodos próprios de lidar com suas dificuldades.

De qualquer modo, os bebês que raramente choram não estão, necessariamente, desenvolvendo-se melhor, pelo fato de não chorarem, do que os outros bebês que choram como desalmados; pessoalmente, se tivesse de escolher entre os dois extremos, eu apostaria no bebê chorão, que acabou por dar-se conta da sua capacidade total para fazer ruído, desde que o choro não tivesse sido consentido com excessiva frequência para converter-se em desesperada aflição.

O que quero dizer é que qualquer exercício do corpo é bom, do ponto de vista da criança. A própria respiração, uma nova proeza do recém-nascido, poderá ser muito interessante até que se transforme em hábito, e os gritos e o alarido de todas as formas de choro devem ser definitivamente excitantes. A importância de que se reveste o nosso reconhecimento do valor do choro está em podermos ver como o choro atua como tranquilizante em um momento de dificuldade. Os bebês choram porque se sentem ansiosos ou inseguros, e o recurso funciona; o choro ajuda bastante, e devemos, portanto, concordar em que há nele algo de bom. Mais tarde vem a fala e, com o tempo, a criança dará os primeiros passos e tocará o primeiro tambor.

A mãe sabe como o bebê usa o punho ou os dedos, como os leva à boca e assim consegue suportar a frustração. Pois bem, gritar é como um punho que vem de dentro. E ninguém pode interferir. A mãe poderá manter as mãos do bebê afastadas da boca, mas não poderá cravar-lhe o choro no estômago. Não poderá impedir que o bebê chore, e espero que não o tente fazer. Se tiver vizinhos que não possam suportar o barulho, será infeliz, porque nesse caso terá de tomar medidas para sustar o choro, em virtude dos sentimentos *deles*, o que é muito diferente de estudar as razões por que o bebê chora, de modo a poder impedir ou sustar apenas o choro que não presta e que, possivelmente, é prejudicial.

Os médicos dizem que o choro veemente do bebê recém-nascido é um sintoma de saúde e energia. Bem, o choro continua sendo um sinal de saúde e vigor, uma forma inicial de exercício físico, o desempenho ativo de uma função, satisfatório como tal e mesmo agradável. *Mas é muito mais do que isso.* Falemos, pois, dos outros significados do choro.

Ninguém terá dificuldade alguma em reconhecer o choro de dor, o modo natural de comunicar que o bebê está em dificuldade e necessita do auxílio da mãe.

Quando o bebê sente alguma dor, emite um som penetrante ou guincho e, com frequência, dá ao mesmo tempo uma indicação do lugar onde está a dificuldade. Por exemplo, se tem cólica, estica as pernas, se é dor de ouvido, leva a mão ao ouvido dolorido; se é luz forte que o incomoda, poderá afastar a cabeça. Não sabe o que fazer a respeito de ruídos ou pancadas muito fortes.

O grito de dor não é, em si mesmo, agradável à criança, ninguém pensaria que fosse, pois imediatamente desperta nas pessoas em volta um impulso para fazer alguma coisa de útil.

Um tipo de dor é chamado fome. Sim, penso que a fome se parece com uma dor para o bebê. A fome aflige-o de um modo suscetível de ser esquecido pelos adultos, que muito raramente sentem fome de um modo doloroso. Nas Ilhas Britânicas, hoje em dia, suponho que muitíssimo poucos saberão o que é estar dolorosamente esfomeado. Pensemos em tudo o que fazemos para garantir um abastecimento alimentar, mesmo em tempo de guerra. Cogitamos muitas vezes sobre o que comeremos, mas raras vezes sobre se comeremos ou não. E se temos escassez de alguma coisa de que gostamos, mudamos de ideia e deixamos de querer essa coisa, em vez de insistirmos nisso sem possibilidade de a obtermos. Mas as nossas crianças conhecem muitíssimo bem as dores e os rebates da fome aguda. As mães gostam que os filhos sejam bonitos e gulosos, que se excitem ao ouvir o ruído, ao verem os preparativos e captarem o cheiro que prenunciam o fato de que está na hora de comer; e os bebês excitados sentem a dor e exprimem-na chorando. Essa dor depressa é esquecida, se resultar em uma alimentação satisfatória.

O grito de dor é algo que ouvimos a qualquer momento, após o nascimento do bebê. Mais cedo ou mais tarde, damo-nos conta de um novo tipo de choro dolorido: o choro de apreensão. Creio que isso significa que o bebê está travando conhecimento com uma ou duas coisas. Aprendeu que, em certas circunstâncias, deve *esperar* a dor. Quando a mãe começa a despi-lo, ele sabe que está sendo retirado do calor confortável, sabe que sua posição será alterada desta ou daquela maneira e que toda a sensação de segurança estará perdida, de modo que chora a partir do momento em que a mãe abre o primeiro botão. Começou a ligar os acontecimentos, a ter uma experiência própria, e uma coisa faz-lhe lembrar outras. Naturalmente, tudo isso vai ficando cada vez mais complexo à medida que passam as semanas e o bebê cresce.

Como se sabe, o bebê chora algumas vezes quando está sujo. Isso poderia significar que o bebê não gosta de estar sujo (e, claro, se permanecer sujo por bastante tempo, sua pele ficará irritada e irá molestá-lo), mas usualmente não é isso o que quer dizer: significa apenas que ele teme as perturbações que se habituou a esperar nessas circunstâncias. A experiência revelou-lhe que, nos próximos minutos, sobrevirá um colapso de toda a sua tranquilidade, isto é, será despido, levado de um lado para o outro e perderá calor.

A base do choro de medo é a dor, e é por isso que o pranto soa da mesma maneira em ambos os casos, mas agora é uma dor recordada e que ele já espera ver repetida. Depois de um bebê ter conhecido qualquer sensação dolorosamente aguda, poderá chorar de medo quando acontecer qualquer outra que o ameace de voltar a ter essa mesma sensação. E logo começa a ter ideias, algumas assustadoras, e então volta a chorar porque alguma coisa recordou ao bebê a dor, embora essa alguma coisa seja agora imaginária.

Se você começou a pensar agora nessas coisas, poderá achar que estou tornando tudo muito difícil e complicado, mas não posso evitá-lo e, felizmente, os próximos parágrafos são fáceis como um piscar de olhos; de fato, a terceira causa de choro, na minha lista, é a raiva.

Todos nós sabemos o que é perder a cabeça e como a raiva, quando é muito intensa, por vezes parece apoderar-se de nós a tal ponto que, por algum tempo, não somos capazes de controlarmo-nos. O bebê sabe o que é estar completamente furioso. Por mais que a mãe se esforce, nada impede que ela o decepcione algumas vezes, e ele chorará de raiva; segundo a minha opinião, a mãe terá pelo menos um motivo de consolação: esse choro furioso significa, provavelmente, que o bebê acredita na sua genitora. Tem esperança em conseguir demovê-la, em fazer com que ela mude. Um bebê que perdeu a crença não fica raivoso: deixa apenas de querer, ou chora em um ar lamentoso e desiludido, ou começa a bater com a cabeça no travesseiro, no chão ou nas paredes, ou então explora as várias coisas que pode fazer com o seu corpo.

É uma coisa saudável para o bebê conhecer a extensão completa da sua capacidade de fúria. Compreenda-se: o bebê certamente não *se sente* inofensivo quando está raivoso. As mães conhecem bem o ar com que ele fica. Grita, esperneia e, se já tiver idade para isso, levanta-se e sacode as grades do berço. Morde, arranha, cospe, vomita e arma uma barafunda infernal. Se realmente for decidido, é capaz de reter a respiração e ficar com o rosto azul ou até de provocar uma convulsão. Por alguns minutos, sua intenção é realmente destruir ou, pelo menos, danificar tudo e todos, e nem sequer lhe importa destruir a si próprio no decorrer da crise. Você não vê que, sempre que um bebê se lança em uma dessas crises, ganha alguma coisa? Se o bebê chora em um acesso de raiva e sente como se tivesse destruído o mundo inteiro, mas, em sua volta, as pessoas mantêm-se calmas e ilesas, essa experiência fortalece enormemente sua capacidade de apreender que o que ele acha ser verdadeiro não é necessariamente real, que a fantasia e o fato concreto, ambos importantes, são, entretanto, distintos um do outro. Não é absolutamente necessário que a mãe procure enfurecer seu bebê, pela simples razão de que existem muitas maneiras pelas quais a mãe não poderá evitar que ele se enfureça, quer ela goste ou não.

Algumas pessoas andam pelo mundo temerosas de perder a cabeça, receosas do que poderia ter acontecido caso enraivecessem ao máximo quando eram crianças. Por essa ou aquela razão, isto não foi comprovado de um modo adequado. Talvez as mães dessas pessoas se assustassem. Com uma conduta calma, poderiam ter-lhes inspirado confiança, mas confundiram tudo ao agirem como se o bebê zangado fosse realmente perigoso.

Um bebê colérico é uma pessoa autêntica. Sabe o que quer, sabe como conseguir o que quer e recusa-se a perder a esperança de o conseguir. A princípio, quase ignora as armas que possui. Só muito vagamente pode saber que seus gritos ferem, tanto quanto sabe que suas imundícies dão imenso trabalho. Mas em poucos meses começa a sentir-se perigoso, a sentir que pode ferir e magoar e que quer ferir e magoar; e, mais cedo ou mais tarde, pela sua experiência pessoal da dor, acaba sabendo que os outros também podem sofrer dor e cansar.

A mãe terá o maior interesse em observar o seu bebê desde os primeiros indícios de que ele sabe que a pode magoar e que tenciona fazê-lo.

Passemos agora à quarta causa de choro da minha lista: o pesar. Sei que não tenho que descrever-lhe a tristeza, como não precisaria descrever as cores para uma pessoa que não sofre de daltonismo. Contudo, não me basta mencionar a tristeza e deixar as coisas nesse pé, por diversas razões. Uma é que os sentimentos dos bebês são muito diretos e intensos, e nós, adultos, embora apreciemos esses sentimentos intensos da nossa infância e gostemos de reconstituí-los em momentos determinados, já aprendemos há muito tempo como nos defendermos de ficar à mercê de sentimentos quase insuportáveis, como aqueles a que estávamos sujeitos na infância. Se pela perda de alguém que amamos profundamente, não podemos evitar uma dolorosa tristeza, cumprimos um período de luto que os nossos amigos compreendem e toleram. E, depois disso, podemos esperar uma recuperação, mais cedo ou mais tarde. Não nos deixamos entregar a uma tristeza aguda, a qualquer momento do dia ou da noite, como acontece aos bebês. De fato, muitas pessoas defendem-se tão bem das tristezas dolorosas que não conseguem tornar as coisas tão seriamente quanto gostariam de fazer; não podem sentir os profundos sentimentos que gostariam de experimentar, porque têm medo de tudo o que seja tão real. E veem-se incapacitadas para aceitar os riscos envolvidos em amar determinada pessoa ou coisa; aumentando os riscos, podem perder bastante, embora ganhem por se encontrarem bem resguardadas contra os pesares. Como as pessoas adoram um filme triste que as faça derramar lágrimas, que revele, pelo menos, não terem perdido ainda o segredo da arte! Quando falo da tristeza como causa do pranto infantil, devo recordar à leitora não ser fácil relembrar as mágoas que pertencem à infância de cada um de nós e que, portanto, você não poderá acreditar na tristeza do seu bebê por simpatia direta.

Mesmo os bebês podem desenvolver poderosas defesas contra a tristeza dolorosa. Mas estou tentando descrever o choro triste dos bebês, que de fato existe e você por certo já o ouviu. Eu gostaria de poder ajudá-la a ver o lugar do choro triste, seu significado e valor, de modo que você soubesse o que fazer quando o ouvisse.

Estou sugerindo que quando o seu bebê mostra que pode chorar de tristeza, você poderá deduzir que ele percorreu uma longa jornada no desenvolvimento de seus sentimentos; contudo, direi ainda, como salientei no caso da raiva, que você nada ganhará em *tentar causar* nele um choro triste. Você não será capaz de evitar fazê-lo triste como não poderá evitar fazê-lo furioso. Mas há uma diferença entre a raiva e a tristeza, visto que, enquanto a raiva é uma reação mais ou menos direta à frustração, a tristeza implica acontecimentos bastante complexos na mente infantil e que tentarei descrever.

Mas, primeiro, uma palavra a respeito do som do choro triste, o qual, espero que você concorde, contém uma nota musical. Algumas pessoas pensam ser o choro triste uma das principais raízes dos tipos superiores de música. E pelo choro triste uma criança, até certo ponto, entretém-se. Pode facilmente desenvolver e experimentar diversos tons do seu pranto, enquanto aguarda que o sono chegue para afogar suas mágoas. Com um pouco mais de idade a ouviremos realmente cantando, em uma toada triste, para dormir. Como você sabe, também as lágrimas pertencem mais ao choro triste do que à raiva, e a incapacidade para chorar tristemente significa olhos secos e nariz seco (para onde as lágrimas fluem quando não escorrem pelo rosto abaixo). As lágrimas são, portanto, saudáveis, física e psicologicamente.

Talvez convenha eu dar um exemplo para explicar o que entendo por valor da tristeza. Focalizarei uma menina de dezoito meses porque é mais fácil acreditar no que acontece nessa idade do que se as mesmas coisas acontecerem mais obscuramente no período anterior da infância. Essa menina foi adotada quando tinha quatro meses de idade e, antes da adoção, conhecera experiências infelizes; por esse motivo, dependia imensamente da mãe. Poderíamos dizer que ela não fora capaz de formar em sua ideia, como sucede às crianças mais felizes, a noção de que há boas mães; e, por essa razão, agarrou-se à pessoa real de sua mãe adotiva, que era excelente na assistência que lhe dava. A necessidade que a criança manifestava da presença real da sua mãe adotiva era tamanha que a mãe compreendeu não dever deixar a criança. Quando esta tinha sete meses de idade, foi uma vez deixada durante meio dia em excelentes mãos, mas os resultados foram quase desastrosos. Agora, com a menina completando os seus dezoito meses, a mãe decidiu tomar quinze dias de férias, contando à filha o que ia acontecer e deixando-a entregue a pessoas que ela conhecia bem. A criança passou a maior parte dessas duas semanas tentando abrir a maçaneta da porta do quarto de dormir da mãe, demasiado ansiosa para brincar e não aceitando, realmente, o fato de a mãe estar ausente. Estava excessivamente assustada para ficar triste. Suponho haver quem dissesse que, para a criança, o mundo parou durante quinze dias. Quando, por fim, a mãe regressou, a criança esperou uns instantes, para assegurar-se de que o que estava vendo era real, e depois correu, lançando os braços em torno do pescoço da mãe e perdendo-se em soluços e profunda tristeza, após o que regressou ao seu estado normal.

Vemos como a tristeza se manifestava antes de a mãe regressar, observando-a do nosso ponto de vista de espectadores. Mas, do ponto de vista da menina, não houve tristeza enquanto não verificou que podia estar triste com sua mãe perto, deixando correr suas lágrimas pelo colo da mãe. Qual a explicação disto? Bem, creio poder dizer que a menina tinha de enfrentar algo que a atemorizava muito, ou seja, o ódio que sentiu pela mãe quando esta a deixou. Escolho este exemplo pelo fato de que a criança dependia da mãe adotiva (e não podia encontrar facilmente carinhos maternos em outras pessoas) e assim nos torna mais fácil vermos até que ponto a criança acharia perigoso odiar a mãe. De modo que esperou até a mãe regressar.

Mas o que fez ela quando a mãe voltou? Poderia ter avançado nela e mordê-la. Eu não ficaria surpreso se alguma de vocês já tivesse tido tal experiência. Mas essa criança abraçou-se à mãe e soluçou. O que é que a mãe tinha de deduzir desse gesto? Se ela tivesse falado, o que me alegra que ela não tivesse feito, teria dito: "Eu sou a sua única e boa mãe. Você estava assustada por descobrir que me odiava por eu ter partido. Você lamenta ter-me odiado. Não só isso, você achava que eu partira por causa de alguma maldade que fizera, ou porque exige tanto de mim, ou porque me odiou antes de eu partir; assim, você sentiu ser a causa da minha partida... Pensou que eu partia para sempre. Só depois de eu voltar e de você pôr seus braços em torno de mim, é que pôde reconhecer que já cogitara me mandar embora, mesmo quando eu ainda estava consigo. Pela sua tristeza, ganhou o direito de me abraçar, pois mostrou assim sentir que, quando eu a feri por ir-me embora, a culpa era sua. De fato, sentia-se culpada, como se você fosse a causa de tudo o que há de mau no mundo, ao passo que, na realidade, você só foi uma causa muito pequenina da minha ausência. As crianças são uma complicação, mas as mães esperam e gostam que elas sejam assim. Pelo fato de depender tanto de mim, você tem muito mais possibilidade de me cansar; mas resolvi adotá-la e nunca me zangarei pelo fato de você me cansar..."

Ela poderia ter dito isso tudo, mas ainda bem que não o fez; de fato, essas ideias nunca lhe passaram pela cabeça. Estava demasiado ocupada acariciando sua menina.

Por que disse eu tudo isso a respeito dos soluços de uma menina? Tenho a certeza de que não haverá duas pessoas que descrevam da mesma maneira o que se passa quando uma criança está triste, e atrevo-me a acrescentar que algumas das coisas que eu disse não estão expressas com bastante correção. Mas tampouco está tudo errado, e espero que, pelo que eu disse, consegui mostrar que o choro triste é algo muito complicado, algo que significa já ter a criança conquistado seu lugar no mundo. Deixou de ser um pedaço de cortiça flutuando ao sabor das ondas. Já começou a assumir sua responsabilidade em relação ao meio. Em lugar de reagir apenas às circunstâncias, passou a sentir responsabilidade pelas circunstâncias. O problema está quando começa a sentir-se *totalmente* responsável pelo que lhe sucede e pelos fatores externos da sua vida. Só gradualmente começa a fazer distinção entre aquilo por que *é* responsável e aquilo tudo por que *se sente* responsável.

Comparemos agora o choro triste com as outras espécies. Chorar de dor ou fome pode-se notar em qualquer ocasião, desde o nascimento. A raiva aparece quando o bebê está apto a concatenar certos acontecimentos, e o medo, indicando a expectativa de dor, significa que o bebê elaborou ideias próprias. O pesar indicará algo muito mais avançado que esses outros sentimentos agudos; e, se as mães compreenderem até que ponto são valiosas as coisas subentendidas na tristeza, estarão capacitadas a evitar a perda de algo importante. As pessoas mostram-se facilmente satisfeitas quando, mais tarde, os filhos dizem "Muito obrigado" ou "Desculpe", mas a versão primitiva dessas compreensões está contida no choro triste do bebê e é muito mais valiosa do que se ensina na maneira de exprimir gratidão e arrependimento.

Você terá notado, em minha descrição da menina triste, como para ela foi perfeitamente lógico ficar triste ao se agarrar ao pescoço da mãe. Um bebê furioso dificilmente mostraria sua zanga enquanto estivesse em relações satisfatórias com a mãe. Caso se conservasse ao seu colo, seria por ter medo de abandoná-lo, e a mãe desejaria provavelmente que ele se afastasse. Mas o bebê triste pode ser agarrado ao colo e acariciado porque, ao tomar a responsabilidade por aquilo que o fere, ganha o direito de manter boas relações com as pessoas. De fato, um bebê triste poderá *necessitar* o amor físico e demonstrativo da mãe. O que ele não precisa, contudo, é ser distraído efusivamente (por exemplo, fazê-lo saltar no colo, provocar cócegas etc.) da sua tristeza. Digamos que ele se encontra em um estado de luto e requer certo período de tempo para recuperar-se. Precisa apenas saber que a mãe continua a amá-lo e, por vezes, pode ser até preferível deixá-lo chorar à vontade. Recordemos não existir melhor sensação na infância do que a ligada a uma verdadeira e espontânea recuperação da tristeza e sentimentos de culpa. Tanto isso é assim que, por vezes, a mãe verificará que o filho se comporta de modo indócil e desobediente para que possa sentir-se culpado, chorar e depois ser perdoado, tão ansioso está ele de reaver aquilo que experimentou em uma verdadeira convalescença da tristeza.

Assim, descrevi os diversos tipos de choro. Há muito mais a dizer a tal respeito. Mas creio ter ajudado com a minha tentativa de distinguir cada um desses tipos, separando uns dos outros. O que não fiz foi descrever o choro de desamparo e desespero, o choro em que todos os outros tipos se diluem se não restar qualquer esperança no espírito do bebê. Em seu lar, talvez nunca se ouça esse tipo de choro, mas, se você o ouvir, a situação já ultrapassou os limites de sua capacidade e você precisa de auxílio, embora, como procurei deixar bem claro, ninguém possa cuidar melhor do seu filho do que você mesma. É nas instituições que ouvimos o choro de desamparo e desintegração, onde não existem meios nem possibilidades de fornecer uma mãe para cada bebê. Apenas mencionei esse tipo de choro, a fim de deixar a coisa completa. O fato de que a mãe está disposta a cuidar pessoalmente do filho significa que ele tem sorte; a menos que sucedesse, por acaso, alguma coisa que viesse perturbar os cuidados rotineiros, ele estará em condições de seguir decididamente para frente, demonstrando à mãe quando está zangado com ela e quando a ama, quando quer livrar-se dela, quando está ansioso ou com medo, ou quando apenas quer que a mãe compreenda que ele está triste.

CAPÍTULO 10

O Mundo em Pequenas Doses

Se você já assistiu a debates filosóficos, deve ter ouvido algumas vezes as pessoas usarem muitas palavras para explicar a questão do que é real e do que não é real. Umas pessoas dizem que o real significa o que todos podemos tocar, ver e ouvir, enquanto outras afirmam que só conta o que sentimos como real, como um pesadelo ou a raiva pelo homem que nos tomou a frente na fila do ônibus. Tudo isso parece muito difícil. Que importância poderão ter essas coisas para os cuidados da mãe com o bebê? Espero ser capaz de explicar isso.

As mães com bebês estão enfrentando uma situação evolutiva e em constante mutação; o bebê começa nada sabendo acerca do mundo, e na época em que as mães terminarem sua tarefa o bebê já terá se convertido em alguém que conhece o mundo, que pode descobrir um caminho para viver nele e até para tomar parte na maneira como ele se conduz. Que tremenda evolução!

Mas todos conhecemos pessoas que têm dificuldades em suas relações com as coisas que consideramos reais. Não as sentem como coisas reais. Para você e para mim, as coisas parecem mais reais umas vezes do que outras. Qualquer pessoa pode ter um sonho que parece mais real do que a realidade e, para certos indivíduos, o seu mundo imaginativo pessoal é muito mais real a tal ponto que não conseguem realizar com êxito a tarefa de viverem no mundo a que chamamos real.

Façamos então a pergunta: por que a pessoa normal e sadia tem, simultaneamente, a sensação da realidade do mundo e da realidade do que é imaginativo e pessoal? O que aconteceu para que você e eu ficássemos assim? É uma grande vantagem ser assim, pois desta maneira podemos usar a nossa imaginação para tornar o mundo mais emocionante e usar o mundo real para exercer a nossa capacidade imaginativa. Será que crescemos assim mesmo? Bem, o que quero dizer é que não crescemos assim se, no princípio, cada um de nós não tiver uma mãe capaz de nos apresentar ao mundo em pequenas doses.

Ora, com que se parecem as crianças quando têm dois, três ou quatro anos de idade? Nesse aspecto particular de ver o mundo tal como é, o que poderemos dizer da criança que começa a dar os seus primeiros e desajeitados passos? Para ela, todas as sensações são tremendamente intensas. Nós, como adultos, só em momentos especiais atingimos essa maravilhosa intensidade de sentimentos que é característica dos primeiros anos e tudo o que nos ajude a alcançá-la sem susto é bem acolhido. Para alguns, é a música ou a pintura que os leva a essas alturas, para outros um jogo de futebol, ainda para outros é vestir-se para ir a um baile ou entrever a Rainha quando passa de automóvel na rua. Felizes aqueles cujos pés estão bem plantados na terra, mas que, mesmo assim, conservam a capacidade de desfrutar intensas sensações, nem que seja apenas em sonhos que são sonhados e recordados.

Para as crianças e muito mais para os bebês, a vida é apenas uma série de experiências terrivelmente intensas. Você já observou o que sucede quando você interrompe uma brincadeira; de fato, você gosta de fazer advertências, para que, se possível, a criança dê às suas brincadeiras uma determinada finalidade e, assim, tolere a sua interferência. Um brinquedo que um tio ofereceu ao seu filhinho é uma parcela do mundo real; contudo, se for oferecido da melhor maneira e na ocasião mais apropriada pela pessoa mais adequada, terá um significado para a criança que deveríamos ser capazes de compreender e aceitar. Talvez possamos recordar um brinquedo que nós próprios tivemos e o que para nós significou. Que monótono ele nos parece agora, se ainda o tivermos guardado em algum lugar! A criança de dois, três e quatro anos vive simultaneamente em dois mundos. O mundo que compartilhamos com a criança é também o seu próprio mundo imaginativo, de modo que ela está capacitada a senti-lo intensamente. A razão disso reside no fato de não insistirmos, quando estamos tratando com uma criança dessa idade, em uma percepção exata do mundo externo. Os pés de uma criança não precisam estar sempre firmemente plantados na terra. Se uma garotinha nos disser que quer voar, não nos limitemos a responder: "As crianças não voam." Pelo contrário, devemos agarrá-la e fazê-la girar em torno da nossa cabeça, colocando-a depois no alto armário, de modo que ela sinta realmente que está voando como um pássaro para o seu ninho.

Mas logo a criança descobrirá que não pode voar por meios mágicos. Provavelmente em sonhos o flutuar mágico pelos ares seja retido até certo ponto ou, pelo menos, haverá um sonho em que ela dará passos de sete léguas. Algum conto de fadas, como o das botas de sete léguas ou do tapete mágico, será a contribuição adulta para esse tema. Por volta dos dez anos, a criança estará praticando o salto em distância e o salto em altura, tentando saltar mais longe e mais alto que as outras. Isso é tudo o que restará, salvo os sonhos, das sensações tremendamente profundas associadas à ideia de voar que se formou naturalmente aos três anos de idade.

O caso é que não impomos a realidade às crianças pequenas e esperamos não ter que fazê-lo mesmo quando elas chegam aos cinco ou seis anos, visto que, se tudo correr bem, nessa idade a criança começará a manifestar um interesse científico por essa coisa a que os adultos chamam o mundo real. Este mundo real tem muito a oferecer, desde que a sua aceitação não signifique uma perda da realidade do mundo pessoal imaginativo ou interior.

Para a criança pequena é legítimo que o mundo interior tanto esteja fora como dentro e, portanto, ingressemos no mundo imaginativo da criança quando participamos das brincadeiras infantis ou qualquer dos outros processos encontrados pelas experiências imaginativas da criança.

Aqui temos um menino de três anos. É feliz, brinca o dia inteiro, sozinho ou com outras crianças, é capaz de sentar-se à mesa e comer à semelhança dos adultos. Durante o dia, está progredindo bastante em estabelecer a diferença entre o que designamos coisas reais e o que chamamos imaginação infantil. E como é ele de noite? Dorme e, sem dúvida, sonha. Por vezes, acorda com um grito lancinante. A mãe salta da cama, corre para ele, acende a luz e toma o filho nos braços. Ficará satisfeito? Pelo contrário, ele grita: "Vai-te embora, bruxa! Eu quero minha mãe!" O seu mundo de sonhos propagou-se ao que chamamos o mundo real e, por uns vinte minutos, a mãe aguarda, incapaz de fazer qualquer coisa, porque para o filho ela é uma bruxa. Subitamente, ele lança os braços em torno do pescoço da mãe e agarra-se a ela como se ela só tivesse aparecido nesse momento; e antes de poder falar-lhe a respeito da vassoura que voa, o pequeno cai de novo no sono, de maneira que a mãe pode voltar a colocá-lo no berço e retornar à sua própria cama.

E o que dizer da menina de sete anos, uma garotinha muito boa e bem educada, que conta ter contra ela todas as crianças na sua nova escola, que a professora é horrível e está sempre apontando para ela, dando-a como exemplo e humilhando-a? Claro, que a mãe irá à escola e falará com a professora. Não pretendo sugerir que todas as professoras sejam perfeitas; contudo, você concluirá tratar-se de uma pessoa muito correta e que, de fato, ela se preocupa por saber que essa criança parece atrair dificuldades para si mesma.

Bem, nós sabemos como são as crianças. Não podemos pretender que elas saibam exatamente o que é o mundo. Deve-se lhes permitir que tenham o que chamaríamos ilusões, se estivéssemos tratando de adultos. Provavelmente, você resolverá o assunto convidando a professora para tomar chá. Em breve você poderá observar que a criança mudou para o extremo oposto, alimentando uma forte dedicação pela professora, convertendo-a até em ídolo e temendo agora as outras crianças por causa do amor da professora. Com o correr do tempo, tudo se acalma.

Agora, se observarmos as crianças menores na escola maternal, é difícil adivinhar se gostarão da professora, segundo o que sabemos dela. Talvez você a conheça e não a tenha em grande conceito. Não é simpática. Agiu de modo bastante egoísta quando a mãe dela esteve doente, ou qualquer coisa parecida. O que as crianças pensam dela não se baseia nesse tipo de impressões. Pode acontecer que a criança se torne dependente dela e até se dedique a ela, porque na escola é digna de confiança, amável e suscetível de converter-se em alguém necessário à felicidade e ao crescimento da criança.

Mas tudo isso resulta da relação anterior que existia entre a mãe e a criança. Aí existem condições especiais. A mãe reparte com o seu filho um fragmento especializado do mundo, conservando esse fragmento suficientemente pequeno para que a criança não se confunda, mas ampliando-o gradualmente, de maneira que a crescente capacidade da criança para desfrutar o mundo seja alimentada. Esta é uma das partes mais importantes da tarefa materna. E a mãe a desempenha com naturalidade.

Se examinarmos isso mais detalhadamente, veremos existirem duas coisas que a mãe faz e que ajudam neste ponto. Uma é que ela se dá ao trabalho de evitar coincidências. As coincidências levam à desorientação. Alguns exemplos seriam entregar o bebê aos cuidados de outrem, ao mesmo tempo que ele é desmamado, ou ministrar-lhe sólidos durante um ataque de sarampo, entre muitos outros casos. A outra coisa é a mãe estar apta a distinguir entre o fato e a fantasia. Vale a pena observarmos esse aspecto um pouco mais de perto.

Quando o menino acordou durante a noite e chamou a mãe de bruxa, ela estava completamente certa de que não era bruxa e, assim, contentou-se em esperar até que o filho visse as coisas mais claras. Quando, no dia seguinte, ele perguntou: "Será que existem bruxas, mamãe?", ela respondeu com a maior facilidade: "Não." Ao mesmo tempo, tratou de colocar sob vigilância um livro de histórias em que figurava uma bruxa. Quando o menino pequeno rejeita um pudim de leite que a mãe preparou especialmente para ele, com os melhores ingredientes, e faz uma cara em que se lê a ideia de que o pudim está envenenado, a mãe se aflige por isso, pois sabe perfeitamente que está bom. Também sabe que, no momento, ele acha que está envenenado. Ela encontrará um meio de contornar o problema e, passados alguns minutos, o pudim será comido com delícia. Se ela estivesse insegura com respeito a si própria, teria complicado tudo e tentaria forçar o menino a comer o pudim para demonstrar a *ela própria* que o pudim estava bom.

O conhecimento exato da mãe do que é real e do que não é ajuda a criança de muitas maneiras, pois gradativamente a criança vai compreendendo que o mundo não é tal como se imagina, e que a imaginação não é exatamente como o mundo. Uma coisa precisa da outra. A mãe sabe qual o primeiro objeto que o bebê ama – uma ponta do cobertor ou um brinquedo macio – pois para ele isso constitui quase uma parcela do seu eu e, se for retirado ou lavado, as consequências serão desastrosas. Quando o bebê principia a ser capaz de arredar essas e outras coisas (esperando que elas sejam apanhadas e devolvidas, claro), a mãe já sabe que chegou o momento em que poderá começar a afastar-se e a voltar com a anuência do filho.

Pretendo retornar agora ao princípio. Esses acontecimentos posteriores são fáceis se o princípio correr bem. Eu gostaria de observar de novo os primeiros tempos da amamentação. Você se recorda de que eu descrevi a maneira como a mãe torna acessível o seio (ou a mamadeira), quando o bebê se prepara para implorar algo, e depois o faz desaparecer, quando a ideia do mesmo se desvanece do espírito da criança. Vê você como, procedendo dessa maneira, a mãe está começando bem a apresentação do mundo ao seu bebê? Em nove meses, a mãe dá cerca de mil mamadas e encara todas as outras coisas que lhe compete fazer com a mesma adaptação delicada às necessidades exatas. Para a criança com sorte, o mundo começa a conduzir-se de maneira tal que se conjuga com sua imaginação e, assim, o mundo é entretecido na própria contextura da imaginação, enriquecendo-se a vida íntima do bebê com o que é percebido no mundo externo.

E, agora, observemos de novo as pessoas que nos falam sobre o significado de "real". Se uma delas teve uma mãe que lhe apresentou o mundo, quando era ainda um bebê, da boa maneira normal, então essa pessoa seria capaz de perceber que o real significa duas coisas, e enxergaria simultaneamente esses dois tipos de crueldade. Perto dela, pode estar outra pessoa cuja mãe confundiu tudo e para quem só pode haver um dos tipos de real, ou o outro. Para esse homem infeliz, o mundo é uma coisa concreta e todas as pessoas veem a mesma coisa, ou então tudo é imaginário e impessoal. Podemos deixar essas duas pessoas discutindo.

Muitas coisas dependem da maneira como o mundo é apresentado a uma criança, quando bebê e quando já em franco desenvolvimento. A mãe normal pode dar início e prosseguir nessa espantosa tarefa de apresentar o mundo em pequenas doses, não porque seja especialmente dotada, como os filósofos precisam ser, mas simplesmente por causa da dedicação que sente pelo seu próprio filhinho.

CAPÍTULO 11

O Bebê como Pessoa

Tenho estado a cogitar sobre a maneira como descrever os bebês como pessoas. É fácil ver que, quando a comida entra no bebê, é digerida, e uma parte dela é distribuída pelo corpo todo para servir ao crescimento. Outra parte é armazenada como energia e a parte restante é eliminada, de um ou outro modo. Isso é observar a criança com um interesse limitado ao seu corpo. Mas se observarmos a mesma criança, interessados na pessoa que ela é, poderemos facilmente ver que, tanto quanto essa alimentação do corpo, existe também uma experiência de alimentação imaginativa. Uma baseia-se na outra.

Creio que a mãe poderá obter muito se pensar que todas as coisas que faz em virtude do seu amor pelo bebê entram nele tal qual a comida. O bebê edifica algo a partir de tudo, e não só isso, pois ele tem fases em que usa a mãe e depois a põe de lado, tal como acontece na alimentação. Talvez eu consiga explicar melhor o que quero dizer se deixar o bebê crescer subitamente um pouco.

Aqui temos um bebê de dez meses. Está sentado sobre os joelhos da mãe, enquanto esta fala comigo. É vivo, atento e está naturalmente interessado nas coisas que vê. Em vez de deixar que se arme uma confusão, coloco um objeto atraente no canto da mesa, entre o lugar onde estou sentado e o da mãe. Assim, podemos continuar falando, mas, por um canto do olho, observar também o que o bebê está fazendo. Podemos estar certos de que se ele for um bebê comum notará a presença do objeto atraente (chamemos-lhe uma colher) e procurará alcançá-lo. De fato, assim que o agarrou, fechou-se em um mutismo reservado. É como se estivesse pensando: "É melhor eu apurar do que se trata. Não sei o que é que mamãe sente a respeito deste objeto. É preferível pô-lo onde estava, até eu saber." De modo que se desliga da colher como se nada estivesse mais distante das suas cogitações. Poucos momentos depois, porém, reata o seu interesse pela colher e, cautelosamente, põe um dedo nela. Talvez a agarre e olhe para a mãe, para ver o que pode deduzir dos olhos dela. Neste ponto, terei, provavelmente, de explicar à mãe o que deve fazer, pois de outro modo ela ajudará demasiado ou dificultará, segundo o caso se apresente; assim, pedirei a ela que intervenha o menos possível no que suceder.

Gradativamente, o bebê concluirá pelos olhares da mãe que as suas manobras não são reprovadas e, por conseguinte, agarra a colher mais firmemente e começa a considerá-la sua. Contudo, está ainda muito tenso por não ter a certeza do que acontecerá se fizer com essa coisa o que tão veementemente deseja fazer. Nem sequer está muito certo daquilo que quer fazer.

Calculamos que, dentro em pouco, descobrirá o que quer fazer com a colher, pois sua boca começa a se agitar. O bebê está ainda muito quieto e pensativo, mas principia a babar. A língua pende-lhe. A boca começa a querer a colher. As gengivas querem desfrutar o prazer de mordê-la. Daí a pouco ele põe a colher na boca. Então, seus sentimentos manifestam-se da habitual maneira agressiva que caracteriza os leões, os tigres e os bebês, quando se apoderam de alguma coisa. Comporta-se como se quisesse devorar a colher.

Podemos agora dizer que o bebê se apoderou dessa coisa e a tornou sua. Perdeu toda a tranquilidade que pertence à concentração, à cogitação e à dúvida. Em vez disso, está agora confiante e muitíssimo enriquecido pela nova aquisição. Eu poderia dizer que, em imaginação, ele comeu a colher. Tal como o alimento entra nele, é digerido e passa a fazer parte dele próprio, assim esse objeto que se tornou seu de um modo imaginativo faz agora parte dele e pode ser usado. Como será usado?

Bem, a mãe conhece a resposta, visto que se trata apenas de um caso especial do que ocorre a todo o momento em casa. O bebê levará a colher à boca da mãe para alimentá-la e quererá que ela faça de conta que a come. Perdão, ele não quer que a mãe a morda de verdade e ficaria assustado se ela realmente a metesse na boca. É um jogo, um exercício da imaginação. Ele está brincando e convidando a mãe a participar no jogo. Que mais fará o bebê? Alimentar-me-á também e vai querer que eu participe igualmente no jogo. Pode fazer um gesto na direção de qualquer pessoa que esteja em outro canto da sala. Que todos compartilhem dessa boa coisa! Ele já a teve, por que não há de toda gente tê-la também? Possui algo com que pode mostrar-se generoso. Agora, leva a colher ao interior da blusa da mãe, onde está o seio dela, e retira-a de novo. Depois esconde-a sob o mata-borrão e diverte-se no jogo de perder e encontrar outra vez, ou nota a existência de uma tigela sobre a mesa, e começa a retirar colheradas de comida imaginária, comendo imaginativamente a sopa na tigela. A experiência é fértil. Corresponde ao mistério do meio do corpo, os processos digestivos, o período entre o tempo em que a comida se perde, a engolir, e aquele em que o resíduo é redescoberto, na extremidade inferior, sob a forma de fezes e urina. Eu poderia continuar por muito tempo na descrição da maneira como diferentes bebês revelam que foram enriquecidos por este gênero de jogo.

O bebê deixou agora cair a colher. Suponho que o seu interesse começa a transferir-se para alguma outra coisa. Apanho a colher, para que ele possa agarrá-la de novo. Sim, parece que ele a quer e recomeça o jogo, usando a colher como antes, como uma parcela extra dele próprio. Oh, deixou-a cair de novo! Evidentemente, não foi por mero acaso que a fez cair. Entrego-lhe outra vez. Agarra-a e volta a deixá-la cair, deliberadamente, o que ele quer fazer é isso mesmo, deixá-la cair. Uma vez mais a apanho para ele, que praticamente a lança fora. Está a ponto de encontrar outros interesses, a colher acabou e chegamos ao final do *show*.

Observamos o bebê desenvolvendo seu interesse por algo e torná-lo parte integrante de si próprio; vimos o uso que deu a esse objeto e, depois, rejeitá-lo. Este gênero de coisas acontece a toda hora em casa, mas a sequência é mais óbvia neste quadro especial, que dá tempo para o bebê ir de uma ponta à outra da experiência.

Que foi que aprendemos pela observação desse bebê?

Em primeiro lugar, fomos testemunhas de uma experiência completa. Em virtude das circunstâncias controladas, pôde haver um princípio, um meio e um fim para o que aconteceu; foi um acontecimento total. *Isso é bom para o bebê*. Quando estamos apressados, ou preocupados, não podemos facilitar *acontecimentos totais*, e o bebê fica mais pobre. Contudo, quando se tem tempo, como certamente toda mãe deve ter quando cuida de um bebê, podem-se permitir essas experiências. Os acontecimentos totais habilitam os bebês a dominar o tempo. Eles não começam por saber de antemão que quando alguma coisa está em marcha terá um fim.

Vê você como o meio das coisas só pode ser desfrutado (ou, no pior dos casos, tolerado) se houver um forte sentido de princípio e fim?

Concedendo ao bebê tempo para experiências totais, e participando nelas, a mãe estabelece gradualmente as bases para a capacidade de o bebê desfrutar, finalmente, todas as espécies de experiências sem precipitação.

Outra coisa podemos obter na observação desse mesmo bebê com a colher. Vimos como, no início da nova aventura, manifestou-se certa dúvida e hesitação. Vimos a criança estender o braço, tocar na colher e agarrá-la; e, depois da primeira simples reação, renunciou temporariamente ao interesse que manifestara. Então, estudando cuidadosamente os sentimentos da mãe, permitiu que o interesse voltasse. Contudo, estava tenso e hesitante até que realmente levou a colher à boca e a mascou.

No princípio, o bebê está disposto a consultar a mãe, se acaso ela estiver presente quando surgir uma nova situação. De modo que a mãe precisará saber exatamente o que convém deixar que o bebê toque e o que proibir. O método mais simples é o melhor, ou seja, evitar que haja coisas em redor do bebê que ele não deva agarrar nem levar à boca. Isso é claro como água. O bebê está tentando chegar aos princípios subentendidos nas decisões da mãe, de modo que, por fim, seja capaz de prever as coisas que a mãe lhe permite. Um pouco mais tarde, algumas palavras ajudarão e a mãe dirá "isto corta" ou "muito quente", ou qualquer outra expressão que indique um perigo para o corpo; ou a mãe terá algum modo de fazer saber que a aliança de casamento, colocada a um lado enquanto a mãe lava a criança, não está ali para benefício do bebê.

Você já percebeu como poderá ajudar o bebê a evitar uma completa desorientação sobre o que é bom e o que é mau que ele toque? Você o fará, simplesmente, sendo positivamente clara sobre o que proibir e por quê: e, desde que você esteja presente, trate de prevenir em vez de remediar. Você deve também fornecer deliberadamente coisas que o bebê gostará de agarrar e sugar.

Outro ponto. Poderíamos falar daquilo que vimos em termos de habilidade: o bebê aprendendo a procurar as coisas, alcançá-las, agarrá-las e metê-las na boca. Fico surpreso quando vejo um bebê de seis meses desempenhar todas essas ações. Por outro lado, os interesses de uma criança de quatorze meses são demasiado diversos para que possamos esperar ver qualquer coisa tão nítida quanto o que observamos no bebê de dez meses.

Mas creio que a melhor coisa que aprendemos na observação do bebê foi o seguinte: *Vimos, pelo que aconteceu, que ele não é apenas um corpo, mas uma pessoa.*

As idades em que os vários gêneros de habilidades se desenvolvem são interessantes de registrar, mas havia nisso mais do que mera habilidade. Havia brincadeira. Ao brincar, o bebê mostrou que reunira algo em si próprio que poderia denominar-se o material para brincar, um mundo interior de vivacidade imaginativa, que se manifestou pela brincadeira.

Quem poderá dizer em que idade se inicia essa vida imaginativa do bebê, que enriquece e é enriquecida pela experiência física? Aos três meses, um bebê pode querer pôr o dedo no seio materno, brincando de que está alimentando a mãe, enquanto ele próprio é amamentado. E quanto às primeiras semanas? Quem sabe? Um frágil e minúsculo bebê poderá querer sugar o punho e o dedo, enquanto está mamando do peito ou da mamadeira (guardar o bolo *e* comê-lo, por assim dizer), e isso revela existir mais do que apenas uma necessidade para saciar a fome.

Mas para quem estou escrevendo? As mães não têm qualquer dificuldade em ver a pessoa, desde o princípio, em seus próprios bebês. Mas há pessoas que dizem que até os seis meses de idade os bebês nada mais são do que corpos e reflexos. Não se deixe levar por pessoas que falam dessa maneira, está bem?

Desfrute encontrando o que há para encontrar, à medida que aparece, da pessoa que o seu bebê é, porque ele precisa disso. De modo que você esperará, sem pressa, precipitação ou impaciência, que o bebê queira brincar. É isso, sobretudo, que indica a existência de uma vida interior pessoal no bebê. Se ele encontrar em você uma correspondente disposição lúdica, a riqueza íntima do bebê desabrochará e as brincadeiras entre a mãe e o bebê tornam-se a melhor parte das relações entre ambos.

CAPÍTULO 12

O Desmame

Nesta altura, você já me conhece o suficiente para não esperar que eu lhe diga exatamente como e quando desmamar o bebê; existem vários métodos bons e você poderá receber conselhos do médico de família ou do pediatra. O que pretendo fazer é falar do desmame de modo geral, para ajudá-la a compreender o que está fazendo, seja qual for o método que venha a adotar.

O fato é que a maioria das mães não tem qualquer dificuldade. Por quê?

A principal coisa é que a amamentação correu bem. O bebê teve realmente alguma coisa de que deve agora ser afastado. Não se pode privar uma pessoa de qualquer coisa que ela nunca teve.

Recordo-me perfeitamente de uma ocasião, quando eu era menino, em que me autorizaram a comer tantas framboesas com creme quantas eu pudesse. Foi uma experiência maravilhosa. Agora, dá-me muito mais prazer a recordação dessa experiência do que comer framboesas. Talvez você possa recordar também algo parecido com isso.

Assim, a base do desmame é uma boa experiência de amamentação. Em um período corrente de nove meses ao peito, um bebê foi amamentado perto de mil vezes e isso proporciona-lhe uma abundância de boas recordações ou de material para bons sonhos. Mas não se trata apenas do milhar de vezes; é também a maneira como o bebê e a mãe se uniram. A adaptação sensível da mãe (como já disse muitas vezes) às necessidades da criança gerou a ideia do mundo como um esplêndido lugar. O mundo foi ao encontro da criança, e assim esta podia ir ao encontro do mundo. A cooperação da mãe com o bebê, no princípio, conduziu naturalmente à cooperação do bebê com a mãe.

Se você acredita, como eu, que o bebê possui ideias desde o princípio, as horas de mamar constituíram, por vezes, momentos terríveis, interrompendo a tranquilidade do sono ou da contemplação desperta.

As exigências instintivas podem ser ferozes e assustadoras e, a princípio, podem parecer à criança como ameaças à existência. Ter fome é como ter dentro de si uma alcateia de lobos.

Ao cabo de nove meses, o bebê já se habituou a esse gênero de coisas e ficou apto a concatenar, mesmo quando esses impulsos instintivos se mantêm dispersos e oscilantes. O bebê tornou-se até capaz de reconhecer os impulsos como uma parcela do que se entende por uma pessoa viva.

Quando observamos a criança evoluir para tornar-se uma pessoa, podemos ver como a mãe também é gradativamente percebida, nos momentos calmos, como uma pessoa, algo atraente e valioso exatamente como parece. Que coisa horrorosa, pois, ter fome e sentir-se implacavelmente obrigada a atacar essa própria mãe. Não admira que os bebês percam frequentemente o apetite. Não surpreende que alguns bebês não consigam ligar o seio materno e a mãe, separando a mãe, que é bela e amada como um todo, das coisas (os seios) que são alvo de excitado assalto.

Os adultos acham difícil afastarem-se quando estão mutuamente emocionados e isso provoca muita desgraça, abrindo caminho a muitos casamentos fracassados. A base para a saúde mútua, neste e em outros aspectos, é a experiência global de ser levado ao longo de toda a infância por uma boa mãe normal que não receia as ideias do filho e que ama sentir-se assaltada pelo seu bebê.

Talvez assim você veja por que constitui realmente uma experiência mais rica, para a mãe, alimentar o bebê ao peito, e para o bebê ser alimentado ao seio materno. Tudo pode igualmente ser feito pela mamadeira, e muitas vezes é preferível de fato usá-la, pois pode ser mais fácil para o bebê precisamente por ser menos excitante. Mas a experiência da amamentação ao peito levada a cabo com êxito constitui uma boa base para a vida. Fornece sonhos mais férteis e habilita as pessoas a aceitarem riscos.

Mas tudo o que é bom deve chegar ao fim, como é costume dizer. Faz parte da coisa boa que ela acabe.

No capítulo anterior descrevi um bebê que apanhou uma colher. Agarrou-a, meteu-a na boca, gostou de brincar com ela e depois largou-a. Assim, a ideia de abandonar uma coisa pode partir do bebê.

É evidente que aos sete, oito ou nove meses, um bebê começa a estar apto a brincar de jogar coisas fora. É um jogo muito importante e pode até ser exasperante, porque alguém tem de estar o tempo todo devolvendo as coisas que o bebê atirou fora. Mesmo na rua, quando você sai de uma loja ou armazém, verifica que o bebê lançou fora do carrinho, na calçada, um urso de pelúcia, um par de luvas, uma almofada, três batatas e um pedaço de sabão. Provavelmente, você encontrará alguém apanhando tudo isso, pois o bebê espera obviamente que o façam.

Por volta dos nove meses de idade, a maioria dos bebês tem as ideias claras sobre a maneira de livrar-se das coisas. Eles próprios podem decidir desmamar.

No desmame, a finalidade é realmente usar a crescente capacidade da criança para livrar-se das coisas e fazer com que a perda do seio materno não seja apenas uma questão de acaso.

Mas devemos atentar aos motivos que justificam por que um bebê tem de ser desmamado. Por que não continuar assim a vida toda? Bem, creio que terei de dizer que seria sentimental nunca desmamar. E seria irrealista, de qualquer modo. O desejo de desmamar deve partir da mãe. Deve ser bastante corajosa para suportar a cólera do bebê e as terríveis ideias que acompanham a cólera, e para fazer justamente o que aprimora a tarefa da boa amamentação. Sem dúvida o bebê que foi alimentado com êxito se sente feliz por ser desmamado no devido tempo, especialmente quando isso é acompanhado pela vasta ampliação do seu campo de experiências.

Naturalmente, quando chega a hora de desmamar, a mãe estará já apresentando outras coisas ao filho. Ter-lhe-á dado a provar coisas duras, biscoitos e torradas etc., para que o bebê rilhe, e terá substituído uma das mamadas por um mingau ou algo parecido. A mãe estará preparada para uma possível recusa de qualquer coisa nova e concluiu que, esperando um pouco e voltando depois à coisa recusada, poderá ser recompensada pela aceitação dessa mesma coisa. Usualmente, não há necessidade de uma súbita e radical mudança do peito para a ausência total do mesmo. Quando (por motivo de doença ou outro acaso infeliz) a mudança brusca tiver de ser feita, a mãe terá dificuldades esperadas.

Se ela souber que as reações ao desmame são complexas, evitará naturalmente entregar o bebê a outrem para que cuide dele enquanto ocorre o desmame. Será uma pena desmamar ao mesmo tempo que a mãe passa de uma casa para outra, ou vai passar alguns dias com uma tia. O desmame é uma daquelas experiências que ajudam o desenvolvimento da criança, se a mãe providenciar um ambiente estável para a experiência. Se não o puder fazer, então o desmame poderá redundar em uma época em que começam as dificuldades.

Outro ponto. A mãe poderá verificar facilmente que o bebê progride bem no desmame, durante o dia, mas, quanto à última mamada, o seio é a única coisa boa para ele. Isto significa que o bebê está crescendo, mas sua marcha à frente não é mantida o tempo todo. Você verá isso inúmeras vezes. A mãe ficará muito feliz se o filho se comportar de acordo com a idade que tem, a maior parte do tempo; talvez esteja acima de sua idade, em certos momentos. Mas não faltarão ocasiões em que será apenas um bebê, mesmo um bebê pequenino. E ela terá de enfrentar essas mudanças.

O seu filho mais velho veste-se caprichosamente e luta heroicamente contra os inimigos. Dá ordens a todo mundo. Bate com a cabeça na mesa, ao pôr-se de pé, e de repente é outra vez um bebê, encostando a cabeça no seu colo e soluçando. Você espera tudo isso e espera que o bebê de doze meses tenha apenas seis meses, uma vez por outra. Tudo faz parte da sua tarefa especializada – saber justamente que idade o filho tem em qualquer momento dado.

De modo que você prossegue com uma mamada noturna, depois de um dia inteiro de desmame. Porém, mais cedo ou mais tarde, você terá de desmamar totalmente; e se souber o que lhe compete fazer será mais fácil para a criança do que se não houver uma decisão clara da sua parte.

Vejamos agora que reações a mãe poderá esperar quanto ao desmame que tão corajosamente efetua. Pode acontecer, como eu já disse, que o bebê pratique um ato de autodesmame, e nesse caso a mãe não notará qualquer dificuldade. Mesmo assim poderá haver certo abrandamento na ânsia de comida.

Muitas vezes, o desmame realiza-se gradativamente e em um ambiente estável, não surgindo dificuldades especiais. O bebê adora, obviamente, tomar contato com uma nova experiência. Mas não quero que você pense ser muito raro que haja reações ao desmame, até de natureza grave. Um bebê que esteve passando bem poderá reagir perdendo a ânsia de comer, ou recusando penosamente o alimento, mostrando o desejo que tem do mesmo por intermédio da irritabilidade e do choro. Seria prejudicial do ponto de vista dele, e não se pode contornar essa dificuldade. Só lhe resta esperar, preparando-se para um gradual retorno da alimentação.

Ou o bebê pode começar a acordar gritando. Você apenas ajudará no processo de acordar. Ou as coisas correrão bem, mas, apesar disso, você notará na criança um pendor para a tristeza, um novo tom no choro, talvez propendendo para uma nota musical. Essa tristeza não é forçosamente má. Não pense que os bebês tristes têm de ser sacudidos para cima e para baixo até sorrirem. Eles têm algo que justifica sua tristeza, e esta acabará por passar se você souber esperar.

O bebê fica triste em momentos como o desmame, porque as circunstâncias fizeram surgir a raiva e estragaram algo que era bom. Nos sonhos do bebê, os seios maternos deixaram de ser bons, foram detestados e agora são apreendidos como coisa má, até perigosa. Esta é a razão por que existe um lugar para a mulher perversa, nos contos de fadas, que dá a comer maçãs envenenadas. Para o bebê recém-desmamado, trata-se realmente da boa mãe cujos seios se tornaram maus, de modo que se deve conceder algum tempo para a recuperação e o reajustamento. Mas uma boa mãe normal não deixa de enfrentar mesmo essa possibilidade. Muitas vezes, durante as vinte e quatro horas, ela tem de ser a mãe ruim por alguns minutos, e habitua-se a isso. Com o tempo, ela será vista de novo como a boa mãe. Finalmente, a criança cresce e acaba por conhecê-la tal como realmente é, nem um ser ideal nem uma bruxa de fato.

Assim, temos um aspecto mais amplo do desmame: não se trata apenas de fazer o bebê admitir outros alimentos, ou saber usar uma xícara, ou de usar ativamente as mãos para comer. Inclui o processo gradual de demolição de ilusões, que é uma parte da tarefa dos pais.

O pai e a mãe normais não desejam ser adorados pelos filhos. Suportam os extremos de serem idealizados e odiados, esperando que, finalmente, os filhos os vejam como os seres humanos comuns que certamente são.

CAPÍTULO 13

Mais Ideias sobre os Bebês como Pessoas

O desenvolvimento do ser humano é um processo contínuo. Tal como no desenvolvimento do corpo, assim também no da personalidade e no da capacidade de relações. Nenhuma fase pode ser suprimida ou impedida sem efeitos perniciosos.

A saúde quer dizer maturidade – maturidade apropriada à idade. Se ignorarmos certas doenças acidentais isso é obviamente válido no tocante ao corpo, e em questões de Psicologia não existem razões, praticamente, para que saúde e maturidade não signifiquem a mesma coisa. Por outras palavras, no desenvolvimento emocional de um ser humano, se não houver entraves ou desvios no processo evolutivo, há saúde.

Isso quer dizer, se não me engano, que todos os cuidados que a mãe e o pai dediquem ao seu bebê não constituem apenas um prazer para eles e para a criança; trata-se também de uma necessidade absoluta e, sem eles, o bebê não poderá transformar-se em um adulto sadio ou prestimoso.

Nas questões do corpo é possível cometer erros, admitir até raquitismo, e mesmo assim criar um filho sem coisa pior que umas pernas tortas. Mas do lado psicológico, um bebê privado de algumas coisas correntes, mas necessárias, como um contato afetivo, está fadado, até certo ponto, a perturbações no seu desenvolvimento emocional que se revelarão por meio de dificuldades pessoais, à medida que crescer. Por outras palavras: à medida que a criança cresce e transita de fase para fase do complexo desenvolvimento interno, até seguir finalmente uma capacidade de relacionamento, os pais poderão verificar que a sua boa assistência constitui um ingrediente essencial. Isso tem um sentido para todos nós, pois segue-se que, na medida em que somos razoavelmente maduros ou sadios como adultos, cada um de nós deve reconhecer que um bom princípio de vida nos foi fornecido por alguém. É esse bom princípio, essa base para a assistência à criança que tentarei descrever.

A história de um ser humano não começa aos cinco anos, nem aos dois, nem aos seis meses, mas ao nascer e antes de nascer, se assim se preferir; e cada bebê é desde o começo uma pessoa, necessitando ser conhecida por alguém. Ninguém pode conhecer melhor um bebê do que a própria mãe.

Estas duas afirmações levam-nos longe, mas, agora, como prosseguir? Pode alguém explicar, psicologicamente, como ser mãe ou pai? Creio ser esse um caminho errado. Estudemos, em vez disso, algumas das coisas que as mães e os pais fazem naturalmente, e expliquemos-lhes um pouco por que as fazem, para que possam sentir-se fortalecidos.

Darei um exemplo.

Aqui temos a mãe com a sua filhinha. O que faz ela quando apanha a menina? Agarra-a por um pé, puxa-a para fora do carrinho e balança-a para que fique de cabeça para cima? Segura um cigarro em uma das mãos enquanto com a outra ergue a criança? Não. Tem um modo muito diferente de fazer isso. Creio que se inclina para dar à menina um aviso da sua aproximação; coloca as mãos em torno do corpinho dela, para colhê-la com firmeza antes de a criança ser deslocada; de fato, a mãe obtém a cooperação da menina antes de erguê-la e depois levanta-a de um lugar para outro, do carrinho para o ombro. E então põe a menina de encontro a ela, a cabecinha dela contra o seu pescoço, para que a menina possa começar a senti-la como pessoa.

Temos agora a mãe com o seu filhinho. Como ela dá banho no menino? Coloca-o na máquina de lavar elétrica e deixa que o processo de limpeza corra mecanicamente? De modo algum. Ela sabe que a hora do banho é uma hora especial tanto para ela como para o bebê. A mãe prepara-se para gozar esse momento. Realiza escrupulosamente toda a parte mecânica, verificando a temperatura da água com o cotovelo e não deixando que o bebê escorregue entre os seus dedos, quando está ensaboando, mas, além de tudo isso, permite que o banho seja uma experiência agradável no sentido de enriquecer as crescentes relações entre ambos, não só dela com o bebê, mas deste com a mãe.

Por que ela tem todo esse trabalho? Não podemos dizer muito simplesmente, e sem sermos sentimentais, que é por causa do amor? Por causa dos sentimentos maternos que nela se desenvolveram? Por causa da profunda compreensão das necessidades do seu bebê, suscitada pela sua dedicação?

Voltemos ao assunto de pegar um bebê ao colo. Não poderíamos afirmar que, sem um esforço consciente, a mãe agiu por fases? Tornou a operação aceitável para a sua menina, mediante os seguintes movimentos:

1) Advertência à criança;
2) Obtenção da sua colaboração;
3) Acomodação do bebê em seus braços;
4) Elevação do bebê de um lugar para outro e com uma simples finalidade que a criança possa entender.

A mãe evita ainda chocar a criança com o contato de mãos frias ou espetá-la quando está prendendo a guia da chupeta na roupa com alfinetes de segurança.

A mãe não envolve o seu bebê em todas as experiências e os sentimentos pessoais. Por vezes, o bebê grita a ponto de quase fazer a mãe perder a cabeça; contudo, ela o levanta com o mesmo carinho, sem vingança – ou não muita. Evita fazer do bebê a vítima da sua própria impulsividade. O cuidado materno, como a prática médica, é um teste de idoneidade pessoal.

Hoje poderá ser um daqueles dias em que tudo sai errado. O moço da lavanderia veio antes de a roupa estar reunida e feito o rol; a campainha da porta da frente está tocando e ao mesmo tempo alguém está batendo na porta de serviço. Mas a mãe aguarda até recompor-se antes de ocupar-se do seu bebê, o que faz com a sua habitual técnica carinhosa que o bebê se acostumou a conhecer como parte importante da mãe. Sua técnica é altamente pessoal e é procurada e reconhecida pelo bebê, tal como sua boca, seus olhos, sua cor e aroma. Repetidas vezes, a mãe luta com seus humores, angústias e emoções em sua própria vida privada, reservando para o bebê o que pertence ao bebê. Isso fornece uma base em que o bebê pode começar a elaborar uma compreensão dessa coisa extremamente complexa que são as relações entre dois seres humanos.

Não poderíamos dizer que a mãe *se adapta* ao que o bebê pode compreender, que se adapta ativamente às necessidades? Essa adaptação ativa é justamente o essencial para o desenvolvimento emocional da criança, e a mãe se adapta às necessidades do bebê especialmente no início, no momento em que apenas as circunstâncias mais simples podem ser apreciadas.

Devo tentar explicar um pouco por que a mãe aceita todo esse trabalho, e muito mais do que posso incluir nesta breve descrição. Uma das razões por que devo fazê-la é o fato de existirem algumas pessoas que honestamente creem e ensinam que, nos primeiros seis meses, a mãe não interessa. Nos primeiros seis meses (assim afirmam) só a técnica importa, e uma técnica tanto pode ser fornecida em casa como em uma clínica, por pessoas especializadas.

De minha parte, estou certo de que, embora a técnica materna possa ser ensinada e até estudada em livros, *os cuidados maternos com o próprio bebê são inteiramente pessoais, uma tarefa que ninguém mais pode realizar tão bem quanto a própria mãe*. Enquanto os cientistas dão voltas ao problema, procurando provas como lhes compete fazer antes de acreditar em qualquer coisa, as mães farão bem em insistir em que elas próprias são necessárias desde o princípio. Esta opinião, devo também acrescentar, não se baseia em ouvir as mães falarem, em palpites ou na intuição pura; é a conclusão que fui obrigado a estabelecer após longas pesquisas.

A mãe aceita todo o trabalho porque sente (e acho correto que ela sinta) que, se o bebê tiver que desenvolver-se bem e com abundância de princípios, é preciso que haja uma assistência materna pessoal desde o começo, se possível pela própria pessoa que concebeu e gerou o bebê, aquela pessoa que tem um interesse profundamente arraigado em aceitar o ponto de vista do bebê e adora consentir em ser o mundo todo para ele.

Isso não significa que o bebê de algumas semanas conheça a mãe tão bem quanto aos seis meses ou um ano de idade. Logo nos primeiros dias, são o padrão e a técnica do cuidado materno que o bebê percebe, bem como os detalhes de seus mamilos, o formato das suas orelhas, a qualidade do seu sorriso, o calor e o aroma de seu hálito. Muito cedo o bebê poderá ter uma ideia rudimentar de uma espécie de totalidade da mãe, em certos momentos especiais. Contudo, à parte do que pode ser percebido, o bebê precisa que a mãe esteja constantemente presente como uma pessoa total, pois só como um ser humano total e maduro pode ela possuir o amor e o caráter necessários para a tarefa.

Certa vez arrisquei este comentário: "Não existe tal coisa chamada bebê", significando com isso que se decidirmos descrever um bebê, nos encontrará descrevendo *um bebê e alguém*. Um bebê não pode existir sozinho, sendo essencialmente parte de uma relação.

A mãe também tem de ser considerada. Se a continuidade de suas relações com o seu próprio bebê for quebrada, algo se perde que não pode ser recuperado. Revela uma incrível falta de compreensão do papel da mãe afastar dela o seu bebê por algumas semanas e depois devolvê-lo, esperando que a mãe continue justamente onde foi afastada.

Tentarei classificar algumas das maneiras em que a mãe é necessária.

a) Primeiro, direi que a mãe é necessária como pessoa viva. O seu bebê deve estar apto a sentir o calor de sua pele e alento, a provar e a ver. Isso é vitalmente importante. Deve existir completo acesso ao corpo vivo da mãe. Sem a presença viva da mãe, a mais erudita técnica materna nada vale. Acontece o mesmo com os médicos. O valor de um clínico geral em uma aldeia consiste, amplamente, no fato de ele estar vivo, estar presente e ao alcance de todos. As pessoas conhecem o número do seu carro e a silhueta do seu chapéu. A pessoa leva anos para aprender a ser médico; os estudos podem absorver todo o capital do pai; mas, no fim, o que importa não é a condição e a habilidade do doutor, mas o fato de que a aldeia sabe e sente que ele está vivo e ao alcance. A presença física do médico satisfaz uma necessidade emocional. Com a mãe sucede o mesmo que como médico, só que em muito mais elevado grau.

A Psicologia e os cuidados físicos unem-se neste ponto. Durante a guerra, encontrei-me em um grupo de pessoas que discutiam o futuro das crianças da Europa atingidas pela guerra. Pediram a minha opinião a respeito das mais importantes coisas *psicológicas* a fazer por essas crianças, no final do conflito. Encontrei-me respondendo: "Deem-lhes comida." Alguém observou então: "Não se trata de coisas físicas, referimo-nos às psicológicas." Opinei, ainda, que o fornecimento de comida no momento adequado estaria suprindo necessidades psicológicas. Fundamentalmente, o amor exprime-se em termos físicos.

Claro, se a assistência física quer dizer a vacinação de um bebê, isso nada tem a ver com a Psicologia. Um bebê não pode avaliar a preocupação da mãe quando a varíola grassa na comunidade – embora o ataque do médico à pele da criança a faça chorar, evidentemente. Mas se a assistência física significar o tipo correto de refeição, à temperatura adequada e no momento apropriado (apropriado do ponto de vista do bebê, entenda-se), então isso é também assistência psicológica. Creio que isso constitui uma regra útil. Os cuidados que um bebê pode apreciar preenchem necessidades psicológicas e emocionais, por mais que pareçam relacionar-se com necessidades físicas.

Nesta primeira maneira de observar as coisas, a vivacidade da mãe e a orientação física fornecem um ambiente psicológico e emocional essencial para os primeiros tempos da evolução emocional do bebê.

b) Em segundo lugar, a mãe é necessária para apresentar o mundo ao bebê. Por meio das técnicas da pessoa ou das pessoas que o assistem, processa-se a apresentação do bebê à realidade externa, ao mundo em seu redor. Aí a luta continuará durante a vida inteira com esse difícil problema, mas a ajuda é especialmente necessária nos primeiros tempos. Explicarei mais minuciosamente o que pretendo dizer, visto que muitas mães talvez nunca tivessem pensado na alimentação do bebê sob esse prisma; certamente os médicos e as enfermeiras raras vezes parecem considerar esse aspecto do ato alimentar. Eis, portanto, o que pretendo dizer.

Imaginemos um bebê que nunca tivesse sido amamentado. A fome surge, e o bebê está pronto para imaginar algo; a partir da necessidade, o bebê está pronto para criar uma fonte de satisfação, mas não existe uma experiência prévia para mostrar ao bebê o que ele tem de esperar. Se, nesse momento, a mãe coloca o seio onde o bebê está pronto para esperar algo e se for concedido tempo bastante para que o bebê se sacie à vontade, com a boca e as mãos, e, talvez, com um sentido de olfato, o bebê "cria" justamente o que existe para encontrar. O bebê, finalmente, forma a ilusão de que esse seio real é exatamente a coisa que foi criada pela necessidade, pela voracidade e pelos primeiros impulsos de amor primitivo. A visão, o olfato e o paladar registram-se algures e, passado algum tempo, o bebê poderá estar criando algo semelhante ao próprio seio que a mãe tem para oferecer. Um milhar de vezes, antes de desmamar, pode ser justamente propiciada ao bebê essa apresentação peculiar da realidade externa por uma única mulher, a mãe. Um milhar de vezes houve a sensação de que o que era querido era criado e constatado que existia. Daí se desenvolve uma convicção de que o mundo pode conter o que é querido e preciso, resultando na esperança do bebê em que existe uma relação viva entre a realidade interior e a realidade exterior, entre a capacidade criadora, inata e primária, e o mundo em geral, que é compartilhado por todos.

Portanto, a alimentação infantil bem-sucedida é uma parte essencial da educação da criança. Do mesmo modo, mas não tentarei desenvolver o tema aqui, a criança precisa da maneira como a mãe recebe as excreções. A criança necessita da aceitação materna de uma relação expressa em termos de excreção, relação essa que está em plena atividade antes de o bebê poder contribuir para ela por um esforço consciente e antes de ele poder (talvez aos três, quatro ou seis meses) começar a desejar dar algo à mãe, movido por um sentimento de culpa; isto é, indenizando-a pelo ataque de voracidade.

c) De tudo o que poderia dizer ainda, acrescentarei uma terceira maneira em que a mãe é necessária, a própria mãe e não uma turma de excelentes pessoas de boa vontade. Refiro-me à tarefa materna de *desilusionamento*. Tendo ela dado ao seu bebê a ilusão de que o mundo pode ser criado a partir da necessidade e da imaginação (o que, evidentemente, em um determinado sentido não pode ser, mas preferimos deixar isto para os filósofos); tendo ela estabelecido a crença em coisas e pessoas que descrevi como uma base saudável para o desenvolvimento, a mãe terá de conduzir então a criança ao longo de um processo de desilusionamento, que constitui um aspecto mais vasto do desmame. O mais próximo que pode ser oferecido a uma criança é o *desejo* adulto de tornar os imperativos da realidade suportáveis até que se possa aguentar o impacto total da desilusão, e até que a capacidade criadora possa desenvolver-se, por meio de um talento amadurecido, e converter-se em uma verdadeira contribuição para a sociedade.

As "sombras do cárcere" parecem-me constituir a descrição poética do processo de desilusão e de sua natureza essencialmente dolorosa. Gradativamente, a mãe habilita a criança a aceitar que, embora o mundo *possa* fornecer algo parecido com o que é preciso e procurado e que pôde, portanto, ser criado, não o fará automaticamente, nem no momento exato em que a disposição surge ou o desejo é sentido.

Você já notou como estou gradativamente mudando da ideia de necessidade para a de desejo ou aspiração? A mudança indica um crescimento e uma aceitação da realidade externa com um enfraquecimento consequente do imperativo instintivo.

Temporariamente, a mãe deixou-se conduzir pela criança, foi inicialmente dominada por ela. Mas, finalmente, essa criança fica habilitada a livrar-se da dependência que pertence às fases iniciais, quando o meio ambiente tinha de adaptar-se, e pode agora aceitar dois pontos de vista coexistentes: tanto o da mãe como o do bebê. Mas a mãe não pode privar o filho dela própria (desmame, desilusionamento), se primeiro não tiver significado tudo para a criança.

Não é minha intenção afirmar que a vida inteira do bebê é arruinada se tiver havido um fracasso, realmente, na *amamentação*. É óbvio que um bebê pode progredir fisicamente com a alimentação por mamadeira, ministrada com razoável perícia, e a mãe cujo leite falte poderá fazer quase tudo o necessário, no decorrer da alimentação por mamadeira. Todavia, mantém-se o princípio de que o desenvolvimento emocional de um bebê, no início, só pode ser bem consolidado na base das relações com uma pessoa que, idealmente, deveria ser a mãe. Quem mais sentirá e fornecerá o que é preciso?

CAPÍTULO 14

A Moralidade Inata do Bebê

Mais cedo ou mais tarde, a pergunta será formulada: até que ponto os pais devem tentar impor seus padrões e suas convicções à criança? O normal seria dizermos que a nossa preocupação se limita ao "treino". A palavra "treino" certamente traz à ideia o tipo de questões que tenciono agora abordar, ou seja, como fazer para que o bebê se torne atraente e limpo, bom e obediente, sociável, moral etc. Eu ia também dizer feliz, mas não se pode ensinar uma criança a ser feliz.

Essa palavra "treino" sempre me soou aos ouvidos como algo relacionado ao treinamento de cães. Os cães precisam ser treinados. Suponho que possamos aprender alguma coisa com os cães, na medida em que, se tivermos ideias claras, o nosso cão é mais feliz do que se não tivermos; as crianças também gostam que tenhamos nossas próprias ideias sobre as coisas. Mas um cão não tem que converter-se finalmente em um ser humano, de modo que, quando se trata de um bebê, temos de começar de novo, e a melhor coisa a fazer é estudar até que ponto poderemos prescindir inteiramente da palavra "treino".

Há lugar para a ideia de que o sentido de bom e mau, como tudo o mais, seja naturalmente adquirido por cada criança, desde que certas condições de assistência ambiente possam ser tomadas como coisa garantida. Mas trata-se de uma questão complexa, esse processo de desenvolvimento desde a impulsividade e a pretensão de controlar todos e cada um, até a capacidade para a conformação. Não posso dizer quão complexo isso seja. Semelhante desenvolvimento exige tempo. Só no caso em que a mãe julgar valer a pena é que propiciará uma oportunidade para o que tem de acontecer.

Estou falando ainda a respeito de bebês, mas é muito difícil descrever o que acontece nos primeiros meses, em termos infantis. Para tornar a tarefa mais fácil, observemos agora um menino de cinco ou seis anos desenhando. Partirei do princípio de que ele tem consciência do que está ocorrendo, embora realmente isso não aconteça. Está fazendo um retrato. O que ele faz? Conhece o impulso para garatujar e armar uma confusão. Não é um retrato. Esses prazeres primitivos têm de conservar-se frescos, mas, ao mesmo tempo, ele quer exprimir ideias e, ainda, exprimi-las de um modo que possam ser entendidas. Se conseguir fazer um retrato ou reproduzir uma cena, descobriu uma série de controles que o satisfazem. Primeiro, há um pedaço de papel, de uma determinada medida e formato que ele aceita. Então, espera usar uma soma de habilidade resultante da prática. Depois, sabe que, quando o desenho estiver terminado, deverá ter equilíbrio – você sabe o que quero dizer, uma árvore de cada lado da casa etc. – sendo isso uma expressão da equidade que necessita e provavelmente obtém dos pais. Os pontos de interesse devem equilibrar-se e assim acontece ao jogo de luz e sombra bem como ao esquema de cores. O interesse do desenho deve-se estender por todo o papel; contudo, deve existir também um tema central que interligue o conjunto. Dentro desse sistema de controles aceitos, de fato autoimpostos, a criança tenta expressar uma ideia e manter aquela frescura de sentimento que pertencia à ideia quando esta nasceu. Quase fico sem fôlego para descrever tudo isso, mas a criança realiza-o com a maior naturalidade, se lhe for dada uma pequena oportunidade.

É claro que, como eu já disse, ela não conhece todas essas coisas de um modo que lhe possibilite falar a respeito das mesmas. Ainda menos sabe ela o que vai por dentro.

O bebê é um tanto parecido com este menino mais velho, só que a princípio é muito mais obscuro. Os desenhos não são realmente pintados, de fato nem são desenhos, mas pequenas contribuições para a sociedade que só a mãe do bebê é suficientemente sensível para apreciar. Um sorriso pode conter tudo isso, ou um gesto brusco do braço, ou um ruído de sucção indicando estar preparado para a mamada. Talvez emita um som rabugento pelo qual a mãe sensível compreenda que, se chegar depressa, poderá atender pessoalmente a uma evacuação que, do contrário, converter-se-á em uma sujeira desperdiçada. Aí está o verdadeiro início da cooperação e do sentido social, valendo a pena todo o trabalho que envolve. Quantas crianças que continuam "molhando" a cama durante alguns anos, depois de já poderem levantar-se e evitar todo o trabalho de mudar e lavar lençóis, voltam durante a noite à sua infância, tentando repetir suas experiências e encontrar e corrigir algo que estava faltando.

A coisa que faltava, nesse caso, era a atenção sensível da mãe aos sinais de excitação ou de aflição que a teriam habilitado a tornar bom e pessoal o que de outro modo tinha de ser desperdiçado, por não haver ninguém perto para participar no que acontecera.

Tal como o bebê necessita ligar as suas experiências físicas a uma relação amorosa com a mãe, assim necessita igualmente dessa relação como uma base para os seus temores. Esses temores são de natureza primitiva e baseiam-se na expectativa de severas retaliações. O bebê fica excitado, com impulsos ou ideias agressivas ou destrutivas, que ele revela por gritos ou desejos de morder, e imediatamente o mundo parece ficar cheio de bocas que mordem, dentes e mandíbulas hostis e toda espécie de ameaças. Dessa maneira, o mundo do bebê seria um lugar aterrador, se não fosse o papel protetor da mãe que esconde esses enormes medos pertencentes às primeiras experiências da vida do bebê. A mãe (e não estou esquecendo o pai) altera a qualidade dos temores do filho pequeno, pelo fato de se tratar de um ser humano. Gradativamente, a mãe e outras pessoas são reconhecidas pela criança como seres humanos. Assim, em lugar de um mundo de retaliações mágicas, o bebê adquire pais que compreendem e que reagem aos impulsos infantis, que podem ser magoados ou ficar zangados. Quando me explico dessa maneira, você verificará imediatamente a grande diferença que faz para uma criança que as forças retaliatórias se tornem ou não humanizadas. Primeiro, a mãe conhece a diferença entre destruição real e intenção de destruir. Ela exclama "oh!" quando é mordida. Mas não se perturba pelo fato de reconhecer que o bebê quer devorá-la. Na verdade, ela sente tratar-se de um cumprimento e, assim, o bebê mostra um amor excitado. Além de que, evidentemente, a mãe não é fácil de ser devorada. Ela exclama "oh!", mas isso apenas significa que sentiu alguma dor. Um bebê pode magoar o peito materno, em especial quando os dentes, infelizmente, aparecem demasiado cedo. Mas as mães sobrevivem, e os bebês têm oportunidade de recuperar confiança pela sobrevivência do objeto. As mães dão aos bebês coisas duras, algo que tenha um bom valor de sobrevivência, como um chocalho ou um brinquedo semelhante, porque sabem ser um alívio para o bebê poder morder tudo.

Nessas fases iniciais, o que é fácil de adaptar ou "bom" no meio circundante se acumula no depósito de experiências da criança como uma qualidade própria, no princípio indestrinçável do próprio funcionamento saudável do bebê. E embora o bebê tenha a noção consciente de cada falta de confiança, a acumulação das "boas" experiências constitui um processo que nada tem a ver com a consciência.

Existem duas maneiras para apresentar à criança as normas de limpeza e moralidade, e mais tarde as convicções religiosas e políticas. Uma dessas maneiras é os pais implantarem tais normas e crenças, forçarem o bebê ou a criança a aceitá-las, não fazendo qualquer tentativa para integrá-las na personalidade em desenvolvimento. Infelizmente, há crianças cujo desenvolvimento é tão precário que esse é o único meio para elas.

A segunda maneira é facilitar e incentivar as tendências inatas para a moralidade. Em virtude dos métodos sensíveis usados pela mãe, que pertencem à realidade do seu amor, as raízes do senso moral pessoal do bebê estão salvaguardadas. Já vimos como um bebê odeia desperdiçar uma experiência e prefere muito mais esperar, suportando a frustração dos prazeres primitivos, se a espera aumentar o calor e a ternura de uma relação pessoal. E vimos como procede a mãe para ajudar à preparação de uma base de relações amorosas, no tocante aos sentimentos de atividade e violência do bebê. No processo de integração, os impulsos para atacar e destruir e os impulsos para dar e compartilhar estão relacionados, atenuando uns os efeitos dos outros. O treino coercitivo não utiliza esse processo integrador da criança.

O que estou aqui descrevendo é, de fato, a gradual formação na criança de uma capacidade para adquirir o sentido de responsabilidade, o qual, na sua base, é um sentido de culpa. O fator essencial, no meio ambiente, é a presença contínua da mãe ou da figura materna durante o período de tempo em que a criança está acondicionando a destrutividade que faz parte integrante da sua compleição. Essa destrutividade torna-se cada vez mais uma característica na experiência das relações objetivas, e a fase de desenvolvimento a que me refiro dura entre seis meses e dois anos, após o que a criança pode realizar uma fusão satisfatória da ideia de destruição do objeto com o fato de amar esse mesmo objeto. A mãe é necessária durante esse tempo todo, por causa do seu valor de sobrevivência. Ela é mãe-ambiente e, ao mesmo tempo, mãe-objeto, o objeto do amor excitado. A criança acaba por integrar esses dois aspectos da mãe e por ficar apta a amar e a afeiçoar-se à mãe, simultaneamente. Isso envolve a criança em uma espécie particular de angústia, que se denomina sentimento de culpa. A criança torna-se gradativamente apta a tolerar o sentimento de angústia (culpa), a respeito dos elementos destrutivos nas experiências instintivas, porque sabe que haverá uma oportunidade de recompensar e reconstruir.

O equilíbrio aí implícito acarreta um sentido de justo e de errado mais profundo do que quaisquer normas meramente impostas pelos pais. O que a criança deve à mãe é o ambiente idôneo propiciado pelo amor materno. Podemos observar como desaparece a capacidade para um sentimento de culpa, concomitantemente com a perda de confiança na idoneidade do meio, como é o caso em que a mãe tenha de afastar-se do filho, ou quando está doente, ou talvez preocupada.

Poderemos, se assim o desejarmos, conceber a criança como se estivesse criando uma boa mãe interna, que sente como um feliz acontecimento a realização de qualquer experiência na órbita de uma relação humana. Quando isso começa a acontecer, a sensibilidade da própria mãe pode tornar-se menos intensa. Ao mesmo tempo, ela pode começar a reforçar e a enriquecer a crescente moralidade da criança.

A civilização começou de novo dentro de mais um ser humano, e os pais deveriam ter um código moral à espera do filho para quando ele, mais tarde, começar a procurar algum. Uma função pertinente a essa atitude será humanizar a própria moralidade exaltada, mas imperfeita, da criança, sua aversão à obediência, à custa de um modo de vida pessoal. É bom que essa moralidade exaltada seja humanizada, mas não deve ser eliminada – como poderá ser por pais que compreensivelmente deem um demasiado valor à paz e tranquilidade. A obediência acarreta compensações imediatas, e os adultos incorrem muito facilmente no erro de confundir obediência com crescimento.

CAPÍTULO 15

Instintos e Dificuldades Normais

Quando aparece uma doença, as conversas e os livros desorientam bastante. O que a mãe necessita para o filho doente é um médico que possa ver e examinar o bebê e discutir o caso com ela. Mas as complicações comuns de crianças habitualmente saudáveis constituem uma questão distinta, e creio que as mães pensam ser uma boa ajuda assinalar-lhes que não se pode esperar de suas crianças sadias crescerem sem dar jamais um motivo de preocupação e ansiedade.

As crianças normalmente sadias apresentam, sem dúvida, toda espécie de sintomas.

O que é que provoca essas complicações na infância? Se eu partir do princípio de que a assistência da mãe foi criteriosa e constante, de modo que se possa afirmar que ela criou as bases para a saúde desse novo membro da sociedade, de maneira satisfatória, o que determina, então, que a criança ainda apresente problemas? A resposta, creio eu, está ligada principalmente a uma questão de instintos. É sobre isto que pretendo agora escrever.

Pode acontecer que, no momento, o bebê esteja tranquilamente dormindo em sua caminha, ou acariciando um boneco, ou brincando, em um daqueles períodos calmos que tanto apreciamos. Mas você sabe perfeitamente que, estando a criança com saúde, verificam-se repetidas excitações. Você poderá apreciá-las de certo modo e dizer que a criança está ficando com fome, que o corpo tem necessidades, ou instintos; ou então você encara a coisa de outra maneira e diz que a criança começa a ter ideias excitantes. Essas experiências excitantes desempenham um papel muito importante no desenvolvimento da criança, promovendo e ao mesmo tempo complicando o crescimento.

Durante a excitação, a criança tem necessidades prementes. Muitas vezes, a mãe está apta a satisfazê-las. Contudo, essas necessidades podem ser realmente enormes, em certos momentos, sendo impossível satisfazer inteiramente algumas delas.

Ora, algumas dessas necessidades (a fome, por exemplo) são universalmente reconhecidas e fáceis de levar ao conhecimento da mãe. A natureza de outras espécies de excitação é menos conhecida, de modo geral.

O fato é que qualquer parte do corpo pode ser excitada, em uma ou outra ocasião. A pele, por exemplo. Você já viu crianças coçando o rosto, ou a pele de outras partes do corpo, ficando a própria pele irritada e provocando uma espécie de erupção cutânea. E há certas partes da pele mais sensíveis do que outras, especialmente em certas épocas. Você poderá observar todo o corpo da criança e imaginar os diversos meios como a excitação acaba por localizar-se. Não podemos, certamente, ignorar as regiões sexuais. Tudo isso é muito importante para a criança e constitui o momento decisivo para o despertar da vida da infância. As ideias excitantes acompanham as excitações corporais e não surpreenderá ninguém se eu disser que essas novas ideias não só estão ligadas ao prazer como também têm a ver com o amor, se a criança estiver se desenvolvendo bem. Gradativamente, o bebê converte-se em uma pessoa capaz de amar pessoas e de ser amado como pessoa. Existe um vínculo muito poderoso entre o bebê, seus pais e outras pessoas em sua volta, e as excitações têm a ver com esse amor. Na forma de uma excitação física, o amor torna-se periodicamente sentido, de um modo penetrante.

As ideias que acompanham os impulsos primitivos de amor são predominantemente destrutivas e estão bastante relacionadas com as de raiva. O resultado, contudo, é bom para o bebê, se a atividade conduzir a gratificações dos instintos.

É fácil perceber que, durante tais períodos, registra-se inevitavelmente uma grande dose de frustração e esta leva, em saúde, à zanga ou mesmo à raiva. Não pense que o bebê está doente se, de vez em quando, ele lhe presentear com uma imagem de raiva, que você aprenderá a distinguir da tristeza, do medo e da dor. Raivoso, o coração do bebê pulsará mais rápido que nunca. De fato, podem-se contar até 220 pulsações por minuto, se você se der ao trabalho de contá-las. A raiva significa que a criança foi a ponto de acreditar em algo e em alguém para se aborrecer.

Ora, corre-se um risco sempre que as emoções são plenamente sentidas e essas experiências de excitação e raiva devem ser dolorosas, com bastante frequência; assim, a mãe achará perfeitamente normal que a criança tente descobrir meios para evitar os sentimentos mais intensos. Um modo de evitar tais sentimentos é abafar o instinto – por exemplo, o bebê fica incapacitado para deixar que a excitação da alimentação ocorra de rédeas soltas. Outro modo é aceitar certos tipos de alimentos, mas não outros. Ou outras pessoas poderão dar-lhe comida, em vez da mãe. Podem-se encontrar imensas variações, se conhecermos bastante bem as crianças. Isto não significa necessariamente doença; trata-se, apenas, do fato de vermos as crianças descobrirem toda espécie de técnicas para dominarem sentimentos que lhes são intoleráveis. Têm de evitar certa dose de sentimentos naturais porque são demasiado intensos ou porque a experiência provoca penosos conflitos.

Dificuldades alimentares são comuns em crianças normais, e acontece muitas vezes que as mães têm de enfrentar meses e até anos muito decepcionantes em que a criança desperdiça toda a capacidade materna para fornecer boa alimentação. Talvez uma criança só admita alimento rotineiro, e tudo o que for preparado com cuidados ou requintes especiais será rejeitado. Algumas vezes, as mães têm de deixar os filhos rejeitar comida por um longo período de tempo, pois se tentarem forçá-la em tais circunstâncias só conseguem aumentar a resistência da criança. Contudo, se esperarem e não fizerem drama com isso, a criança voltará a comer, de um momento para outro. Podemos imaginar perfeitamente a mãe pouco experiente, muito preocupada durante esse período e recorrendo a um médico ou uma enfermeira para reassegurar-se de que não está sendo negligente com o seu bebê, nem causando-lhe qualquer dano.

Periodicamente, os bebês têm diversas espécies de orgias (não só orgias alimentares), as quais são não só naturais, mas muito importantes, para eles. Os processos excretores são particularmente excitantes e as partes sexuais do corpo ainda o são mais, em momentos apropriados, à medida que as crianças crescem. É evidentemente fácil observar a ereção do menino e difícil saber o que a menina sente sexualmente.

A propósito, você terá notado que os bebês não começam por pensar como nós sobre o que é agradável e o que é nojento. A matéria cuja expulsão foi acompanhada de excitação e prazer será considerada boa, até boa para comer e boa para untar com ela o berço e as paredes da casa.

Isso poderá ser um transtorno, mas é natural, e a mãe não se importará muito. Ficará contente por esperar que se revelem sentimentos mais civilizados, de própria iniciativa do bebê. Mais cedo ou mais tarde, a sensação de repugnância acabará por impor-se e, subitamente até, um bebê que estava comendo o sabão e bebendo a água do banho tornar-se-á muito delicado e rejeitará qualquer espécie de comida que se pareça com as excreções, as quais, ainda há bem poucos dias, eram agarradas com as mãos e levadas à boca.

Por vezes, assistimos a um retorno ao estado de bebê em crianças mais velhas e, nesse caso, percebemos que alguma dificuldade impediu a marcha do progresso; a criança tem necessidade, então, de regressar ao terreno protegido da infância, a fim de restabelecer os direitos infantis e as leis do desenvolvimento natural.

As mães observam esses acontecimentos e, como mães, desempenham um papel em tudo isso; mas preferem vigiar um desenvolvimento contínuo e natural do que impor suas próprias ideias de certo e errado.

Uma dificuldade que resulta de tentar impor uma norma de certo e errado a uma criança é os instintos dela surgirem e estragarem tudo. Os momentos de experiência excitada destroem os esforços do bebê para conquistar amor por meio da obediência. O resultado, pois, é a criança ficar perturbada, em vez de fortalecida, pela ação dos instintos.

A criança normal não esmagou tão severamente os poderosos sentimentos instintivos e está sujeita, portanto, a perturbações que parecem sintomas para um observador ignorante. Mencionei a raiva; explosões de cólera e períodos de insolência ou desafio aberto são usuais aos dois e três anos. Os pesadelos ocorrem com frequência em crianças pequenas, e os gritos penetrantes, no meio da noite, levam os vizinhos a pensarem o que é que estarão fazendo os pais. Mas a verdade é que a criança teve um sonho com certa dose de sexualidade.

As crianças pequenas não têm de estar doentes para se atemorizarem com cães, médicos e a escuridão, ou serem imaginativas a respeito de sons e sombras, de formas vagas ao cair da noite; e não têm de estar doentes para serem suscetíveis a cólicas, vômitos ou ficarem esverdeadas quando se excitam por qualquer coisa; não têm de estar doentes para recusar, durante uma ou duas semanas, travar qualquer relação com o pai que adoram ou dizer "tá" a uma tia; e não têm de estar doentes para quererem meter a nova irmãzinha na lata do lixo, ou serem cruéis com o gato, em um enorme esforço para evitar odiarem o novo bebê.

E você tudo sabe a respeito de crianças asseadas que se tornam porcas, que passam a urinar na cama e como, de fato, no período dos dois aos cinco anos, quase tudo pode acontecer. Atribua-se tudo isso à ação dos instintos e aos terríveis sentimentos que pertencem aos instintos, e (uma vez que há ideias acompanhando todos os acontecimentos físicos) ainda aos dolorosos conflitos que resultam de todo esse processo na imaginação da criança. Acrescentarei que, nessa idade crítica, os instintos já deixaram de ser apenas de uma qualidade infantil, e ao descrevê-las não diremos bastante se nos ativermos às expressões pediátricas, tais como "gula" e "tendência para a imundície". Quando uma criança sadia de três anos de idade diz "Eu gosto de você", há nisso um significado semelhante ao que existe entre homens e mulheres que se amam e estão apaixonados. Pode, de fato, ser sexual no sentido corrente, envolvendo as partes sexuais do corpo, e incluindo ideias que são como as dos adolescentes ou adultos enamorados. Tremendas forças estão atuando; contudo, a mãe só terá de manter o lar unido e nada esperar. O alívio chegará com a ação do próprio tempo. Quando a criança tem cinco ou seis anos, as coisas se acalmarão bastante e cada vez mais até a puberdade, de modo que a mãe contará então com alguns anos mais fáceis, durante os quais pode transferir parte da responsabilidade e parte das tarefas para as escolas e para os professores experimentados.

CAPÍTULO 16

As Crianças e as Outras Pessoas

A evolução emocional da criança tem início no começo da sua vida. Se quisermos julgar a maneira como um ser humano trata os seus semelhantes, e ver como edifica a sua personalidade e vida, não nos poderemos dar ao luxo de deixar de fora o que sucede nos primeiros anos, meses, semanas e mesmo dias de sua vida. Quando abordamos os problemas dos adultos, por exemplo, os associados ao casamento, somos confrontados, evidentemente, por muita coisa que pertence a um período ulterior do desenvolvimento. Contudo, no estudo de qualquer indivíduo, encontramos tanto o passado como o presente, tanto a criança quanto o adulto. Os sentimentos e pensamentos que podem convenientemente ser denominados sexuais aparecem em uma idade prematura, muito mais cedo do que era admitido na filosofia dos nossos avós e, em certo sentido, toda a gama de relações humanas está presente desde o começo.

Vejamos o que acontece quando crianças sadias brincam de pais e mães. Por uma parte, podemos estar certos de que o sexo intervém na brincadeira, embora, muito frequentemente, não seja por representação direta. É possível captar muitos símbolos de comportamento sexual adulto, mas não é com esse aspecto que estou preocupado neste momento. Mais importante, do nosso ponto de vista, é que essas crianças estão desfrutando, em sua brincadeira, algo que se baseia na capacidade delas para sentirem-se identificadas com os pais. É óbvio que elas observaram muitas coisas. Pode-se notar em suas brincadeiras que estão formando um lar, arranjando a casa, assumindo responsabilidades conjuntas pelos filhos, mantendo até uma estrutura em que as crianças, nessa brincadeira, podem descobrir sua própria espontaneidade. (Pois as crianças assustam-se com os seus próprios impulsos, se forem deixadas inteiramente a si mesmas.) Sabemos que isso é saudável; se as crianças podem brincar assim juntas, não precisarão mais tarde que lhes ensinem a formar um lar. Já conhecem o essencial. Dizendo isto de outra maneira, será possível ensinar a pessoas como construir um lar se nunca tivessem brincado de pais e mães? Penso que não.

Embora nos satisfaça ver crianças assim dispostas a divertirem-se com brincadeiras que revelam sua capacidade para identificarem-se com o lar e com os pais, suas concepções maduras e sentido de responsabilidade, trata-se de coisas, no entanto, em que não queremos ver os nossos filhos empenhados o dia inteiro. Com efeito, seria alarmante se eles o fizessem. Esperamos que as mesmas crianças que brincaram disso à tarde sejam apenas crianças gulosas à hora do lanche, ciumentas umas das outras à hora de ir para a cama, desobedientes e recalcitrantes na manhã seguinte; pois ainda são crianças. Se têm sorte, o lar autêntico existe para elas. No ambiente de seu verdadeiro lar, podem continuar a descobrir sua espontaneidade e individualidade, deixando-se surpreender, como faz um narrador de histórias, pelas ideias que surgem à medida que se entusiasma em sua tarefa. Na vida real, podem usar seus próprios pais autênticos, embora nas brincadeiras procurem ser elas próprias os pais. Acolhemos favoravelmente o aparecimento dessa brincadeira de "constituir família", juntamente com todas as demais brincadeiras de professores e alunos, médicos, enfermeiras e pacientes, motoristas de ônibus e passageiros.

Podemos ver o que há de saudável em tudo isso. Mas, pela época em que as crianças atingiram essa fase de suas brincadeiras, podemos facilmente deduzir que elas já passaram por muitos processos complexos de desenvolvimento, e esses processos nunca estão, é claro, realmente terminados. Se as crianças precisam de um bom lar normal com que se identificarem, também necessitam profundamente de um lar estável e de um ambiente emocional estável em que possam ter a oportunidade de realizar firmes e naturais progressos, no devido tempo, no decorrer das fases iniciais do desenvolvimento. Diga-se, a propósito, não ser necessário que os pais saibam tudo o que se passa na cabeça dos filhos pequenos, como não lhes faz falta conhecer tudo sobre Anatomia e Fisiologia para propiciarem às crianças uma boa saúde física. É-lhes essencial, contudo, terem imaginação bastante para reconhecer que o amor dos pais não é, simplesmente, um instinto natural que conservam dentro deles próprios, mas algo que uma criança precisa absolutamente que eles lhe deem.

Vai por mau caminho o bebê cuja mãe trate dele, ainda que o faça na melhor das intenções, acreditando que os bebês pouco mais são, no princípio, do que um feixe de fisiologia, anatomia e reflexos condicionados. Sem dúvida, esse bebê será bem alimentado, poderá alcançar uma boa saúde física e ter um crescimento normal, mas se a mãe não souber ver no filho recém-nascido um ser humano, haverá poucas probabilidades de que a saúde mental seja alicerçada com uma solidez tal que a criança, em sua vida posterior, possa ostentar uma personalidade rica e estável, suscetível não só de adaptar-se ao mundo, mas também de participar de um mundo que exige adaptação.

A dificuldade está em que a mãe tende, naturalmente, a ter medo da sua responsabilidade e foge, com a maior facilidade, para os manuais, as regras e os regulamentos. A assistência adequada a um bebê só pode ser feita com o coração; talvez eu devesse dizer que a cabeça, por si só, nada pode fazer, se os sentimentos não estiverem também livres para agir em conjunto com ela.

Dar alimento constitui apenas uma das maneiras, se bem que das mais importantes, em que a mãe se faz conhecer ao seu bebê. Já escrevi antes que a criança que tiver sido alimentada com sensibilidade, no princípio, e sensivelmente orientada em outros aspectos, terá na realidade ultrapassado qualquer resposta que possa ser dada àquele nosso conhecido enigma filosófico: "Aquele objeto que vemos ali está realmente ali ou apenas o imaginamos?" Para a criança, tornou-se uma questão de menor importância se o objeto é real ou ilusório, visto ter encontrado uma mãe disposta *a provê-lo com a ilusão* e, ainda mais, a fornecê-la infalivelmente e por período suficientemente longo, de modo que o abismo que pudesse existir entre o que pode ser imaginado e o que realmente existe foi pessoalmente reduzido para essa criança, tanto quanto era possível reduzi-la.

Tal criança estabeleceu, no final do seu nono mês, aproximadamente, uma relação com algo estranho a si própria e que está a ponto de reconhecer como sua mãe, uma relação capaz de sobreviver a todas as possíveis frustrações e complicações e até a perda por separação. O bebê que foi alimentado mecânica e insensivelmente, sem ninguém que quisesse adaptar-se ativamente às necessidades desse determinado bebê, está em grande desvantagem; e se ele de algum modo puder conceber uma mãe dedicada, tal mãe deverá constituir para ele uma figura imaginária e idealizada.

Podemos encontrar facilmente a mãe incapaz de viver no mundo do bebê, o qual terá de viver no mundo da mãe. Uma criança em tais condições pode fazer grandes progressos, do ponto de vista de um observador superficial. Só quando chegar à adolescência ou até mais tarde ainda é que formulará, por fim, um protesto apropriado e, então, ou sofre um colapso ou só encontrará a saúde mental em uma atitude de rebeldia ou desafio.

Em contraste, a mãe que ativamente se adapta, de um modo fértil, dá ao seu bebê uma base para estabelecer contato com o mundo e, mais do que isso, propicia ao bebê uma riqueza em suas relações com o mundo que pode desenvolver-se e atingir plena fruição, com o decorrer do tempo, quando a maturidade chegar. Uma parte importante dessa relação inicial do bebê com a mãe é a inclusão na mesma de poderosos impulsos instintivos; a sobrevivência do bebê e da mãe ensina ao bebê, por meio da experiência, que são permissíveis as experiências instintivas e as ideias excitadas, e que elas não destroem, necessariamente, o tranquilo tipo de relações, de amizade e de participação.

Não se deve concluir que todos os bebês sensivelmente alimentados e orientados por uma dedicada mãe estejam necessariamente fadados a desenvolver completa saúde mental. Mesmo quando as experiências iniciais são boas, tudo o que foi conquistado tem de ser consolidado com o decorrer do tempo. Nem se deve concluir que todos os bebês criados em uma instituição, ou por uma mãe sem imaginação ou demasiada assustada para confiar em seu próprio discernimento, estão destinados a uma clínica mental ou a um reformatório. As coisas não têm essa simplicidade. Esquematizei deliberadamente o problema por uma simples questão de clareza.

Já vimos que a criança sadia, nascida em boas condições e cuja mãe a tenha tratado, desde o início, como uma pessoa por direito próprio, não é apenas gentil, boa e obediente. A criança normal possui uma concepção pessoal da vida desde o princípio. Os bebês sadios têm, frequentemente, sérias dificuldades na alimentação; podem ser provocantes e obstinados em relação às suas excreções, protestam repetidas vezes e com veemência, gritando, dando pontapés ou puxando os cabelos das mães, ou tentando espetar os dedos nos olhos delas; de fato, são um incômodo. Mas revelam, de um modo espontâneo e absoluto, impulsos de autêntica afeição, um pequeno beliscão ali, um pouquinho de generosidade mais além; por meio dessas coisas, as mães dessas crianças encontram sua compensação.

De algum modo, os manuais parecem gostar de crianças boas, obedientes e limpas, mas essas virtudes só têm valor quando as crianças as desenvolvem no decorrer do tempo, em virtude de uma crescente capacidade para se identificarem com o aspecto maternal e paternal da vida familiar. Isto assemelha-se de certa maneira à progressão natural nos esforços artísticos de uma criança, que foram descritos em capítulo anterior.

Atualmente, fala-se muito da criança desajustada, mas a criança desajustada é aquela para quem o *mundo* não logrou ajustar-se apropriadamente no início e nas primeiras fases da vida do bebê. A obediência de um bebê é uma coisa terrível. Significa que os pais estão comprando comodidade a um elevado preço, que terá de ser pago repetidas vezes, por eles ou pela sociedade, se os pais não puderem suportar a extorsão.

Eu gostaria de mencionar uma dificuldade neste assunto das relações iniciais entre a mãe e o bebê e que preocupa qualquer mãe em perspectiva. Por ocasião do nascimento do bebê e nos primeiros dias seguintes ao parto, o médico deve ser para ela uma pessoa importante, a que é responsável pelo que está decorrendo e em quem ela deposita confiança. Nessa época, nada há de mais importante para a mãe do que conhecer o seu médico e a enfermeira que trabalha com ele. Infelizmente, não se pode supor que o médico, altamente especializado em questões de saúde e doenças físicas, e tão hábil em tudo quanto se relaciona com a realização do parto, esteja igualmente bem informado a respeito do elo emocional entre o bebê e a mãe. Tantas são as coisas que um médico tem de aprender que dificilmente ele poderá esperar ser um especialista no domínio físico e estar também atualizado com os mais recentes conhecimentos sobre a psicologia das mães e seus bebês. Há sempre a possibilidade, portanto, de que um excelente médico ou a enfermeira interfiram, sem qualquer intuito de causar dano, nessa delicada questão do primeiro contato entre a mãe e o bebê.

A mãe necessita, de fato, do médico e da enfermeira, da capacidade profissional de ambos, e o apoio que eles fornecem habilitam-na a afastar suas preocupações. Contudo, dentro desse apoio, ela precisa estar apta a encontrar o seu bebê e a habilitar o bebê a encontrá-la. Precisa estar em condições de permitir que isso aconteça de um modo natural, não de acordo com quaisquer regras que se possam encontrar em livros. As mães não têm por que envergonhar-se ao concluírem que são especialistas justamente nesse ponto em que o médico e a enfermeira estão situados apenas em uma posição de assistentes.

Pode-se observar a existência, por uma parte, de uma tendência cultural geral no sentido do afastamento do contato direto, clínico e usualmente chamado vulgar, quer dizer, puro, natural e real; e, por outra parte, há uma tendência para tudo quanto esteja distanciado do contato e intercâmbio físicos.

Existe outro processo pelo qual a vida emocional do bebê forma a base para a vida emocional do indivíduo em uma fase ulterior. Falei sobre o modo como os impulsos instintivos participam da relação do bebê com a mãe, desde o princípio. A par desses poderosos instintos estão os elementos agressivos, e há também todo o ódio e cólera que resultam da frustração. O elemento agressivo nos impulsos de amor excitado, e aos mesmos associados, faz com que se sinta a vida como algo perigoso e, por isso, a maioria dos indivíduos torna-se inibida, em certo grau. Talvez seja vantajoso encarar esse aspecto do problema mais detalhadamente.

Eu diria que os mais primitivos e mais remotos impulsos são sentidos de um modo implacável. Se existir um elemento destrutivo no impulso inicial para a amamentação, o bebê não se preocupará, nos primeiros tempos, com as consequências. Estou falando, claro, acerca das ideias e não apenas sobre os processos físicos concretos que podemos observar com os nossos olhos. No princípio, o bebê é arrebatado por impulsos e só muito gradativamente chega à compreensão de que a coisa atacada em uma excitada experiência de alimentação constitui uma parte vulnerável da mãe, o outro ser humano que é tão estimado como pessoa nos intervalos tranquilos entre excitações e orgias. O bebê excitado ataca violentamente o corpo da mãe em fantasia, embora o assalto que vemos seja bem tênue; com a experiência alimentar vem a satisfação e, por algum tempo, cessa o ataque. Todo o processo físico é enriquecido pela fantasia, que progride firmemente em precisão e complexidade à medida que o bebê cresce. Na fantasia do bebê, o corpo da mãe foi dilacerado para que as coisas boas nele pudessem ser alcançadas e incorporadas. É fácil compreender, portanto, até que ponto é essencial para um bebê ter sua mãe cuidando dele assiduamente durante certo período de tempo, sobrevivendo aos seus ataques e, finalmente, perto dele para ser o objeto do sentimento de ternura, do sentimento de culpa e o alvo de suas preocupações pelo bem-estar da mãe, que se revelam com o decorrer do tempo. O fato de ela continuar sendo uma pessoa viva, na vida do bebê, torna possível à criança descobrir aquele sentido nato de culpa que constitui o único sentimento apreciável de culpa e a principal fonte do impulso urgente para consertar, para recriar e para dar. Há uma sequência natural de amor implacável, ataque agressivo, sentimento de culpa, senso de preocupação, tristeza, desejo de corrigir ou de consertar, construir e dar; esta sequência é a experiência essencial da infância, em suas fases iniciais, mas não pode converter-se em uma coisa concreta se a mãe, ou quem por ela execute as suas funções, não puder conviver com a criança em todas essas fases e assim possibilitar a integração dos vários elementos.

E aqui temos ainda outra maneira de expor algumas das coisas que a mãe normal faz pelo seu bebê. Sem dificuldade indevida e sem saber o que está fazendo, a mãe normal está constantemente ajudando a criança a distinguir entre os acontecimentos reais e o que se passa na imaginação. Ela seleciona para o bebê o que é concreto, separando-o dos enriquecimentos da fantasia. Dizemos, nesse caso, que a mãe está sendo objetiva. No assunto da agressão, isso é especialmente importante. A mãe protege-se de ser gravemente mordida e impede que o filho de dois anos de idade atinja o novo bebê na cabeça com um atiçador de ferro; mas, simultaneamente, reconhece a tremenda força e realidade das *ideias* destrutivas e agressivas que pertencem à criança que se está comportando toleravelmente bem e, por isso, a mãe não fica alarmada pelas ideias. Sabe que têm de haver ideias na criança e, quando gradualmente surgem, nas brincadeiras ou nos sonhos, a mãe não fica surpreendida e fornece, até, histórias e contos de fadas que prosseguem com os temas espontaneamente surgidos do espírito da criança. A mãe não impede que a criança tenha ideias de destruição e assim permite que a culpa inata se desenvolva segundo seu próprio rumo. É a culpa inata que esperamos ver surgir com a evolução da criança e pela qual estamos dispostos a esperar; a moralidade imposta nos aborrece.

O período em que uma pessoa é convocada para ser mãe ou pai é certamente uma época de autossacrifício. A mãe normal sabe, sem que se lhe diga, que durante esse período nada deve interferir na continuidade das relações entre a criança e ela própria. Saberá ela também que, quando age muito naturalmente dessa maneira, não só está criando as bases da saúde mental de seu filho, mas também que este não pode alcançar a saúde mental sem ter tido, nos primeiros tempos, essa experiência que a mãe lhe fornece com tanto trabalho?

SEGUNDA PARTE

A Família

CAPÍTULO 17

E o Pai?

No decorrer do meu trabalho, muitas mães têm debatido comigo a questão: E o pai? Suponho ser um fato claro para todo mundo que, em tempos normais, depende da atitude que a mãe tome, o pai acabar ou não por conhecer o seu bebê. Há todo um rosário de motivos pelos quais é difícil para um pai participar na criação do seu filho pequeno. Para começar, raramente estará em casa quando o bebê estiver acordado. Mas, muitas vezes, mesmo quando o pai estiver em casa, a mãe acha um pouco difícil saber quando recorrer ao marido ou quando desejar que ele saia do caminho. Sem dúvida, é com frequência muito mais simples deitar o bebê antes que o pai chegue, assim como é boa ideia ter as lavagens prontas e a refeição preparada. Mas muitas mães concordarão, baseadas na própria experiência, que constitui uma grande ajuda na relação entre pessoas casadas que elas compartilhem, cotidianamente, os pequenos detalhes que parecem idiotas para os que veem o problema de fora, mas que se revestem de uma tremenda importância, na época, tanto para os pais como para a criança. E quando o bebê cresce, a riqueza de detalhes aumenta, tornando cada vez mais profundo o vínculo entre o pai e a mãe.

Eu sei que alguns pais são muito tímidos a respeito de seus bebês, no princípio, e sem dúvida também nunca se conseguirá que alguns se interessem por crianças; mas, de qualquer modo, as mães podem levar os maridos a ajudarem em pequenas coisas e podem organizar suas tarefas de modo que o bebê seja banhado quando o pai estiver em casa para assistir e até participar, se quiser. Como eu disse anteriormente, tudo depende bastante daquilo que a mãe decidir.

Não se deve supor, em todo caso, que seja uma boa coisa para o pai entrar prematuramente em cena. As pessoas são muito distintas umas das outras. Alguns homens parecem acreditar que seriam melhores mães do que suas esposas e, nesse caso, podem tornar-se realmente incômodos. Isso é especialmente verdadeiro quando eles são capazes de, com o maior desembaraço, serem "mães" imensamente pacientes durante meia hora e depois, com o mesmo desembaraço, sumirem esquecendo que as mães têm de ser boas mães durante as vinte e quatro horas de um dia, e um dia após outro. E, depois, pode ser que existam alguns pais que realmente dessem melhores mães que suas esposas, mas a verdade é que nem mesmo assim podem ser mães; assim, tem de se descobrir alguma saída para a dificuldade, sem estar em causa o desaparecimento da mãe nesse quadro. Mas, usualmente, as mães sabem que são competentes em sua própria função e podem, portanto, deixar que seus maridos entrem na cena, se o desejarem.

Se começarmos pelos primeiros tempos, podemos observar que o bebê, primeiro que tudo, conhece a mãe. Mais cedo ou mais tarde, certas qualidades maternas são reconhecidas pela criança e algumas delas, como maciez e ternura, ficam sempre associadas à mãe. Mas a mãe também possui toda sorte de qualidades austeras: por exemplo, pode ser ríspida, severa e rigorosa; com efeito, a pontualidade dela acerca das mamadas é tremendamente apreciada pelo bebê, logo que pode aprender a aceitar o fato de que não pode ser alimentado exatamente quando a ele lhe apetece. Eu diria que certas qualidades de mãe que não fazem essencialmente parte dela reúnem-se gradualmente na mente infantil; e essas qualidades atraem sobre si próprias os sentimentos que o bebê, com o tempo, acaba por dispor-se a alimentar em relação ao pai. É incomparavelmente melhor um pai forte, que pode ser respeitado e amado, do que apenas uma combinação de qualidades maternas, normas e regulamentos, permissões e proibições, coisas inúteis e intransigentes.

Assim, quando o pai entra na vida da criança, como pai, ele assume sentimentos que ela já alimentava em relação a certas propriedades da mãe e para esta constitui um grande alívio verificar que o pai se comporta da maneira esperada.

Vejamos se sou capaz de destrinçar as diversas maneiras em que o pai é valioso. A primeira coisa que quero dizer é que o pai é preciso em casa para ajudar a mãe a sentir-se bem em seu corpo e feliz em seu espírito. Uma criança é realmente sensível às relações entre seus pais e se tudo correr bem entre as paredes do lar, por assim dizer, a criança é a primeira a mostrar seu apreço por encontrar a vida mais fácil, mostrando-se mais contente e mais dócil de conduzir. Suponho ser isso o que uma criança entenderia por "segurança social".

A união sexual de pai e mãe fornece um fato, um fato concreto em torno do qual a criança poderá construir uma fantasia, uma rocha a que ela se pode agarrar e contra a qual pode desferir seus golpes; e, além disso, fornece parte dos alicerces naturais para uma solução pessoal do problema das relações triangulares.

A segunda coisa, como eu disse, é o pai ser necessário para dar à mãe apoio moral, ser um esteio para a sua autoridade, um ser humano que sustenta a lei e a ordem que a mãe implanta na vida da criança. Ele não precisa estar presente todo o tempo para cumprir essa missão, mas tem de aparecer com bastante frequência para que a criança sinta que o pai é um ser vivo e real. Grande parte da organização da vida de uma criança deve ser feita pela mãe, e os filhos gostam de sentir que a mãe pode dirigir o lar enquanto o pai não está realmente nele. Com efeito, toda mulher tem de estar apta a falar e agir com autoridade; mas se tiver de ser tudo na casa e tiver de fornecer todo o elemento de fortaleza ou rigor na vida dos filhos, a par do amor, suportará sobre seus ombros um fardo deveras pesado. Aliás, é muito mais fácil para as crianças estarem aptas a contar com dois pais; um dos pais pode ser encarado como a permanência do amor, enquanto o outro é detestado, e isto constitui, em si, uma influência estabilizadora. Por vezes, vemos uma criança agredir a socos e pontapés a mãe e sentimos que, se o marido a estivesse apoiando, a criança quereria provavelmente agredir a ele e, muito possivelmente, nem sequer tentaria coisa alguma. A criança está constantemente predisposta a odiar alguém e se o pai não estiver presente para servir-lhe de alvo, ela detestará a mãe e isso vai confundi-la, visto ser à mãe que a criança mais fundamentalmente ama.

A terceira coisa a dizer é que a criança precisa do pai por causa das suas qualidades positivas e das coisas que o distinguem de outros homens, bem como da vivacidade de que se reveste a sua personalidade. Durante os primeiros tempos de vida, quando as impressões são vívidas, é a época adequada para que a criança trave conhecimento com o pai, se isso for possível. Claro, não estou pedindo aos pais que imponham pela força aos filhos a sua presença e personalidade. Uma criança buscará à sua volta o pai, quando tiver apenas alguns meses de idade, estenderá para ele os braços quando o vir entrar no quarto e escutará seus passos, enquanto outra lhe voltará as costas ou só muito gradualmente consentirá que o pai se converta em uma pessoa muito importante em sua vida. Uma criança quererá saber como ele realmente é, ao passo que outra usará o pai como alguém que serve de incentivo à imaginação, dificilmente o conhecendo como todos os outros o conhecem. Não obstante, se o pai estiver presente e quiser conhecer o próprio filho, este é uma criança de sorte e nas circunstâncias mais felizes o pai enriquece, de maneira abundante, o mundo do próprio filho. Quando o pai e a mãe aceitam facilmente a responsabilidade pela existência da criança, o cenário fica montado para um bom lar.

É difícil começar a descrever as maneiras pelas quais um pai enriquece a vida dos filhos, tão amplas são as possibilidades. As crianças formam seus ideais, pelo menos em parte, como base no que veem ou pensam que veem, quando olham para o pai. Um novo mundo se abre para elas quando o pai gradualmente desvenda a natureza do trabalho para onde sai todas as manhãs e do qual regressa todas as tardes.

Nas brincadeiras infantis, há uma de "Mães e Pais" e, como sabemos, o pai, pela manhã, parte para o trabalho, enquanto a mãe fica entregue aos afazeres caseiros e a cuidar dos filhos. Os afazeres domésticos são algo com que as crianças facilmente se familiarizam, visto que decorrem sempre em torno delas, mas o trabalho que o pai realiza, já para não falarmos de seus *hobbies* nas horas vagas, amplia os horizontes infantis do mundo. Que felizes são os filhos de um experimentado artífice, quando ele está em casa, que não desdenha de mostrar às crianças a habilidade que possui em suas mãos e as deixa participar da fatura de belas e úteis coisas. E, se o pai por vezes se junta às brincadeiras delas, está fadado a apresentar novos e valiosos elementos que podem ser intercalados nas brincadeiras. Além disso, o conhecimento paterno do mundo habilita-o a perceber quando certos tipos de brinquedos ou mecanismos ajudam às crianças, em suas brincadeiras, sem obstruírem o desenvolvimento natural da sua imaginação. Alguns pais, infelizmente, estragam tudo quando compram para o filho uma locomotiva para eles próprios brincarem com ela ou, então, gostam tanto do brinquedo que não deixam o filho usá-lo e, talvez, quebrá-lo. Isso é levar demasiado longe o papel de pai.

Uma das coisas que o pai faz pelos filhos é estar vivo e continuar vivo durante os primeiros anos das crianças. O valor desse simples ato é suscetível de ser esquecido. Embora seja natural que os filhos idealizem seus pais, é também muito valioso, para os primeiros, ter a experiência de conviver com eles e de conhecê-los como seres humanos, até o ponto de os descobrirem. Conheço um menino e uma menina que pensaram estar passando um tempo maravilhoso, na última guerra, quando o pai deles estava no exército. Viviam com a mãe em uma casa com um belo jardim e tinham tudo o que era preciso, até mais. Por vezes, caíam em um estado de organizada atividade antissocial e quase demoliam a casa toda. Agora, quando olham para trás, podem ver que essas explosões periódicas eram tentativas, inconscientes nessa época, para forçarem o pai a aparecer em pessoa. Contudo, a mãe conseguiu percebê-las e dominar a crise, apoiada pelas cartas que recebia do marido; mas, podemos bem imaginar o quanto ela ansiou por tê-lo em casa a seu lado, para que pudesse ocasionalmente respirar aliviada, enquanto o pai ordenava às crianças que fossem dormir.

Para citar um caso extremo: conheci uma menina cujo pai morreu antes de ela nascer. A tragédia, neste caso, residia no fato de ela possuir unicamente um pai idealizado em quem basear sua concepção de homem. Não tinha a experiência de ser gentilmente posta no berço por um pai real. Em sua vida, imaginou facilmente os homens como seres ideais, o que inicialmente teve o efeito de realçar o melhor neles. Mas, inevitavelmente, mais cedo ou mais tarde, todo homem que ela conheceu revelou imperfeições e cada vez que isso aconteceu ela foi lançada em um estado de desespero, queixando-se continuamente. Como se pode imaginar, isso arruinou a vida da moça. Quanto mais feliz ela teria sido se seu pai fosse vivo durante a infância da filha, de maneira que ela o visse como um ser ideal, mas, ao mesmo tempo, verificasse que ele tinha imperfeições e sobrevivesse ao ódio que lhe voltaria sempre que o pai a desapontasse.

É bastante conhecido o fato de existir, por vezes, um vínculo especialmente vital entre o pai e a filha. De fato, todas as meninas sonham estar no lugar da mãe ou, de qualquer modo, sonham romanticamente. As mães têm de ser muito compreensivas quando esse gênero de sentimentos decorre. Certas mães acham muito mais fácil suportar a amizade entre pai e filho do que entre pai e filha. Todavia, é bastante lamentável se os apertados laços entre pai e filha forem perturbados pelos sentimentos de ciúme e rivalidade, em vez de se permitir que evoluam naturalmente; pois, mais cedo ou mais tarde, a menina compreenderá a frustração que está ligada a esse gênero de devoção romântica e, finalmente, quando crescer, olhará em outras direções para a realização prática de seus arroubos imaginativos. Se o pai e a mãe forem felizes em suas relações mútuas, essas fortes dedicações entre um pai e suas filhas não serão concebidas como rivais da dedicação existente entre os pais. Os irmãos constituem nesse aspecto uma grande ajuda, ao representarem um degrau entre pais e tios e os homens em geral.

Também é sobejamente conhecido que um menino e seu pai encontram-se, por vezes, em um estado de rivalidade a respeito da mãe. Isto não é motivo para suscitar angústia se a mãe e o pai forem mutuamente felizes. Não tem, evidentemente, por que interferir nas relações entre os pais que se sentem seguros do amor recíproco. Os sentimentos do menino são da ordem mais forte possível, pelo que devem ser tomados seriamente.

Ouve-se falar de crianças que nem uma vez, em toda a infância, tiveram o pai só para elas um dia inteiro, ou mesmo meio dia. Isto me parece algo terrível. Eu diria ser da responsabilidade da mãe enviar o pai e a filha, ou o pai e o filho, para passearem juntos, uma vez ou outra. Esse gesto será sempre inteiramente apreciado por todos os interessados, e algumas dessas experiências serão recordadas com carinho a vida toda. Nem sempre é fácil para a mãe mandar a filhinha passear com o pai, quando ela própria adoraria sair sozinha com ele; e, evidentemente, ela também deve sair sozinha com o marido, do contrário não só criará ressentimento em si própria como correrá o risco de perder o contato com o seu homem. Mas por vezes, se puder fazer com que o pai saia com as crianças, ou com uma delas, estará acrescentando bastante ao seu valor como mãe e como esposa.

Assim, se o seu marido estiver em casa, você verificará facilmente que vale a pena esforçar-se para ajudá-la e às crianças a conhecerem-se mutuamente. Não está em suas mãos tornar férteis as relações deles; isso depende do pai e das crianças. Mas está verdadeiramente em seu âmbito possibilitar essas relações, ou impedi-las, ou desfigurá-las.

CAPÍTULO 18

Os Padrões Deles e os Seus

Suponho que todo mundo tem ideais e normas. Todos os que estão formando um lar têm ideias sobre o modo como as coisas devem ser organizadas, sobre as cores a escolher para a decoração da casa, os móveis e a maneira como se põe a mesa para o café da manhã. A maioria das pessoas sabe, perfeitamente, que espécie de casa teria se a fortuna lhe batesse à porta, e se é mais confortável viver na cidade ou no campo, ou que espécie de filme vale a pena ir ver.

Quando a moça se casa, pensa: "Agora posso viver como gosto."

Uma menina de cinco anos que estava colecionando palavras ouvira alguém dizer: "O cão voltou para casa por sua livre vontade." Ela adotou a palavra e, no dia seguinte, disse-me: "Hoje é o meu aniversário, assim tudo tem de ser como a minha livre vontade." Pois quando a moça se casa, pensa também, "agora, finalmente, posso viver em um ambiente de minha livre vontade", para usar a linguagem da garotinha. Note-se: não é que a "livre vontade" da moça seja melhor que a da sogra, mas é dela – e isso faz uma enorme diferença.

Supondo que obteve seu próprio apartamento, ou casa, trata logo de arranjá-lo e decorá-lo da maneira que melhor lhe parece. E, quando colocou as novas cortinas, convidou pessoas para fazer uma visita e ver a sua casa. O caso é que a moça atingiu uma situação em que se exprime por intermédio do seu ambiente, e ela própria poderá surpreender-se pela maneira como fez as coisas. Evidentemente, ela praticou a vida toda para isso.

Terá tido sorte se, nesses primeiros dias, escapou a algumas altercações com o marido acerca de pormenores. O curioso é que as discussões quase sempre começam a propósito de isto ou aquilo ser "bom" ou "mau", quando a verdadeira questão se resume a um choque de "livres vontades", como diria a garotinha. O tapete é bom para a jovem esposa se ela o comprou, ou o escolheu, ou regateou por ele em uma liquidação, e é bom do ponto de vista do marido se foi ele quem o escolheu; mas como podem ambos sentir que o escolheram? Felizmente, os casais que se amam encontram, frequentemente, uma possibilidade para que suas "livres vontades" se justaponham em boa medida, durante algum tempo, de modo que tudo está certo até nova ordem; e uma solução para a dificuldade é concordarem, talvez sem que haja necessidade de trocar quaisquer palavras, que a esposa governa a casa à sua maneira, enquanto o homem tem sua maneira própria no tocante ao trabalho. Todo mundo sabe que o lar do cidadão inglês é o castelo de sua esposa. E, em seu lar, um homem gosta de ver a esposa no comando, identificada com a própria casa. Com demasiada frequência, o homem não dispõe em seu trabalho de uma independência que corresponda à que a esposa tem em seu próprio lar. Raramente um homem sente-se identificado com o seu trabalho, e esta situação tem piorado à medida que os artífices, os pequenos negociantes e lojistas, e os pequenos homens em geral tendem a desaparecer, submersos nas grandes organizações.

Falar de mulheres que não querem ser donas de casa é, em minha opinião, ignorar uma coisa: que em mais parte alguma, salvo em sua própria casa, uma mulher pode exercer tal comando. Só em sua casa ela é livre, se tiver coragem, para estender-se, para encontrar seu próprio eu, sua personalidade plena. A grande coisa é que deveria realmente estar apta a conseguir seu próprio apartamento ou sua própria casa logo após o matrimônio, de modo que possa mover-se à vontade sem tornar suscetível suas relações mais próximas nem magoar sua própria mãe.

Tudo isso vem a propósito de querer eu mostrar até que ponto deve ser sempre difícil quando um bebê decide querer seguir por seu próprio caminho. Querendo seguir seu próprio rumo, o bebê causa uma perturbação geral, e ninguém seria capaz de afirmar que não tem importância ele causar essa perturbação. A perturbação geral espelha-se na recém-criada independência de espírito da jovem mãe e no recém-conquistado respeito pelo que ela faz por sua "livre vontade". Algumas mulheres preferem não ter filhos porque o casamento pareceria perder grande parte do seu valor para elas, desde que não significasse o estabelecimento de sua própria esfera de influência pessoal, conquistada finalmente após anos de espera e planejamento.

Bem, suponhamos que uma jovem esposa acabou de organizar seu próprio lar, que está orgulhosa do seu feito e que só agora começa a descobrir o que vale ser dona de seu próprio destino: que sucede quando ela tem um menino? Creio que, enquanto estiver grávida, não se permitirá necessariamente pensar no bebê como uma ameaça à sua independência recém-estabelecida, porque nessa época teria muito mais coisas em que pensar. Há tanta coisa emocionante na ideia de que vai ter um bebê, tanta coisa interessante e animadora, e em qualquer caso poderá até achar que o bebê pode ser adaptado ao seu esquema das coisas e gostar de crescer dentro da esfera de influência materna. Até aqui tudo bem e sem dúvida ela estava certa em pensar que o bebê aceitaria algo do padrão de cultura e de comportamento característico do lar em que nasceu. Contudo, há mais a dizer e é bastante importante.

Quase desde o início, o bebê mostra que tem suas ideias próprias; e se a mãe tiver dez filhos não encontrará dois que se pareçam, embora nascidos e criados todos no mesmo lar – a casa materna. Dez filhos verão na mãe dez mães diferentes e mesmo um deles verá por vezes as coisas à maneira da mãe, considerá-la-a amorosa e bela, mas, subitamente, por alguns momentos em que a luz não é tão boa, ou talvez de noite, quando a mãe entra no quarto desse filho porque ele está aflito com um pesadelo, ele será capaz de vê-la como um dragão ou uma bruxa, ou alguma outra coisa terrível e perigosa.

A questão é que cada novo filho que chega à família traz consigo sua própria ideia do mundo e a necessidade de controlar a sua pequena parcela do mundo; portanto, cada nova criança é uma ameaça à própria organização materna, à sua cuidadosamente edificada e bem mantida ordem de coisas. E sabendo como ela dá valor ao seu modo de ver as coisas, lamento essa mãe.

Vejamos em que poderei ajudá-la. Creio que algumas das dificuldades que surgem nessa situação resultam do fato de a mãe pensar que gosta daquilo que gosta porque assim é que está certo, é bom e conveniente, o melhor, o mais inteligente, o mais seguro, o mais rápido, o mais econômico etc. Sem dúvida ela está muitas vezes justificada em pensar assim, e uma criança dificilmente poderá competir com a mãe quando se trata de questões de capacidade e conhecimento do mundo. Mas o ponto principal é que não se trata de ser o melhor meio... É porque se trata do meio que ela adotou que ela gosta dele e confia nele. Esta é a principal razão por que ela quer dominar – e por que não? A casa é dela e foi por isso que se casou... Em parte. Aliás, a mãe poderá sentir-se segura só quando tem todos os cordéis na mão.

Sim, a mãe tem todo o direito de pedir às pessoas em sua própria casa para que se conformem aos padrões dela, que coloquem na mesa as coisas para o café da manhã da maneira que ela decidiu, as graças antes da carne e nada de palavrão; mas o direito dela baseia-se no fato de que se trata da casa dela e esse é o meio que ela escolheu, e não porque esse meio seja o melhor – embora, claro, possa acontecer que seja.

Os próprios filhos poderão bem esperar que a mãe saiba o que realmente quer, e aquilo em que acredita, e eles serão ajudados pela crença dela, baseando, em maior ou menor grau, suas próprias normas nas dela. Mas, ao mesmo tempo, e aqui é que está a questão, você não concorda comigo que as crianças também têm suas próprias crenças e ideais, procurando uma ordem de acordo com a sua "livre vontade"? As crianças não gostam de confusão perpétua nem de egocentrismo perpétuo. Você deve compreender que a criança pode ser lesada se a mãe não se mostrar tão preocupada com o estabelecimento de seus próprios direitos, em sua própria casa, que impeça a tendência inata do filho para criar um pequeno mundo à sua própria volta, um mundo que seja de sua exclusiva conta e com um código moral de sua própria lavra. Se você estiver suficientemente confiante a seu próprio respeito, creio que gostará de ver até que ponto poderá deixar cada um de seus filhos dominar a cena pelos seus próprios impulsos, esquemas e ideias, de um modo localizado e no âmbito da sua mais ampla influência. "Hoje é o meu aniversário, assim tudo tem de ser como a minha 'livre vontade'", disse a garotinha, e isso não acarretou o caos; levou a um dia organizado de um modo não muito distinto de todos os outros dias, com exceção de que foi criado pela criança no lugar da mãe, da babá ou da professora.

É claro, isso é o tipo da coisa que a mãe comumente faz no começo da vida da criança. Não sendo capaz de colocar-se inteiramente à disposição de seu bebê, dá-lhe o seio a intervalos regulares, o que é uma boa coisa, e muitas vezes consegue propiciar ao bebê um breve período de ilusão em que ele não tem de reconhecer ainda que um seio ilusório não satisfaz, por mais encantador que seja o sonho. O bebê não pode engordar com um seio sonhado. Quer dizer, para ser bom, o seio deve também pertencer à mãe, que é algo exterior ao bebê e independente dele. Não lhe basta ter a ideia de que gostaria de mamar; é também necessário que a mãe tenha a ideia de que gostaria de dar de mamar ao seu bebê. Reconhecer isso é uma árdua tarefa para uma criança, e a mãe pode proteger o seu bebê de uma desilusão demasiado precoce ou demasiado brusca.

No início, o bebê também se sente importante. Se necessita comer ou chora por qualquer motivo, tudo o mais cessa até que suas necessidades sejam atendidas; e se lhe permite que seja impulsivo, até o extremo possível – por exemplo, fazer porcaria sem outra razão melhor do que assim o querer. Do ponto de vista infantil, parecerá uma curiosa transformação quando a mãe se torna rigorosa e severa – por vezes, fica subitamente severa porque os vizinhos a assustaram – e começa com o chamado "treino", jamais descansando até que tenha obrigado o seu bebê a conformar-se aos padrões maternos de asseio. Ela pensa ter agido muito bem se o seu bebê tiver abandonado toda a esperança de conservar sua valiosa espontaneidade e impulsividade. De fato, um treino demasiado precoce e rigoroso de asseio atraiçoa as suas próprias finalidades, e uma criança limpa aos seis meses torna-se provocante ou compulsivamente suja e extremamente difícil de retreinar. Em muitos casos, felizmente, a criança encontra uma saída, e a esperança não fica de todo perdida; a espontaneidade oculta-se, simplesmente, em um sintoma como o de "molhar" os lençóis. (Como observador que não tem de lavar e secar os lençóis, fiquei certa vez deliciado por encontrar o filho de uma senhora algo autoritária, o qual "molhava" os lençóis, firme em seus princípios, embora não sabendo exatamente o que fazia.) A compensação é grande para aquela mãe que, embora conservando seus próprios valores, permite-se esperar pelo desenvolvimento da própria noção de valores do seu filho.

Se a mãe deixar cada criança desenvolver seu próprio direito de domínio, estará ajudando-a. Haverá o choque entre os dois direitos de dominar – o da mãe e o do filho, mas isso é natural e muito melhor do que a imposição materna sobre a criança, na base de que a mãe sabe mais. Você, como mãe, tem uma razão melhor: de que também gosta da sua maneira própria. Deixe o seu filho dispor de um canto da sala, ou de um armário, ou de um pedaço da parede que seja só dele, que possa sujar, limpar ou decorar, segundo o humor, a fantasia ou o capricho do momento. Cada filho seu tem direito a um pedaço da sua casa a que ele possa chamar seu, e também tem direito a um pouquinho do seu tempo cotidiano (e ao do pai), com que possa contar e durante o qual você vive no mundo dele. É claro, o outro extremo não é de grande proveito, quando a mãe, não possuindo ela própria uma maneira de viver solidamente estabelecida, deixa que a criança faça tudo à maneira dela. Nesse caso, ninguém é feliz, nem mesmo a criança.

CAPÍTULO 19

O que Entendemos por uma Criança Normal?

Falamos frequentemente de crianças difíceis e tentamos descrever e classificar suas dificuldades; também falamos de normalidade, ou saúde, mas é muito mais difícil descrever uma criança normal. Sabemos muito bem o que entendemos por normal quando estamos falando do corpo. Queremos dizer que o desenvolvimento da criança se situa algures acima da média, considerando a idade dela, e que não existe qualquer doença física. Sabemos também o que entender por um intelecto normal. Mas a criança de corpo são, e intelecto normal ou mesmo supranormal, pode mesmo assim estar muito longe do normal como personalidade, no seu todo.

Podíamos pensar em termos de comportamento, comparando uma criança com outras da mesma idade, mas hesitaríamos antes de rotular de anormais quaisquer crianças em função do respectivo comportamento, já que existem variações tão amplas no normal e, de fato, no que se espera; uma criança chora quando tem fome e a pergunta é: qual é a idade da criança? Não é anormal chorar de fome quando se tem um ano de idade. A criança tira uma moeda da bolsa da mãe. Repetimos: com que idade? A maioria das crianças de dois anos faz isso, por vezes, ou observemos duas crianças que atuam, cada uma delas, como se esperassem ser agredidas; em um dos casos, não existe uma base de realidade para o medo, ao passo que, no outro, a criança está sendo sempre agredida em casa. Ou uma criança está ainda sendo amamentada ao peito, aos três anos de idade; isso é muito raro na Inglaterra, mas em outras partes do mundo é o costume. Não é comparando o comportamento de uma criança com o de outra que chegaremos a uma conclusão sobre o que entendemos por normal.

O que queremos saber é se a personalidade de uma criança está-se desenvolvendo normalmente e se o seu caráter está-se fortalecendo de um modo saudável. A sagacidade em uma criança não acarretará um atraso no amadurecimento da personalidade. Se o desenvolvimento emocional ficou suspenso em algum ponto, a criança tem de retroceder, sempre que certas circunstâncias ocorrerem de novo, para agir como se fosse ainda um bebê ou uma criança menor. Por exemplo, dizemos que Fulano está agindo como uma criança se, sempre que frustrada, essa pessoa se converter em um indivíduo grosseiro ou tiver um ataque de coração. A chamada pessoa normal tem outras maneiras de enfrentar uma frustração.

Tentarei dizer algo de positivo sobre o desenvolvimento normal. Mas, primeiro, concordemos em que as necessidades e os sentimentos das crianças são tremendamente poderosos. É essencial encarar a criança como um ser humano que começa com todos os sentimentos intensos dos seres humanos, embora sua relação com o mundo esteja apenas principiando.

As pessoas adotam toda espécie de recursos para recuperar os sentimentos que pertencem à sua própria infância, sentimentos esses que são valiosos porque sumamente intensos.

Partindo desse princípio, podemos pensar na infância como um processo gradual de formação de uma crença. Crença em pessoas e coisas que é elaborada pouco a pouco ao longo de inumeráveis experiências boas. "Bom" significa, neste contexto, bastante satisfatório, para que se possa dizer, assim, que a necessidade ou impulso foi atendido e justificado. Essas experiências são pesadas em confronto com as más experiências, sendo "mau" a palavra que usamos quando a cólera, o ódio e a dúvida surgem, como é inevitável que suceda. Todo ser humano tem de encontrar um lugar de onde operar e a partir do qual construa, no eu, uma organização dos impulsos instintivos; todo ser humano tem de elaborar um método pessoal para conviver com esses impulsos em um tipo determinado de mundo que lhe foi atribuído, e isso não é fácil. Na verdade, a principal coisa a assinalar às pessoas a respeito de bebês e crianças é que a vida para estes não é fácil, mesmo que esteja repleta de boas coisas, e não existe aquilo a que se chama uma vida sem lágrimas, exceto quando há anuência sem espontaneidade.

Desse fato – que a vida é inerentemente difícil e que nenhuma criança pode evitar a revelação das provas de suas dificuldades – se segue que em todas as crianças haverá sintomas, cada um dos quais, em determinadas condições, poderá ser um sintoma de doença. Mesmo o mais carinhoso e compreensivo ambiente de vida familiar não pode alterar o fato de que o desenvolvimento humano vulgar é árduo e, na verdade, um lar perfeitamente adaptativo seria difícil de perdurar, visto que não haveria qualquer alívio por meio de uma cólera justificada.

Assim, somos impelidos para a ideia de que existem dois significados para a palavra normal. Um é útil ao psicólogo, que necessita de um padrão e tem de chamar anormal a tudo o que é imperfeito. O outro é útil aos médicos, pais e professores quando querem descrever uma criança que parece fadada, finalmente, a converter-se em um membro satisfatório da sociedade, apesar do fato de estarem nitidamente presentes sintomas e problemas de comportamento inconveniente.

Por exemplo, conheço um menino que nasceu prematuramente. Os médicos diriam que isso é normal. Não seria amamentado durante dez dias, de modo que a mãe teria de ordenhar o leite e dá-lo em uma mamadeira. Isso é normal para um bebê prematuro e anormal para um bebê com o prazo normal de gestação. A partir do dia em que devia ter nascido, passou a alimentar-se ao peito materno, embora lentamente, só que ao seu próprio ritmo. Desde o início, fez tremendas exigências à mãe, que concluiu só poder conseguir êxito se acompanhasse o bebê, deixando-o decidir quando começar e quando largar a mamada. Durante os primeiros tempos, o menino gritava a qualquer coisa de novo e a única maneira para habituá-lo a uma nova xícara, ou um novo banho, ou um berço, era apresentar-lhe essa coisa e esperar, esperar, até que ele se decidisse a recorrer à mesma. O grau em que a criança precisava decidir à sua própria maneira sugeria anormalidade para um psicólogo, mas, porque tinha essa mãe disposta a acompanhá-la, podemos ainda chamar normal a essa criança. Como prova adicional de achar a vida difícil, a criança passou a ter ataques muito intensos de gritos, nos quais excedeu as possibilidades de ser consolada, de maneira que a única coisa a fazer era deixá-la em seu berço e esperar por perto, até recuperar-se. Durante esses ataques, não conhecia a própria mãe e, por conseguinte, não poderia ser de qualquer utilidade enquanto a criança não começasse a recuperar-se, momento em que ela se convertia novamente na mãe que o filho podia usar. Este foi enviado a um psicólogo para investigação especial, mas enquanto a mãe esperava a sua vez de ser atendida verificou que ela e a criança estavam começando a compreender-se mutuamente sem necessidade de ajuda. O psicólogo deixou-os assim. Poderia diagnosticar anormalidade tanto na criança como na mãe, mas preferiu considerá-los normais e deixá-los ter a valiosa experiência de recuperarem-se de uma situação difícil, mediante seus próprios recursos naturais.

No que me diz respeito, uso a seguinte descrição de uma criança normal. Uma criança normal *pode* empregar qualquer dos recursos (ou todos) que a natureza forneceu para defesa contra a angústia e o conflito intolerável. Os recursos empregados (em saúde) estão relacionados com o tipo de auxílio que estiver ao alcance. A anormalidade revela-se em uma limitação e rigidez na capacidade infantil para empregar sintomas, e uma relativa carência de relações entre os sintomas e o que se pode esperar como auxílio. Naturalmente, é preciso admitir o fato de que, nos primeiros tempos da infância, é reduzida a capacidade para discernir qual o tipo de auxílio que está ao alcance, e uma correspondente necessidade para estreita adaptação por parte da mãe.

Temos o caso de urinar na cama, um sintoma bastante comum com que têm de lidar quase todas as pessoas que lidam com crianças. Se urinando na cama a criança formula um efetivo protesto contra a orientação severa, mantendo-se firme na defesa dos direitos do indivíduo, por assim dizer, então o sintoma não é uma doença; pelo contrário, é um sinal de que a criança ainda espera conservar a individualidade que, de algum modo, foi ameaçada. Na maioria dos casos, ao urinar na cama a criança está cumprindo o seu papel e, com o decorrer do tempo e uma boa orientação corrente, ela acabará abandonando o sintoma e adotando outros métodos de afirmar a sua personalidade.

Ou vejamos o caso da recusa de alimentos – outro sintoma comum. É absolutamente normal para uma criança recusar comida. Suponho que a comida que lhe oferecem é boa. O caso é que a criança não pode *sentir* sempre que a comida é boa. Uma criança não pode sentir *sempre* que merece boa comida. Com o tempo e boa orientação, a criança descobrirá finalmente o que deve chamar bom e mau; por outras palavras, desenvolverá noções sobre o que gosta e o que não gosta, como sucede a todos nós.

A esses recursos, normalmente empregados pelas crianças, é que chamamos sintomas, e dizemos que uma criança normal é capaz de ter qualquer espécie de sintomas, em circunstâncias apropriadas. Mas com uma criança doente, não são os sintomas que constituem a dificuldade; é o fato de que os sintomas não estão cumprindo sua tarefa e constituem tanto um incômodo para a criança como para a mãe.

Assim, embora o urinar na cama, a recusa de alimentos e toda espécie de outros sintomas possam ser indicações sérias para tratamento, não há por que o sejam de fato. Com efeito, crianças que podem ser com segurança denominadas normais podem também revelar tais sintomas e mostrá-los, precisamente, por que a vida é difícil, inerentemente difícil para todo e qualquer ser humano, desde o começo da vida.

De onde promanam essas dificuldades? *Primeiro*, há o choque fundamental entre as duas espécies de realidade, a do mundo externo, que pode ser compartilhada por todos, e a do mundo íntimo e pessoal dos sentimentos, das ideias e da imaginação de cada criança. Desde o nascimento, cada bebê está sendo constantemente apresentado aos fatos do mundo externo. Nas primeiras experiências de amamentação, as ideias são comparadas com o fato; aquilo que é pretendido, esperado, cogitado, é posto em confronto com o que é fornecido, com o que, para existir, depende da vontade e do desejo de outra pessoa. Ao longo da vida, deve existir sempre um perigo em conexão com esse dilema essencial. Mesmo a melhor das realidades externas é desanimadora porque não é também imaginária e, embora talvez possa ser manobrada, até certo ponto, não se encontra sob controle mágico. Uma das principais tarefas que enfrentam aqueles que cuidam de crianças é a de levar auxílio na dolorosa transição da ilusão para a desilusão, simplificando tanto quanto possível o problema que se apresenta imediatamente a uma criança, em qualquer momento dado. Muita da gritaria e das explosões coléricas de âmbito infantil gravita em torno dessa luta de vaivém entre a realidade externa e interna, e essa luta deve ser considerada normal.

Uma parte especial desse processo particular de desilusionamento é a descoberta infantil da alegria do impulso imediato. Se a criança, porém, tiver de evoluir necessariamente para juntar-se aos demais componentes de um grupo, uma boa parte da alegria pertinente à espontaneidade tem de ser abandonada. Contudo, nada poderá ser abandonado que não tenha sido primeiro descoberto e possuído. Quão difícil é para a mãe certificar-se de que cada criança adquiriu, por seu turno, o sentimento de ter conhecido o essencial do amor, antes de se lhe pedir que tolere e prossiga com menos que tudo! São realmente de esperar choques e protestos, em ligação com uma aprendizagem tão dolorosa.

Depois, *segundo*, há a terrível descoberta de que a criança começa a fazer com que a excitação seja acompanhada de pensamentos destrutivos.

Quando amamentada, uma criança é suscetível de sentir o impulso de destruir tudo o que é bom, o alimento, e a pessoa que tem o alimento para lhe dar. Isso é bastante assustador, ou assim se converte gradualmente, à medida que a criança reconhece a existência de uma pessoa para além da assistência que lhe é prestada, ou porque a criança passa a gostar profundamente da pessoa que está presente na hora de mamar, como se pedisse para ser destruída ou consumida. E, a par disso, consolida-se um sentimento de que nada restará se tudo for destruído; e que sucederia então – voltaria a fome?

Assim, o que fazer? Por vezes, a criança cessa de manifestar-se ansiosa por alimento, desse modo ganhando paz de espírito, mas perdendo algo de valioso, visto que, se não houver ansiedade ou avidez, não é possível experimentar a plena satisfação. Assim, aqui temos um sintoma – inibição da avidez saudável – que devemos esperar, em certa medida, nas crianças a quem chamaremos normais. Se, ao tentar toda espécie de subterfúgios para contornar o sintoma, a mãe souber a respeito de que é toda essa agitação, ela não será tão suscetível de entrar em pânico e estará apta a fazer seu jogo para ganhar tempo, o que é sempre uma boa coisa na assistência à criança. É maravilhoso o que uma criança pode conseguir, no fim, só porque alguém que é pessoalmente responsável continuou calma e constantemente atuando de um modo natural.

Tudo isso diz apenas respeito às relações entre a criança e a mãe. Mas muito em breve, somadas a outras dificuldades, surgem as concernentes ao reconhecimento pela criança de que há também que contar com o pai. Uma porção de sintomas que se observam nas crianças está ligada às complicações que decorrem naturalmente desse fato e de mais amplas implicações. Todavia, não quereríamos que não existisse pai nesse transe. É obviamente melhor que apareçam todos os tipos de sintomas, como resultado direto do ciúme infantil em relação ao pai, ou do amor por ele, ou por sentimentos mistos, do que ter a criança de seguir avante, sem enfrentar mais esse fato penoso da realidade externa.

E a chegada de novos bebês causa perturbações que, do mesmo modo, são mais desejáveis do que deploráveis.

E, *finalmente*, pois não poderei mencionar tudo, a criança em breve começa a criar um mundo interior e pessoal, em que batalhas são ganhas e perdidas, um mundo em que a magia se conserva em equilíbrio oscilante. Pelos desenhos e brincadeiras infantis, podemos deduzir uma parte desse mundo interior, que deve ser tomado a sério. Como esse mundo interior parece ter uma posição para a criança, parece estar situado no corpo, é de esperar que o próprio corpo da criança nele esteja envolvido. Por exemplo, toda sorte de dores e perturbações corporais acompanhará as tensões e angústias do mundo interior. E, em uma tentativa para controlar os fenômenos interiores, uma criança terá dores prolongadas ou breves, ou fará gestos mágicos, ou dançará dando voltas como um possesso, e não quero que ninguém pense, quando tiver de lidar com essas "loucuras" de seus próprios filhos, que a criança está doente. Deve-se esperar que a criança seja possuída por toda espécie de pessoas reais e imaginárias, por animais e coisas, e por vezes essas pessoas e animais imaginários saltarão para fora, de modo que é preciso fingir que também os vemos, a menos que se queira provocar uma grande confusão, solicitando à criança que se comporte como pessoa crescida, quando ainda é pequena. E não surpreenderá que a mãe tenha de cuidar de imaginários companheiros de brincadeiras, que são inteiramente reais para os seus filhos, derivados do mundo interior e, entretanto, mantidos momentaneamente em um plano externo à personalidade, por alguma boa razão.

Em vez de prosseguir tentando explicar por que a vida é normalmente difícil, concluirei com uma sugestão amistosa. Estimulemos a capacidade de brincar da criança. Se uma criança estiver brincando, haverá lugar para um sintoma ou dois, e se ela gostar de brincar, tanto sozinha como na companhia de outras crianças, não há nenhum problema grave à vista. Se nessas brincadeiras for empregada uma fértil imaginação e se, também, o prazer que houver nelas depender de uma exata percepção da realidade externa, então a mãe poderá sentir-se bastante feliz, mesmo que a criança em questão urine na cama, gagueje, demonstrando explosões de mau humor, ou repetidamente sofra de ataques biliosos ou depressão. Suas brincadeiras revelam que essa criança é capaz, dado um ambiente razoavelmente bom e estável, de desenvolver um modo de vida pessoal e, finalmente, converter-se em um ser humano integral, desejado como tal e favoravelmente acolhido pelo mundo em geral.

CAPÍTULO 20
O Filho Único

Vou agora examinar o caso de crianças que, embora vivam em lares normalmente bons, não têm irmãos nem irmãs: os filhos únicos. A pergunta é a seguinte: de que maneira realmente importa se uma criança é filho único ou apenas uma entre várias de uma família?

Ora, quando olho em volta e vejo tantos filhos únicos compreendo que devem existir muito boas razões para ter apenas um filho. Suponho que a razão mais frequentemente dada, quando se indaga por que um casal decidiu ter apenas um filho, é tratar-se de uma questão econômica. "Não nos podemos dar ao luxo de ter mais de um filho."

Os filhos constituem, sem dúvida, uma despesa. Penso que seria bastante insensato aconselhar os pais a ignorarem seus imperativos íntimos, no tocante ao aspecto financeiro da vida familiar. Todos nós sabemos da existência de bebês legítimos e ilegítimos espalhados por toda parte por homens e mulheres com muito pouco daquele sentido de responsabilidade que faz os jovens hesitarem, naturalmente, antes de constituírem famílias numerosas. Se as pessoas gostam de falar em termos de dinheiro, que o façam, mas realmente penso que elas duvidam é de serem ou não capazes de sustentar uma numerosa família sem perderem demasiada liberdade pessoal. Se duas crianças realmente duplicam as exigências de uma, para com a mãe e o pai, então é bom que as contas se façam antecipadamente. Mas é lícito duvidar de que muitos filhos sejam, de fato, um fardo muito maior do que apenas um.

Perdoem-me por chamar a uma criança um fardo. Os filhos *são* um fardo, e se trazem alegria é porque são desejados, e duas pessoas decidiram aceitar essa espécie de fardo; na verdade, concordaram em chamar-lhe não um fardo, mas um bebê. Existe um dito humorístico que é assim: "Que todos os seus problemas sejam pequenos!" Se falarmos sentimentalmente sobre crianças, as pessoas deixarão logo de aceitar a ideia de que tenham tais problemas; as mães podem sentir prazer em lavar e costurar, mas não esqueçamos o trabalho e a abnegação que tudo isso implica.

Há certas vantagens indubitáveis que uma criança pode obter sendo filho único. Creio que o fato de os pais estarem aptos a dedicarem-se a um só bebê significa ser possível, para eles, arranjar as coisas de maneira que o bebê tenha uma infância isenta de complicações, o que de outro modo não seria tão fácil conseguir. Isto é, o bebê pode começar por uma relação o mais simples possível entre ele e a mãe, e esse pedacinho de mundo vai gradualmente crescendo em complexidade, nunca mais rápido do que o próprio crescimento da criança permita. Essa base da existência em um meio simplificado pode incutir um sentido de estabilidade que constitua um grande apoio para a vida inteira. Eu mencionaria também, claro, outras coisas importantes, como a alimentação, o vestuário e a educação que os pais podem facilmente fornecer ao filho único.

Passemos agora a algumas das desvantagens. A mais óbvia desvantagem de ser filho único é a falta de companheiros de brincadeira e da riqueza de experiências que pode resultar das várias relações de uma criança com seus irmãos e irmãs mais velhos ou mais novos. Há muito na brincadeira das crianças que os adultos não conseguem apreender; mesmo que o compreendam, não podem nela participar por períodos tão prolongados quanto a criança gostaria. De fato, se os adultos brincam com uma criança, a loucura natural da brincadeira infantil torna-se demasiado evidente. Assim, se não existirem outras crianças, o filho único fica atrofiado em suas brincadeiras, faltando-lhe os prazeres que dimanam da inconsequência, da irresponsabilidade e da impulsividade, a tendência do filho único é para ser precoce e preferir escutar e falar na companhia de adultos, ajudar a mãe nos afazeres caseiros ou usar as ferramentas do pai. O brincar torna-se idiota. As crianças que brincam juntas têm uma capacidade infinita para inventar detalhes de brincadeiras e também são capazes de continuar brincando por longos períodos sem se cansarem.

Mas creio que há ainda algo mais importante; para uma criança é valiosa a experiência da chegada de um novo irmão ou irmã na família. De fato, nunca é demais realçar o valor dessa experiência. Existe algo de fundamental na gravidez, e uma criança que não tiver observado as mudanças operadas em sua mãe terá perdido uma grande oportunidade, a de verificar por si própria ser incapaz de acomodar-se confortavelmente no regaço materno, a de gradualmente vislumbrar a razão para isso e a de ter uma prova tangível daquilo que secretamente já sabe há muito tempo, quando se dá o aparecimento final do novo bebê e o regresso simultâneo da mãe ao normal. Ainda que existam muitas crianças que acham tudo isso um tanto difícil de tragar e não conseguem dominar os tremendos conflitos e sentimentos suscitados, não deixará de ser verdade, porém, creio eu, que toda criança que tiver perdido tal experiência e nunca tiver visto a mãe amamentar um bebê ao peito, banhá-lo e cuidar dele, será uma criança menos rica do que a que tiver testemunhado essas coisas. E talvez as crianças pequenas desejem tanto possuir bebês quanto os adultos. Mas não podem, e as bonecas só em parte as satisfazem. Por procuração, podem ter filhos se a mãe delas os tiver.

Uma coisa que falta especialmente no filho único é a experiência de sentir o ódio crescer nele; o ódio da criança quando o novo bebê ameaça o que parecia ser uma relação estabelecida e segura com a mãe e o pai. É usual a ponto de poder-se considerar normal quando uma criança é perturbada pelo nascimento de um irmãozinho. O primeiro comentário da criança, usualmente, nunca é cortês: "A cara dele parece um tomate"; de fato, os pais deviam sentir-se aliviados ao ouvirem a expressão direta de antipatia consciente e mesmo de ódio violento, ao nascer um novo filho. Esse ódio cederá gradualmente o lugar ao amor, à medida que o novo bebê se converter em um ser humano com quem se pode brincar e de quem podemos sentir orgulho. Contudo, a primeira reação pode ser de receio e de ódio, e o impulso poderá ser para colocar o novo bebê na lata do lixo. Creio ser valiosa experiência para uma criança concluir que o irmão ou irmã mais novo por quem começa a despontar um sentimento de amor é o mesmo que, como bebê recém-nascido, era odiado há poucas semanas e se desejava até que desaparecesse. Para todas as crianças, uma grande dificuldade é a expressão legítima de ódio, e a falta relativa de oportunidade de um filho único para exprimir o lado agressivo da sua natureza é uma coisa séria. As crianças que crescem juntas participam em brincadeiras de toda espécie e assim têm oportunidade de chegar a termos com a própria agressividade, e têm inúmeras ocasiões propícias para descobrirem por conta própria que sofrem quando realmente ferem alguém a quem amam.

Outro ponto da questão. A chegada de novos bebês significa que o pai e a mãe estão ainda sexualmente interessados um no outro bem como enamorados um do outro. Pessoalmente, creio que as crianças obtêm uma valiosa reafirmação de segurança sobre as relações entre o pai e a mãe, com a chegada de novos bebês; e é sempre de uma importância vital para as crianças estarem habilitadas a sentir que os pais estão sexualmente unidos, mantendo a estrutura da vida familiar.

Uma família de muitos filhos tem ainda outra vantagem sobre a de filho único. Na grande família, há uma possibilidade para que as crianças desempenhem toda espécie de papéis diferentes em suas relações mútuas, e isso as prepara para a vida em grupos mais vastos e, finalmente, no mundo. Os filhos únicos, quando ficam mais velhos, em especial se não tiverem muitos primos, experimentam dificuldades no contato com outros rapazes e moças, em uma base informal. Os filhos únicos ficam procurando o tempo todo relações *estáveis* e isso faz com que os conhecimentos casuais e passageiros se retraiam ou afastem, ao passo que os membros de grandes famílias estão habituados a encontrar os amigos de seus irmãos e irmãs e possuem já uma boa dose de experiência prática de relações humanas na época em que atingem a idade de namoro.

Os pais podem certamente fazer muitíssimo por um filho único, e muitos preferem fazer o melhor que lhes é possível dessa maneira, mas também estão aí para sofrer. Especialmente em tempo de guerra, têm de ser muito corajosos para deixarem seu filho partir para a luta, embora isso possa constituir a única coisa boa, do ponto de vista do rapaz. Os rapazes e as moças precisam de liberdade para correr perigos e riscos, e é para eles uma grave frustração se não o puderem fazer porque, sendo filhos únicos, podem ferir demasiado os pais se eles próprios ficarem feridos. Há também o fato de que um homem e uma mulher são enriquecidos por cada criança que trazem ao mundo e criam.

Além disso, temos a questão da assistência ao pai e à mãe quando os filhos crescem. Quando há muitos filhos, o amparo aos pais pode ser repartido entre todos. Evidentemente, os filhos únicos podem ser dominados pelo desejo de cuidarem de seus pais. Talvez os pais devessem pensar nisso antecipadamente. Esquecem, por vezes, que quando cuidam da criança, esta cresce rapidamente e foi jovem por alguns anos apenas. Mas o filho pode ter de cuidar dos pais (e querer fazê-lo) por vinte, trinta anos ou mais; sempre um período indefinido. Se houver muitos filhos, é muito mais fácil que a assistência aos pais idosos continue sendo um prazer até o fim. De fato, acontece muitas vezes que os jovens casais gostariam de ter muitos filhos, mas estão impedidos de o fazer porque têm a grande responsabilidade de seus pais idosos ou doentes, sem filhos o bastante para facilitar a repartição do trabalho entre todos e assim realizá-lo com maior prazer.

Você terá observado que analisei as vantagens e desvantagens de ser filho único, no pressuposto de que se trata de um indivíduo normal e saudável, vivendo em um lar normalmente bom. Obviamente, muito mais poderíamos dizer se quiséssemos pensar nas anormalidades. Por exemplo, os pais que têm uma criança com distúrbios mentais enfrentam um problema especial que merece particular exame, e muitas crianças são tão difíceis de governar que os pais indagam, naturalmente, se os outros filhos não seriam prejudicados pelo anormal e pelo tipo de orientação que este os forçaria a adotar. Depois, temos o caso igualmente importante do filho cujos pais são de um ou outro modo doentes – seja física ou psicologicamente. Por exemplo, alguns pais e mães estão sempre mais ou menos deprimidos ou preocupados; alguns mostram-se tão assustados com o mundo que poderão organizar o lar na base de que o mundo lhe é hostil. E um filho único tem de descobrir isso e enfrentar o problema sozinho. Como me dizia um amigo: "Para mim, existia uma estranha sensação de clausura, talvez excessivo amor, excessiva atenção, excessiva posse, faziam-me sentir como que fechado entre quatro paredes com uns pais que imaginavam, muito depois disso já ter deixado de ser verdade, ser ainda todo o meu mundo. Para mim, isso foi o lado infinitamente pior de ser filho único. Os meus pais foram exteriormente sensatos na matéria. Mandaram-me para a escola quando eu mal sabia andar ainda, deixaram-me praticamente viver com as crianças dos vizinhos, mas em casa havia esse estranho retraimento, como se os laços de família fossem infinitamente mais importantes do que quaisquer outros. Se não houver na família alguém que seja da mesma idade, tudo isso é capaz de encher uma criança de uma espécie de orgulho."

Você terá compreendido que, em minha opinião, há mais argumentos a favor de uma grande família do que de um filho único. Contudo, é muito melhor ter um ou dois filhos, e fazer todo o possível por esses poucos, do que ter uma quantidade ilimitada sem o vigor físico e a resistência emocional para lidar com todos eles. Se tiver de haver um só filho na família e não mais, não convém esquecer que os filhos de outras pessoas podem ser convidados para frequentar a casa dessa família e que isso pode começar bem cedo. E o fato de que duas crianças pequenas se esmurram mutuamente não significa que não deveriam ter-se encontrado. Quando não há crianças ao alcance, há cachorrinhos e outros animais de estimação, há jardins de infância e escolas maternais. Se as imensas desvantagens de ser filho único forem compreendidas, poderão ser contornadas em certa medida, desde que exista de fato a vontade de contorná-las.

CAPÍTULO 21

Gêmeos

A primeira coisa a se dizer a respeito de gêmeos é que se trata de fenômenos perfeitamente naturais e nada justifica, na realidade, que sejamos sentimentais ou graciosos a tal respeito. Conheço muitas mães que ficaram encantadas por ter gêmeos e sei de muitos gêmeos que gostam de o ser. Mas quase todas as mães afirmam que não teriam realmente escolhido gêmeos, se tivessem sido consultadas, e há gêmeos, mesmo aqueles que parecem bastante satisfeitos com a sua situação, que usualmente me confessam que teriam preferido chegar cada um por sua vez.

Os gêmeos têm seus próprios problemas particulares a resolver. Sejam quais forem as vantagens decorrentes de ser gêmeos, há também certas desvantagens. Se porventura eu puder ajudar em alguma coisa, não será tanto por dizer o que convém fazer do que se der um ou dois palpites sobre a principal dificuldade.

Há dois tipos diferentes de gêmeos, e o problema não é exatamente o mesmo para cada tipo. Todos nós sabemos que os bebês desenvolvem-se a partir de uma célula minúscula, um óvulo fecundado ou célula-ovo. Assim que o óvulo é fecundado, começa a crescer e divide-se em dois. Cada uma dessas duas células divide-se em outras duas, totalizando assim quatro; as quatro subdividem-se em oito e assim sucessivamente, até o novo indivíduo estar composto de milhões de células de todos os tipos, todas relacionadas entre si, e formando uma unidade, tanto quanto o óvulo fecundado original. Por vezes, após a primeira divisão do óvulo recém-fecundado, cada uma das duas células divide-se e depois evolui independentemente, constituindo isto o início dos gêmeos idênticos: dois bebês que se desenvolvem a partir do mesmo óvulo fecundado. Os gêmeos idênticos são sempre do mesmo sexo e, habitualmente, parecem-se muito um com o outro, pelo menos no princípio.

O outro gênero de gêmeos pode ou não ser do mesmo sexo, como quaisquer outros irmãos e irmãs, exceto que se desenvolveram a partir de óvulos que aconteceu serem fecundados ao mesmo tempo. Os dois óvulos, nesse caso, desenvolvem-se lado a lado no ovário. Os gêmeos desta espécie não se parecem necessariamente, nem mais nem menos do que os outros irmãos e irmãs.

Observando os gêmeos de uma ou outra espécie, facilmente admitimos que deve ser agradável para cada criança ter companhia – nunca estar só, especialmente quando os dois crescem. Há uma dificuldade, porém, e para compreendê-la teremos de recordar a maneira como o bebê se desenvolve. Em circunstâncias ordinárias e com uma boa orientação corrente, os bebês começam, imediatamente após o nascimento, a formar a base de suas personalidades e individualidade, e a descobrir a importância própria. Todos nós gostamos da isenção e tolerância em aceitar o ponto de vista de outra pessoa, e esperamos encontrar essas virtudes em nossos filhos, mas, se estudarmos a evolução emocional da criança, veremos que o desprendimento só se afirma de um modo estável e sadio se estiver baseado em uma experiência primária de egoísmo. Poderíamos dizer que, sem esse *egoísmo primário*, o desinteresse de uma criança acaba obstruído pelo ressentimento. De qualquer modo, esse egoísmo primário nada mais é senão a experiência de uma boa assistência materna da criança, uma boa mãe disposta, no princípio, a adaptar-se tanto quanto possível aos desejos do seu bebê, a deixar que os impulsos dele dominem a situação e contente-se em esperar que no bebê se configure a capacidade de anuir ao ponto de vista da outra pessoa, com o decorrer do tempo. No princípio, a mãe deve estar apta a propiciar ao seu bebê o sentido de posse e a sensação de que exerce o controle sobre ela, de que a mãe foi criada para a ocasião. Sua própria vida privada não é inicialmente imposta ao bebê. Com a experiência do egoísmo primário impregnada até os ossos, o bebê está capacitado a ser mais tarde desinteressado e desprendido sem demasiado ressentimento.

Ora, de modo geral, quando os bebês chegam sozinhos, cada pequeno ser humano pode levar o tempo que precisar para reconhecer o direito de sua mãe a outros interesses, e é bem sabido que toda criança acha que é uma complicação, por vezes bastante grave, a chegada de um novo bebê. Mãe alguma se preocuparia se o seu bebê não lograsse apreciar os benefícios da companhia de outros bebês até depois do seu primeiro aniversário, e mesmo as crianças de dois anos de idade poderão, no início, intimidar-se mais uma à outra do que brincar juntas. Na verdade, cada bebê tem seu momento próprio para acolher um irmão ou irmã; e é um momento importante aquele em que um filho pequeno pode genuinamente "permitir" (isto é, conceder) à mãe uma nova gravidez.

Ora, o gêmeo tem sempre outro bebê com quem se defrontar, coisa bastante distinta do desenvolvimento de qualquer disposição para permitir um aditamento à família.

É essa uma das ocasiões em que vemos o que há de falso no conceito de que os bebês não contam nos primeiros meses, pois conta muitíssimo se os gêmeos sentem ou não, de fato, que cada um exerce a posse da mãe no início. A mãe de gêmeos tem uma tarefa extra, acima de todas as outras, que é dar-se toda a dois bebês ao mesmo tempo. Até certo ponto, ela deve fracassar, e a mãe de gêmeos deve contentar-se em fazer o melhor possível, esperando que as crianças encontrem finalmente algumas vantagens que compensem essa desvantagem inata ao estado geminal.

É impossível à mãe satisfazer simultaneamente as necessidades imediatas de dois bebês. Por exemplo, não pode pegar em cada um dos dois primeiro, seja para amamentar, para trocar fraldas ou dar banho. Pode tentar tudo para ser imparcial e sentir-se-á recompensada se levar a sério esse problema desde o começo, mas isso pode não ser coisa fácil.

De fato, ela verificará que sua finalidade não é tratar cada filho de maneira idêntica, mas tratá-lo como se fosse um único. Quer dizer, a mãe tentará descobrir diferenças entre cada bebê, desde o momento em que nasceram. Entre todas as pessoas, ela será a que tem de distinguir facilmente um bebê do outro, ainda que o faça inicialmente graças a uma pequena marca que um deles tem na pele ou qualquer outro estratagema desse gênero. Usualmente, a mãe acabará por notar que os dois temperamentos são diferentes e que, se ela agir facilmente em relação a cada um como uma personalidade total, cada um deles desenvolverá características pessoais. Pensa-se que grande parte das dificuldades respeitantes aos gêmeos decorra do fato de eles nem sempre serem reconhecidos como diferentes um do outro, mesmo naquilo em que são diferentes, seja porque isso tem sua graça ou porque pensa que a tarefa valha de algum modo a pena. Sei de um lar bastante bom em que a governanta jamais logrou distinguir entre duas meninas gêmeas, embora as outras crianças não tivessem dificuldade alguma em reconhecer uma e outra; de fato, as duas meninas tinham personalidades bastante distintas. A governanta costumava chamá-las, a cada uma delas, a "Gêmea".

Não é solução cuidar a mãe de um dos bebês e entregar o outro a uma babá ou ama. Poderá ser preciso repartir a assistência das crianças com outrem por alguma boa razão, se a mãe não estiver bem de saúde, por exemplo; mas nesse caso não passa de um adiamento do problema, pois chegará o dia em que o gêmeo entregue aos cuidados da babá revelará todo o seu ciúme do irmão que a mãe conservou, ainda que a melhor assistência fosse prestada pela auxiliar.

As mães de gêmeos parecem concordar em que, mesmo quando os gêmeos parecem por vezes desfrutar o fato de serem tomados um pelo outro, as mesmas crianças precisam que sua própria mãe reconheça a identidade de cada uma delas, sem qualquer hesitação. É essencial, em todo caso, que não se estabeleça confusão entre as próprias crianças e, para isso, tem de existir uma pessoa em suas vidas que seja bastante peremptória a respeito delas. Conheço uma mãe que teve gêmeos idênticos, rigorosamente iguais para as pessoas de fora, mas a quem a mãe distinguia com a maior facilidade desde o princípio, por causa dos respectivos temperamentos. Por volta da primeira semana, a referida mãe complicou a sua rotina de amamentação colocando sobre os ombros um xale vermelho. Um dos gêmeos reagiu a isso e ficou de olhos fixos no xale – talvez por sua cor brilhante – perdendo o interesse no peito materno. O outro, porém, não foi influenciado pelo xale e comeu como de costume. Depois disso, a mãe sentiu não só que eles eram duas pessoas distintas, mas que também já tinham deixado de viver experiências paralelas. Essa mesma mãe superou a dificuldade de "quem amamentar primeiro" tendo suas mamadas prontas a tempo e alimentando primeiro o bebê que se mostrasse mais ávido. Era usualmente fácil decidir pelo choro. Não digo que esse método se ajuste a todos os casos.

Certamente a principal complicação na criação de gêmeos é essa questão do tratamento pessoal e da assistência a cada um deles, de modo que a totalidade e a unicidade de cada um obtenham pleno reconhecimento. Mesmo que se tratasse de gêmeos exatamente iguais, haveria ainda a necessidade de que a própria mãe mantivesse com cada um deles uma relação total.

A mãe, da qual falei, disse-me certa vez que achara uma boa ideia colocar um bebê para dormir no jardim da frente e o outro no jardim traseiro. Evidentemente, poderá suceder que a mãe não disponha de uma casa com dois jardins, mas haverá sempre a possibilidade de organizar as coisas de maneira que quando um bebê grita a mãe não tenha de encarar dois chorando ao mesmo tempo. Não só é uma pena, do ponto de vista da mãe, ter de acudir simultaneamente aos dois, mas também quando um bebê chora gosta de dominar a cena; é de enlouquecer isso de ter um rival na fase infantil de ditadura natural, e sei que os efeitos desse tipo de acontecimento persistem por muito tempo na vida de um gêmeo.

Eu disse que os gêmeos de uma espécie são chamados gêmeos idênticos. Certamente essa expressão estraga tudo. Se as crianças *fossem* idênticas, cada uma delas seria a mesma, somariam uma, por assim dizer, o que seria absurdo. São semelhantes, mas não idênticas; o perigo é que as pessoas as tratem como idênticas e, como eu disse, se as pessoas assim fizerem os próprios gêmeos sentir-se-ão confusos sobre as suas próprias personalidades. E as crianças ficam realmente muito perturbadas sobre suas próprias identidades, à parte de serem ou não gêmeas; só gradativamente tornam-se seguras de si mesmas. Como se sabe, só bastante depois de começarem a ser empregadas as palavras, é que as crianças usam os pronomes. Dizem "mamãe" e "papai", "mais" e "cão", muito antes de dizerem "eu" e "tu" e "nós". É muito possível, para os gêmeos, sentarem-se em um carrinho de bebê, pensando cada um que o outro não é uma pessoa separada. Com efeito, seria mais natural para um bebê pensar que se trata dele próprio na outra ponta do carrinho (algo como olhar-se em um espelho) do que dizer (em linguagem infantil): "Olá, eis o meu gêmeo sentado em frente a mim." Mas quando um deles é erguido do carrinho, o outro sente-se perdido e ludibriado. Eis uma dificuldade que qualquer bebê poderá ter, mas que os gêmeos *devem* ter, e só poderão esperar superá-la se desempenharmos o nosso papel e os conhecermos como duas pessoas. Mais tarde, se os gêmeos passarem a ter bastante confiança em suas identidades, poderão deleitar-se na exploração de suas semelhanças mútuas e então, mas só então, é a época para divertimentos e brincadeiras sobre o tema da identidade trocada.

Finalmente, os gêmeos gostam um do outro? É uma pergunta a que os gêmeos devem responder. Daquilo que me é contado, deduzo que a ideia segundo a qual os gêmeos se querem entranhadamente necessita ser examinada. Aceitam com frequência a companhia um do outro, têm prazer em brincar juntos e detestam que os separem, mas, apesar de tudo, não conseguem convencer que se amam mutuamente. Então, certo dia, descobrem que se odeiam como veneno e, por último, surge a possibilidade de que venham a querer-se muito. Isso não se ajusta a todos os casos, mas quando duas crianças foram colocadas uma junto da outra, sem que nisso fossem ouvidas nem chamadas, elas não podem saber se teriam escolhido conhecer-se mutuamente. Depois de o ódio ter sido expresso, o amor tem uma probabilidade. Assim, é importante que não se considere como ponto pacífico que os gêmeos querem passar a vida juntos.

Pode ser que sim, mas também pode ser que não, e eles poderão até ficar gratos à mãe, ou a algum acontecimento fortuito, como o sarampo, por exemplo, se forem separados, já que é muito mais fácil tornar-se uma pessoa integral estando sozinha do que na companhia do próprio irmão gêmeo.

CAPÍTULO 22
Por que as Crianças Brincam?

Por que as crianças brincam? Eis algumas das razões, óbvias, mas, talvez, dignas de análise.

A maioria das pessoas diria que as crianças brincam porque gostam de fazê-lo, e isso é um fato indiscutível. As crianças têm prazer em todas as experiências de brincadeira física e emocional. Podemos ampliar o âmbito de suas experiências fornecendo materiais e ideias, mas parece ser preferível fornecer essas coisas parcimoniosamente e não em excesso, visto que as crianças são capazes de encontrar objetos e inventar brincadeiras com muita facilidade, e isso dá-lhes prazer.

É comum dizer que as crianças "dão escoamento ao ódio e à agressão" nas brincadeiras, como se a agressão fosse alguma substância má de que fosse possível uma pessoa livrar-se. Isso é verdade em parte, porque o ressentimento recalcado e os resultados de experiências coléricas podem ser encarados pela criança como uma coisa má dentro dela. Mas é mais importante afirmar essa mesma ideia dizendo que a criança aprecia concluir que os impulsos coléricos ou agressivos podem exprimir-se em um meio conhecido, sem o retorno do ódio e da violência do meio para a criança. Um bom meio ambiente, sentiria a criança, deveria ser capaz de tolerar os sentimentos agressivos, se estes fossem expressos de uma forma mais ou menos aceitável. Deve-se aceitar a presença da agressividade, na brincadeira da criança, e esta sente-se desonesta se o que está presente tiver de ser escondido ou negado.

A agressão pode ser agradável, mas acarreta inevitavelmente o dano real ou imaginário de alguém, de modo que a criança não pode evitar ter de fazer frente a essa complicação. Até certa medida, isso é conseguido na origem, ao aceitar a criança a disciplina de exprimir o sentimento agressivo sob a forma de brincadeira e não apenas quando está zangada. Outro processo é usar a agressividade em uma forma de atividade que tenha finalidade básica objetiva. Mas essas coisas só se conseguem gradativamente. Compete-nos não ignorar a contribuição social feita pela criança ao exprimir seus sentimentos agressivos por meio das brincadeiras, em lugar de o fazer em momentos de raiva. Poderemos não gostar de ser odiados ou feridos, mas não devemos ignorar o que está subentendido na autodisciplina, relativamente aos impulsos coléricos.

Conquanto seja fácil perceber que as crianças brincam por prazer, é muito mais difícil para as pessoas verem que as crianças brincam para dominar angústias, controlar ideias ou impulsos que conduzem à angústia se não forem dominados.

A angústia é sempre um fator na brincadeira infantil e, frequentemente, um fator dominante. A ameaça de um excesso de angústia conduz à brincadeira compulsiva, ou à brincadeira repetida, ou a uma busca exagerada dos prazeres que pertencem à brincadeira; e se a angústia for muito grande, a brincadeira redunda em pura exploração da gratificação sensual.

Não é este o lugar adequado para demonstrar a tese de que a angústia esteja subjacente na brincadeira infantil. Contudo, o resultado prático é importante, dado que, enquanto as crianças brincam por prazer, pode-se lhes pedir que parem de brincar, ao passo que a brincadeira lida com esses sentimentos de angústia ou de ansiedade, não podendo desviar dela as crianças sem lhes causarmos aflição, angústia real ou novas defesas contra a mesma (tais como a masturbação ou a divagação).

A criança adquire experiência brincando. A brincadeira é uma parcela importante da sua vida. As experiências tanto externas como internas podem ser férteis para o adulto, mas para a criança essa riqueza encontra-se principalmente na brincadeira e na fantasia. Tal como as personalidades dos adultos se desenvolvem por meio de suas experiências da vida, assim as das crianças evoluem por intermédio de suas próprias brincadeiras e das invenções de brincadeiras feitas por outras crianças e por adultos. Ao enriquecerem-se, as crianças ampliam gradualmente sua capacidade de exagerar a riqueza do mundo externamente real. A brincadeira é a prova evidente e constante da capacidade criadora, que quer dizer vivência.

Os adultos contribuem, neste ponto, pelo reconhecimento do grande lugar que cabe à brincadeira e pelo ensino de brincadeiras tradicionais, mas sem obstruir nem adulterar a iniciativa própria da criança.

No início, a criança brinca sozinha ou com a mãe; as outras crianças não são imediatamente procuradas como companheiras. É em grande parte por intermédio da brincadeira, em que as demais crianças são ajustadas a determinados papéis preconcebidos, que uma criança começa a permitir às outras que tenham uma existência independente. Tal como alguns adultos fazem amigos e inimigos facilmente no trabalho, enquanto outros podem sentar-se em uma casa de pensão durante anos e nada mais fazer senão cogitar por que será que ninguém parece dar-se conta deles, assim as crianças fazem também amigos e inimigos durante as brincadeiras, ao passo que não lhes é fácil consegui-los fora disso. A brincadeira fornece uma organização para a iniciação de relações emocionais e assim propicia o desenvolvimento de contatos sociais.

A brincadeira, o uso de formas e artes e a prática religiosa tendem, por diversos, mas aliados métodos, para uma unificação e integração geral da personalidade. Por exemplo, pode-se facilmente ver que as brincadeiras servem de elo entre, por um lado, a relação do indivíduo com a realidade interior, e, por outro lado, a relação do indivíduo com a realidade externa ou compartilhada.

Outra maneira de encarar esse assunto altamente complexo é nas brincadeiras que a criança liga as ideias com a função corporal. Seria vantajoso, a tal respeito, examinar a masturbação ou outras explorações sexuais a par da fantasia consciente e inconsciente que as acompanha, e comparar tudo isso com as brincadeiras verdadeiras, em que as ideias conscientes e inconscientes se equilibram, e em que as atividades corporais correlativas estão em suspenso ou então enquadradas à força no conteúdo da brincadeira.

É quando nos deparamos com o caso de uma criança cuja masturbação compulsiva esteja *aparentemente* isenta de fantasia ou, por outra parte, uma criança cuja divagação impulsiva esteja *aparentemente* livre de excitação corporal tanto localizada como generalizada, que podemos reconhecer mais nitidamente a tendência saudável que existe na brincadeira que relaciona mutuamente os dois aspectos da vida, ou seja, o funcionamento físico e a vivência das ideias. As atividades lúdicas são a alternativa para a sensualidade, no esforço da criança para manter-se íntegra. É sobejamente conhecido que, quando a angústia é relativamente grande, a sensualidade torna-se compulsiva e a brincadeira se torna impossível.

Do mesmo modo, quando nos deparamos com uma criança em que a relação com a realidade interior não está conjugada com a relação à realidade exterior, por outras palavras, uma criança cuja personalidade está seriamente dividida a tal respeito, vemos com maior nitidez como a brincadeira (tal como o recordar e contar sonhos) é uma das coisas que propendem para a integração da personalidade. Uma criança com uma tão grave cisão da personalidade não pode brincar, pelo menos, em formas reconhecíveis, por parte dos outros, como relacionadas com o mundo.

Uma criança brincando pode querer tentar mostrar, pelo menos, uma parte tanto do interior como do exterior a pessoas escolhidas no meio ambiente. A brincadeira pode pretender "ser uma prova de fraqueza e probidade sobre a própria pessoa", tal como o vestir pode ser para um adulto. Isso pode-se converter, nos primeiros anos, no caso oposto, visto que o brincar, como o falar, foi-nos concedido, como é costume dizer, para ocultar os nossos pensamentos, se é aos pensamentos mais profundos que nos referimos. O inconsciente reprimido deve manter-se oculto, mas o resto do inconsciente é algo com que cada indivíduo quer travar conhecimento e as brincadeiras, tal como os sonhos, servem à função de autorrevelação e de comunicação com o nível profundo.

Na psicanálise de crianças muito pequenas, esse desejo de comunicar-se por intermédio das brincadeiras é empregado em lugar da fala dos adultos. A criança de três anos de idade tem uma grande crença na nossa capacidade de compreensão, de modo que o psicanalista conhece enormes dificuldades para corresponder ao que a criança dele espera. Grande azedume pode sobrevir ao desapontamento da criança a tal respeito e não poderia haver maior estímulo para o analista em busca de uma compreensão mais profunda do que a aflição da criança perante o nosso fracasso em entendermos o que ela (confiante de início) comunica por meio das suas brincadeiras.

As crianças mais velhas estão comparativamente desiludidas a tal respeito, e para elas não constitui grande choque não serem compreendidas ou mesmo concluírem que podem trapacear e que a educação é, em grande parte, uma educação para a trapaça e a contemporização. Contudo, todas as crianças (e mesmo alguns adultos) conservam-se em maior ou menor grau capazes de recuperar a crença em serem compreendidas, e em suas brincadeiras podemos surpreender sempre a saída para o inconsciente e para a probidade, a franqueza inata, que tão curiosamente começa em plena floração na criança e depois vai murchando até tornar-se um reduzido botão.

CAPÍTULO 23

A Criança e o Sexo

Ainda há bem pouco tempo, pensava-se ser mau ligar sexo com "inocência" infantil. Atualmente, o que é preciso é uma descrição meticulosa. Como ainda se desconhece muita coisa, ao estudioso recomenda-se que prossiga nas investigações à sua própria maneira e se quiser ler em vez de realizar observações deixai-o ler as descrições feitas por inúmeros e diferentes autores, não olhando para este ou para aquele como o porta-voz da verdade. Este capítulo não constitui a venda em varejo de um conjunto de teorias compradas por atacado; é uma tentativa para articular em poucas palavras uma descrição pessoal da sexualidade infantil, baseada em meu treino e experiência como pediatra e psicanalista. O tema é vasto e não pode confinar-se aos limites de um capítulo sem sofrer alguma deformação.

Ao examinarmos qualquer aspecto da psicologia infantil, será útil recordar que todos nós fomos crianças. Em cada observador adulto alberga-se toda a memória de sua infância e adolescência, tanto a fantasia como a realidade, segundo como tenha sido apreciada na época. Muito foi esquecido, mas nada está perdido. Que melhor exemplo poderia dirigir a atenção para os vastos recursos do inconsciente!

Em nós próprios, é possível destacar do vasto inconsciente o inconsciente reprimido, e este incluirá alguns elementos sexuais. Se houver alguma dificuldade especial em aceitar mesmo a possibilidade sequer de sexualidade infantil, então será preferível transferir a atenção para outro assunto. Por outra parte, o observador que estiver razoavelmente livre para tirar conclusões sobre o que deve ser observado, não tendo demasiadas prevenções (por motivos pessoais) contra a descoberta do que tiver de ser descoberto, poderá escolher entre inúmeros métodos diferentes para o seu estudo objetivo! O mais fértil desses métodos e, portanto, o mais necessário para quem tencione fazer da Psicologia a sua carreira de trabalho é a análise pessoal em que (se tiver êxito) não só perde as repressões ativas, mas também descobre por intermédio da memória e revivendo os sentimentos e conflitos essenciais de sua própria vida remota.

Freud, que foi responsável por chamar a atenção para a importância da sexualidade infantil, chegou às suas conclusões por meio da análise de adultos. O analista conhece uma experiência ímpar cada vez que leva a efeito uma análise bem-sucedida; é ver desdobrar-se perante ele a infância e a adolescência do paciente, tal como a este surgem. Tem a experiência repetida de aprofundar a história natural de uma desordem psicológica, com toda a trama de elementos físicos e psíquicos, pessoais e ambientes, concretos e imaginados, do que para o paciente foi consciente e do que foi sob repressão.

Na análise de adultos, Freud concluiu que os fundamentos da vida sexual e das dificuldades sexuais remontavam à adolescência e à infância, especialmente no período entre os dois e cinco anos de idade.

Verificou existir uma situação triangular que não podia ser descrita senão dizendo que o menino tinha amor pela mãe e estava em conflito com o pai como rival sexual. O elemento sexual foi demonstrado pelo fato de que tais coisas não aconteceriam unicamente em fantasia; havia acompanhantes físicos, ereções, fases de excitação com clímax, impulsos homicidas e um terror específico: o medo da castração. Este tema central foi destacado e recebeu o nome de complexo de Édipo, permanecendo ainda hoje como um fato central, infinitamente elaborado e modificado, mas irrefutável.* A Psicologia que fosse elaborada na omissão desse tema central estaria condenada ao fracasso e, portanto, não há como evitar a nossa gratidão a Freud por seguir avante e proclamar o que repetidamente averiguara, suportando o choque da reação pública.

Ao usar a expressão "complexo de Édipo", Freud rendeu tributo à compreensão intuitiva da infância, que é independente da Psicanálise. O mito de Édipo prova, realmente, que o que Freud queria descrever fora sempre conhecido.

Um desenvolvimento tremendo da teoria teve lugar em torno do núcleo do complexo de Édipo, e muitas das críticas da ideia teriam sido

---

*N.T.: Para um estudo do conceito freudiano do complexo de Édipo (tema original) e de todas as modificações e elaborações que sofreu posteriormente, ver *Édipo: Mito e Complexo*, de Patrick Mullahy, Zahar Editores, Rio de Janeiro, 1965.

justificadas se a teoria tivesse sido equacionada com a compreensão intuitiva de um artista em relação ao conjunto da sexualidade infantil ou da Psicologia. Mas o conceito foi como um degrau em uma escada de procedimento científico. Como um conceito, teve o grande mérito de lidar com o físico e com o imaginativo. Aí estava uma Psicologia em que o corpo e a mente eram apenas dois aspectos de uma pessoa, essencialmente relacionados e que não podiam ser separadamente examinados sem perda de valor.

Se o fato central do complexo de Édipo for aceito, é imediatamente possível e desejável examinar os aspectos em que o conceito é inadequado ou impreciso como diretriz para a psicologia infantil.

A primeira objeção resulta da observação direta de meninos pequenos. Alguns meninos exprimem com profusão de palavras e muito francamente seu sentimento de amor pelas respectivas mães e o desejo de casarem com elas – e até de lhes darem filhos – a par do concomitante ódio ao pai; mas muitos outros de maneira alguma se exprimem dessa maneira e, de fato, parecem ter maior sentimento de amor pelo pai do que pela mãe; e, em todo caso, irmãos e irmãs, amas, tias e tios facilmente ocupam o lugar dos pais. A observação direta não confirma o grau de importância dado pelo psicanalista ao complexo de Édipo. Não obstante, o psicanalista deve persistir em seu ponto de vista, dado que, na análise, encontra-o regularmente, e com regularidade verifica ser importante, e frequentemente o descobre severamente reprimido e só aparecendo após uma análise muito cuidadosa e prolongada. Se, na observação de crianças, suas brincadeiras forem estreitamente examinadas, os temas sexuais e o tema de Édipo serão regularmente identificados entre todos os outros; mas, repetimos, o exame meticuloso das brincadeiras infantis é difícil e realiza-se melhor no decurso da análise se for levada a efeito para fins de pesquisa.

O fato parece ser que toda a situação de Édipo só raramente é posta em prática, de um modo ostensivo, na vida real. Verificam-se por certo aproximações, mas os sentimentos tremendamente intensos que estão associados aos períodos de excitação instintiva se situam amplamente no inconsciente da criança ou são rapidamente reprimidos, sendo, no entanto, reais, apesar de tudo; os acessos de temperamento e os pesadelos comuns, que ocorrem normalmente aos três anos de idade, só podem ser entendidos em termos de sólida afeição por pessoas, com tensões instintivas irrompendo periodicamente e uma aguda exacerbação de conflito mental decorrente do choque entre ódio e medo, por um lado, e amor, por outro.

Uma modificação da ideia original (efetuada pelo próprio Freud) é aquela segundo a qual as situações sexuais muito intensas e sumamente coloridas que um adulto recupera da sua infância, durante a análise, não constituem necessariamente episódios que pudessem ser observados como tal por seus pais, mas, não obstante, são verdadeiras reconstituições baseadas em sentimentos e ideias inconscientes que pertencem à infância.

Isso suscita outro ponto: e as meninas pequenas? A primeira hipótese dizia que elas se enamoravam de seus pais, odiando e temendo as respectivas mães. Também aqui existe uma base de verdade, e a parte principal também tem toda a probabilidade de ser inconsciente, não algo que a menina pudesse admitir, exceto em circunstâncias muito especiais de confiança.

Muitas meninas, porém, não vão tão longe em seu desenvolvimento emocional a ponto de ficarem solidamente afeiçoadas ao pai e correrem o enorme risco inerente a um conflito com a mãe. Alternativamente, forma-se uma dedicação ao pai, mas ocorre uma regressão (como se designa), a partir de uma relação fracamente adquirida com o pai. Os riscos inerentes ao conflito com a mãe são deveras grandes, pois com a ideia de mãe (na fantasia inconsciente) está associada a ideia de assistência carinhosa, boa alimentação, a estabilidade da terra e o mundo em geral; e um conflito com a mãe envolve necessariamente um sentimento de insegurança, sonhos de que a terra se abre sob os pés, ou ainda pior. A menina, portanto, tem um problema especial, que mais não fosse porque quando ela chega a amar o pai sua rivalidade é com a própria mãe, que é o seu primeiro amor de um modo mais primitivo.

A menina, tanto quanto o menino, possui sentimentos sexuais físicos apropriados ao tipo de fantasia. Poderia dizer-se, de um modo útil, que enquanto o menino no auge da sua onda sexual (na idade em que realiza os primeiros passos e na puberdade) está especialmente receoso da castração, na menina da fase correspondente o problema é um conflito em suas relações com o mundo físico, provocado por sua rivalidade com a mãe, que foi originalmente para a criança a própria configuração do mundo físico. Ao mesmo tempo, a menina sofre temores com respeito ao seu corpo, medo de castração como o menino, e medo de que o seu corpo seja atacado por figuras hostis de mãe, em represália pelo seu desejo de roubar os bebês à sua mãe e muito mais.

Essa descrição é obviamente defeituosa a respeito da bissexualidade. Ao mesmo tempo que, na vida infantil, a relação heterossexual comum é virtualmente importante, a relação homossexual existiu sempre e pode ser relativamente mais importante do que a outra. Por outras palavras, a criança fica normalmente identificada com cada um dos seus progenitores, mas, em um determinado momento, principalmente com um deles; e esse um não tem por que ser do mesmo sexo da criança. Em todos os casos, existe uma capacidade de identificação com o progenitor do outro sexo, de maneira que, na soma total da vida de fantasia de uma criança (se for feita uma pesquisa nesse sentido), pode-se encontrar a gama inteira de relações, independentemente do sexo da criança. É conveniente, naturalmente, quando a principal identificação é com o progenitor do mesmo sexo, mas no exame psiquiátrico de uma criança seria errôneo saltar para um diagnóstico de anormalidade, se a conclusão fosse de que a criança quer, sobretudo, ser como o progenitor do outro sexo. Pode ser essa a adaptação natural da criança a circunstâncias especiais. Em certos casos, evidentemente, as identificações opostas podem ser uma base para tendências homossexuais posteriores, de qualidade anormal. No período "latente", entre a primeira fase sexual e a adolescência, as identificações cruzadas são especialmente importantes.

Nesta descrição está sendo tomado como ponto incontroverso um princípio que talvez convenha deixar deliberadamente formulado. A base da saúde sexual é estabelecida na infância e na reduplicação do desenvolvimento infantil que tem lugar na puberdade. O corolário é igualmente verdadeiro: as aberrações e anormalidades sexuais da vida adulta são igualmente implantadas nos primeiros tempos da infância. Além disso, é também nesse período que se alicerça toda a saúde mental do indivíduo.

Normalmente, as brincadeiras infantis são grandemente enriquecidas pelas ideias e pelo simbolismo sexuais, e, se houver uma forte inibição sexual, seguir-se-á uma inibição lúdica. Existe aqui uma possibilidade de confusão suscitada pela falta de uma definição clara de brincadeira sexual. A excitação sexual é uma coisa e o desempenho de fantasias sexuais é outra. A brincadeira sexual com excitação corporal é um caso especial e na infância o resultado é suscetível de se apresentar bastante difícil.

O clímax ou detumescência é, frequentemente, mais representado pela explosão agressiva que se segue à frustração do que por um verdadeiro alívio da tensão instintiva, tal como pode ser obtido por uma pessoa mais velha, após o início da puberdade. Durante o sono, a vida onírica eleva-se por vezes a estados de excitação e, no clímax, o corpo encontra habitualmente algum substituto para o completo orgasmo sexual, por exemplo, urinar na cama ou acordar com pesadelos. O orgasmo sexual não tem tantas probabilidades de ser satisfatório, como tal, em uma criança quanto pode ser depois da puberdade, com o aditamento da emissão; talvez seja mais facilmente obtido pela menina que nada tem a acrescentar quando amadurece, exceto ser penetrada. Esses períodos de tensão instintiva recorrente devem ser esperados na infância, e o clímax de substituição tem de ser fornecido – principalmente refeições, mas também reuniões, excursões, momentos especiais.

Os pais sabem bem que têm muitas vezes de intervir e induzir um clímax mediante uma demonstração de força, até uma bofetada que produza lágrimas. Misericordiosamente, as crianças acabam por cansar-se, vão para a cama e dormem. Mesmo assim, o atraso de clímax poderá perturbar a calma da noite, quando a criança acorda com terrores noturnos, e a mãe ou o pai é imediatamente preciso se quisermos que a criança recupere uma relação com a realidade externa e o sossego que resulta de uma apreciação do que é estável no mundo real.

Todas as excitações físicas têm acompanhamento ideativo ou, por outras palavras, as ideias constituem o acompanhamento da experiência física. Tanto o prazer mental como a gratificação e o alívio de tensão promanam das brincadeiras comuns da infância, que são uma representação inspirada pela fantasia e independente da excitação física. Grande parte das brincadeiras normais e sadias da infância diz respeito a ideias sexuais e ao respectivo simbolismo; isto não significa que as crianças, ao brincarem, estejam sempre sexualmente excitadas. As crianças, quando praticam suas brincadeiras, podem ficar excitadas de modo geral e, periodicamente, a excitação poder-se-á localizar e, portanto, ser obviamente sexual, ou urinária, ou voraz, ou qualquer outra coisa baseada na capacidade de excitação dos tecidos. A excitação requer um clímax. A solução óbvia para a criança é a brincadeira com clímax, em que a excitação conduz a alguma coisa, "um carrasco para lhe decapitar", uma penalidade, um prêmio, alguém é agarrado ou morto, alguém ganhou etc.

Poderiam ser dados inúmeros exemplos de representação de uma fantasia sexual, mas não forçosamente acompanhada de excitação corporal. É bem sabido que uma grande proporção de meninas e meninos pequenos gostam de brincar com bonecas e atuar em relação a estas imitando as mães com seus bebês. Não só fazem o mesmo que as mães, assim as reverenciando, como também fazem como as mães deveriam ter feito, assim as censurando. A identificação com a mãe pode ser muito completa e detalhada. Como em todos esses assuntos, há um aspecto físico da experiência a par da fantasia que está sendo representada, e as dores de barriga e os vômitos podem ser causados pela brincadeira de mãe. Tanto os meninos como as meninas dilatam as barrigas por brincadeira, imitando as mulheres grávidas, e não se trata de um caso raro ser uma criança levada ao médico por causa de um ventre dilatado, quando o problema consiste em uma imitação secreta da mulher grávida, cuja condição se supunha não ter sido notada. De fato, as crianças estão sempre à procura de inchações e, por melhor que se evitem as informações de natureza sexual, será muito improvável que se consiga ocultar a uma criança ou que esta não identifique uma gravidez. Contudo, a informação pode ser conservada em um compartimento da mente, sem ser assimilada, em virtude do recato dos pais ou do próprio senso de culpa.

As crianças de todo o mundo têm uma brincadeira chamada "Pais e Mães", enriquecida por uma quantidade infinita de material imaginativo, e o padrão que cada grupo de crianças elabora explica-nos muito sobre as crianças e, especialmente, sobre a personalidade dominante no grupo.

As crianças representam frequentemente o tipo adulto de relações sexuais, mas, usualmente, isso é feito de maneira secreta e não pode ser registrado, portanto, por pessoas que estão procedendo a observações deliberadas. Naturalmente, as crianças sentem-se com facilidade culpadas ao brincarem dessa maneira e não podem deixar de ser afetadas pelo fato de que semelhante brincadeira está sob interdição social. Não se poderá dizer que esses incidentes sexuais sejam prejudiciais, mas se forem acompanhados por um sentimento de grave culpa e reprimidos, inacessíveis à consciência infantil, então o dano foi feito. Esse dano pode ser desfeito pela recuperação da memória do incidente e pode-se dizer, por vezes, que tal incidente facilmente recordado tem seu valor como um degrau na longa e difícil jornada da imaturidade para a maturidade.

Há muitas outras brincadeiras sexuais relacionadas, em maior ou menor grau, à fantasia sexual. Não pretendemos afirmar aqui que as crianças só pensam em sexo: contudo, uma criança sexualmente inibida é um fraco companheiro e está empobrecida, tal como um adulto sexualmente inibido.

O tema da sexualidade infantil não aceita, simplesmente, ser confinado de um modo rígido à excitação dos órgãos sexuais e à fantasia que acompanha tais excitações. Ao estudar a sexualidade infantil é possível distinguir a maneira como a excitação mais específica é composta de excitações corporais de todos os tipos, alcançando os sentimentos e as ideias mais amadurecidos e facilmente reconhecidos como sexuais; o mais maduro brota do mais primitivo, os impulsos instintivos sexuais, por exemplo, dos canibalísticos.

Pode-se afirmar que a capacidade de excitação sexual, em ambos os sexos, esteja presente desde o nascimento, mas a capacidade primária de partes do corpo para a excitação tem um significado limitado enquanto a personalidade da criança não tiver sido integrada, podendo-se dizer que só a criança como pessoa integral é excitada dessa maneira específica. À medida que a criança se desenvolve, o tipo sexual de excitação vai adquirindo importância em relação a outros tipos de excitação (uretral, anal, cutânea, oral) e na idade de três, quatro ou cinco anos (como também na puberdade) torna-se capaz, em uma evolução sadia, de dominar as funções, em circunstâncias apropriadas.

Isso constitui outra maneira de dizer que todos os inúmeros acompanhamentos do sexo, no comportamento adulto, derivam da infância e seria uma anormalidade e um empobrecimento se um adulto não pudesse, natural e inconscientemente, empregar todas as técnicas infantis ou "pré-genitais" da brincadeira sexual. Contudo, o impulso para empregar uma técnica pré-genital *em lugar de* uma genital, na experiência sexual, constitui uma perversão e tem sua origem em uma suspensão do desenvolvimento emocional, nos primeiros tempos da infância. Na análise de um caso de perversão, pode-se encontrar sempre um receio em relação ao desenvolvimento do sentido do sexo maduro e uma capacidade especial para obter satisfação por métodos mais primitivos. Por vezes, há experiências concretas que atraem a criança de volta para os tipos infantis de experiência (por exemplo, quando uma criança fica excitada pela introdução de um supositório, ou reage com excitação ao ser fortemente abraçada por uma babá etc.).

A história da transição de um bebê imaturo para uma criança madura é longa e complexa, sendo também de uma importância vital para a compreensão da psicologia do ser humano adulto. Para desenvolver-se naturalmente, o bebê e a criança necessitam de um ambiente relativamente estável.

Raízes da Sexualidade Feminina. As raízes da sexualidade da menina remontam diretamente aos primeiros sentimentos de voracidade e avidez em relação à mãe. Existe uma graduação desde o ataque faminto ao corpo materno até o desejo maduro de ser como a mãe. O amor da menina pelo pai tanto pode ser determinado por ele ter sido roubado (por assim dizer) à mãe como pelo fato de ele, na realidade, ser especialmente carinhoso com a filha; com efeito, quando o pai está ausente durante o período de infância da filha, de maneira que ela realmente não o conhece, a escolha do pai como objeto de amor da menina poderá ser inteiramente devido ao fato de que ele é o homem da mãe. Por tais razões, existe uma íntima associação entre o roubar e o desejo sexual, e o desejo de ter um bebê.

A consequência disso é que, quando uma mulher fica grávida e tem um bebê, precisa estar apta a enfrentar o sentimento, situado algures nela, de que o bebê foi roubado do interior do corpo da própria mãe dela. Se não puder sentir isso, a par do conhecimento dos fatos, ela perde algo da gratificação que a gravidez pode acarretar e muito do júbilo especial de presentear sua própria mãe com um neto. Essa ideia de roubo pode causar uma sensação de culpa após a concepção e provocar até o aborto.

É especialmente importante ter conhecimento dessa culpa potencial nas questões práticas de orientação no período imediatamente após o parto. A mãe é, nessa época, muito sensível ao tipo de mulher que se encarrega de cuidar dela e do bebê. Precisa de ajuda, mas, em virtude dessas ideias derivadas da infância mais remota, só pode acreditar agora em uma figura materna muito amistosa ou muito hostil; e a mãe que tem o primeiro filho, ainda que ela seja mentalmente sadia, estará bastante propensa a sentir-se perseguida pela sua enfermeira. A razão para este e outros fenômenos característicos do estado de maternidade deve ser procurada nas mais remotas raízes da relação entre a criança e a mãe, incluindo o seu primitivo desejo de alcançar a plenitude feminina arrancando-a do corpo da mãe.

Eis outro princípio que vale a pena formular: na Psiquiatria, toda a anormalidade é uma perturbação do desenvolvimento emocional. No tratamento, obtém-se a cura habilitando o desenvolvimento emocional do paciente a prosseguir sua marcha, a partir do momento em que se detivera. Para chegar a esse ponto onde a evolução está marcando passo, o paciente deve retornar sempre aos primeiros tempos da infância, e esse fato deveria ser de extrema importância para o pediatra.

Desordens Psicossomáticas. Há um aspecto em que a sexualidade infantil é de importância direta para o exercício da Pediatria: é a transformação da excitação sexual em sintomas e alterações fisiológicas que se assemelham aos sintomas e alterações provocados por doenças físicas. Esses sintomas, denominados psicossomáticos, são extraordinariamente comuns em toda a prática médica e é a partir dos mesmos que o clínico geral esquadrinha as doenças catalogadas em seus prontuários para encaminhar o caso à atenção do especialista em determinadas doenças físicas.

Essas perturbações psicossomáticas não são transitórias ou epidêmicas; em qualquer criança, porém, revelam uma periodicidade, ainda que irregular. Essa periodicidade é apenas uma indicação da recorrente tensão instintiva subjacente.

Em parte por causa de razões internas e em parte por fatores excitantes do meio ambiente, uma criança torna-se com frequência um ser excitável. A frase "todo vestido é alinhado, mas sem lugar aonde ir" poderia ser usada para descrever esse estado. Um estudo do que sucede a essa excitação é quase um estudo da infância e dos problemas infantis: como reter a capacidade de avidez e excitação sem sofrer uma frustração demasiado dolorosa, por meio da falta de um clímax satisfatório. Os principais métodos utilizados pelas crianças para superar essa dificuldade são os seguintes:

a) Perda de capacidade de avidez ou de ansiedade; mas isso acarreta uma perda do sentido corporal e muito mais que é desvantajoso.

b) Emprego de algum clímax idôneo, seja comer, beber ou masturbação, urinação ou defecação excitadas, explosões de temperamento, ou luta.

c) Perversão das funções corporais de modo que habilite a obtenção de um clímax espúrio: vômitos e diarreia, ataque bilioso, exagero de uma infecção catarral, queixas de dores e cólicas que de outro modo passariam despercebidas.

d) Um amálgama de tudo isso, com um período de mal-estar, talvez nevralgias e perda de apetite, um período de irritabilidade geral ou a tendência para a excitação de certos tecidos (por exemplo, todos os fenômenos congregados, na nomenclatura atual, sob a palavra "alergia").

e) Organização da excitação em um "nervosismo" crônico, que pode permanecer constante durante um período demorado ("intranquilidade angustiosa comum", talvez a mais comum perturbação da infância).

Os sintomas e as alterações corporais relacionados com os estados emocionais e as perturbações de desenvolvimento emocional formam um domínio bem vasto e importante para a atenção do pediatra.

Em uma descrição da sexualidade infantil, deve-se mencionar a masturbação. Trata-se também de um vasto campo de estudo. A masturbação é normal ou saudável, ou então é um sintoma de um distúrbio no desenvolvimento emocional. A masturbação compulsiva, tal como o atrito compulsivo das coxas, o roer as unhas, o balançar, o bater, o balançar ou rodar a cabeça, o chupar o dedo e coisas parecidas, são provas evidentes de uma angústia de uma ou outra espécie. Se for gravemente compulsiva, quer dizer que está sendo empregada pela criança em seus esforços para enfrentar a angústia de um tipo mais primitivo ou psicótico, como seja, o medo de desintegração da personalidade, de perda do sentido do corpo ou de perda de contato com a realidade externa.

Talvez a perturbação mais corrente da masturbação seja a sua supressão, ou seu desaparecimento do repertório infantil de defesas autodirigidas contra a angústia intolerável ou o senso de privação ou perda. Um bebê principia a vida com a capacidade para manobrar a boca e sugar o punho e, na realidade, precisa dessa habilidade para confortar-se. Precisa da mão para levar à boca, ainda que disponha do que é melhor para ele, um direito de acesso ao seio materno quando sente fome. E de quanto mais não precisará quando fica sujeito a regulamentações. Durante toda a infância, necessita de toda satisfação que possa obter do seu corpo, desde sugar o punho e urinar até a defecação e o manuseio do seu pênis. A menina da mesma idade tem manifestações correspondentes.

A masturbação comum nada mais é senão um emprego de recursos naturais para a satisfação como garantia contra a frustração e a raiva, o ódio e o medo consequentes. A masturbação compulsiva implica, simplesmente, que as angústias subjacentes a enfrentar são excessivas. Talvez o bebê precise ser alimentado a intervalos mais curtos, ou de maiores cuidados maternos; ou precise de um meio para saber que alguém está sempre perto dele, ou sua mãe está tão inquieta que deveria consentir ao bebê maior repouso e tranquilidade em um carrinho, e menos contato com ela. É lógico tentar lidar com a angústia subjacente quando a masturbação é um sintoma, mas é ilógico tentar sustá-la. Deve-se reconhecer, porém, que só em raros casos a masturbação compulsiva é contínua e tão exaustiva que tem de ser sustada por medidas repressivas, a fim de propiciar à criança, simplesmente, algum alívio dos seus próprios sintomas. Quando o alívio é obtido dessa maneira, novas dificuldades devem surgir na adolescência, mas a necessidade de alívio imediato pode ser tão grande que os problemas de alguns anos mais tarde parecem relativamente secundários.

Quando tudo corre bem, a masturbação que acompanha as ideias sexuais acontece sem ser muito notada, ou só é reconhecida por meio da alteração do ritmo respiratório da criança, ou da sua cabeça suada. Contudo, surgem problemas quando há uma combinação da compulsão para masturbar com a inibição das sensações sexuais. Nesse caso, a criança fica exausta por seus esforços para produzir satisfação e um clímax que não pode facilmente atingir. Desistir envolve perda do sentido de realidade ou do sentido de valor. Contudo, persistir redundará por fim em debilidade física, as denunciadoras olheiras a indicarem um conflito e que, de costume, são erroneamente atribuídas à própria masturbação. Por vezes, é uma atitude carinhosa ajudar uma criança a sair desse impasse por uma intervenção rigorosa dos pais.

O estudo psicanalítico das crianças (como dos adultos) revela que os órgãos genitais masculinos são muito mais apreciados no inconsciente do que poderia deduzir-se da observação direta, embora, evidentemente, muitas crianças exprimam francamente seu interesse no pênis, se isso lhes for permitido. Os meninos pequenos dão valor aos seus órgãos genitais tal como apreciam os dedos e outras partes do corpo, mas, na medida em que experimentam uma excitação sexual, sabem que o pênis tem uma importância especial. A ereção associada a sentimentos de amor determina os temores de castração. A excitação do pênis de um menino pequeno tem seu paralelo na fantasia e muito depende do tipo de fantasia que acompanha as primeiras ereções. O desencadear da excitação genital é variável. Pode estar quase ausente nos primeiros tempos da infância ou, alternativamente, as ereções podem ser verificadas quase constantemente desde o nascimento. Naturalmente, nada de bom resulta do despertar artificial da excitação do pênis. Parece verossímil que a acomodação resultante da circuncisão estimule frequentemente as ereções e provoque uma desnecessária associação da ereção com a dor, sendo esta uma das muitas razões por que a circuncisão quase nunca deveria ser realizada (exceto com fundamentos religiosos). É conveniente, quando a excitação genital não constitui uma característica acentuada antes de as outras partes do corpo terem ficado estabelecidas como detentoras de uma importância própria, e certamente qualquer estímulo artificial dos órgãos genitais infantis (mediante um processo pós-operatório ou pelo desejo de babás sem educação de provocarem um sono sedativo) é uma complicação; e o processo do desenvolvimento emocional da criança já é, por si mesmo, bastante complexo.

Para a menina pequena, os órgãos genitais visíveis e palpáveis do menino (incluindo os testículos) são muito suscetíveis de converter-se em objeto de inveja, mas especialmente em virtude de sua dedicação à mãe desenvolver-se segundo diretrizes de identificação com o homem. Contudo, o problema não é assim tão simples e, sem dúvida, uma vasta proporção de meninas contenta-se inteiramente em possuir seus mais ocultos, mas igualmente importantes órgãos genitais, concedendo aos meninos a posse de seus mais vulneráveis apêndices masculinos. Com o tempo, a menina aprende a apreciar os seios. Estes tornam-se quase tão importantes para a moça quanto o pênis para o rapaz, e quando ela fica sabendo que possui a capacidade, que um rapaz não tem, de conter, gerar, transportar e amamentar bebês, conclui que já nada tem o que invejar. Contudo, ela deve invejar o menino se for impelida, pela ansiedade, de um desenvolvimento heterossexual ordinário de volta à chamada fixação na mãe ou na figura de mãe, com a necessidade consequente de ser como um homem. Naturalmente, se não for permitido à menina ou se ela própria não consentir o conhecimento de que possui uma parte excitante e importante do seu corpo em seus órgãos genitais, ou ainda se lhe proibirem que isso faça referência, a sua tendência para a inveja do pênis é aumentada.

A excitação do clitóris está intimamente associada ao erotismo urinário, que se presta mais à espécie de fantasia que acompanha a identificação com o homem. Mediante o erotismo clitórico, a menina sabe o que sentiria se fosse um menino dotado de erotismo do pênis. Do mesmo modo, um menino pode experimentar na pele do períneo sensações correspondentes às da vulva feminina.

Isso é muito diferente do erotismo anal, que constitui normalmente uma característica de ambos os sexos e fornece, a par do erotismo oral, uretral, muscular e cutâneo, uma raiz primordial do sexo.

Não faltam provas, na Sociologia e na tradição popular, nos mitos e nas lendas dos povos primitivos, da existência de um pênis paternal ou ancestral, venerado em forma simbólica e exercendo uma imensa influência. No lar moderno, tais coisas são tão importantes como sempre foram, embora se escondam; mas sua importância aparece quando o lar de uma criança se desfaz e ela perde, subitamente, os símbolos em que se habituara a confiar, de modo que se encontra lançada no mar sem bússola e em risco de naufrágio.

Uma criança é muito mais do que sexo. Do mesmo modo, a nossa flor favorita é muito mais do que água; todavia, um botânico fracassará em sua tarefa se, ao descrever uma planta, esquecer-se de mencionar a água, da qual é principalmente composta. Na Psicologia, há cinquenta anos, havia realmente o perigo de que a parte sexual da vida infantil fosse postergada, em virtude do tabu a respeito da sexualidade infantil.

O instinto sexual acumula-se durante a infância, de um modo sumamente complexo, com a participação de todos os seus componentes, e existe como algo que enriquece e complica a vida inteira da criança sadia. Muitos dos medos infantis estão associados a ideias e excitações sexuais e aos consequentes conflitos mentais, conscientes e inconscientes. As dificuldades da vida sexual da criança explicam muitas perturbações psicossomáticas, em especial as de um tipo recorrente.

A base para a sexualidade adolescente e adulta foi estabelecida na infância, bem como as raízes de todas as perversões e dificuldades sexuais.

A prevenção dos distúrbios sexuais adultos bem como de todos os aspectos, salvo os puramente hereditários, das doenças mentais e psicossomáticas, situa-se nos domínios dos que se ocupam da assistência à infância.

CAPÍTULO 24

Roubar e Dizer Mentiras

A mãe que teve diversos filhos sadios sabe que cada um deles apresentou profundos problemas, repetidas vezes, especialmente entre os dois e quatro anos de idade. Um dos filhos teve um período de gritos noturnos de intensidade bastante severa, de modo que os vizinhos pensaram estar sendo a criança maltratada. Outro recusou-se terminantemente a ser treinado em hábitos de asseio. Um terceiro era tão asseado e bom que a mãe ficava preocupada não fossem faltar à criança a espontaneidade e a iniciativa pessoal. Ainda outro era sujeito a terríveis explosões de cólera, talvez batendo com a cabeça contra obstáculos e retendo a respiração até a mãe ficar completamente fora de si, e a criança ficar com o rosto azulado, tão próximo quanto possível de uma convulsão. Uma longa lista poderia ser elaborada desse tipo de coisas que acontecem naturalmente no decorrer da vida de família. Uma dessas coisas desagradáveis que sucedem e que por vezes dão lugar a dificuldades especiais é o hábito de roubar.

As crianças pequenas, com bastante regularidade, subtraem moedas das bolsas das mães. Usualmente, não há nisso qualquer problema. A mãe é bastante tolerante quanto à maneira como a criança opera, despejando o conteúdo da bolsa e, em geral, misturando tudo. A mãe diverte-se com isso, quando se dá mesmo ao trabalho de observar o caso. Poderá ter duas bolsas, uma que nunca está ao alcance da criança, enquanto a outra, mais corrente, fica disponível para as explorações infantis. Gradativamente, a criança vai perdendo o hábito e nunca mais se pensa nisso. A mãe imagina, muito corretamente, que é uma atitude saudável e parte da iniciação infantil em suas relações com a mãe e as pessoas de modo geral.

Podemos facilmente perceber, contudo, por que encontramos, ocasionalmente, uma mãe realmente preocupada quando o filho pequeno agarra coisas que pertencem a ela e as oculta. Já tivera a experiência do outro extremo, o filho mais velho que rouba. Nada existe de mais perturbador para a felicidade de um lar do que a presença de um filho mais velho (ou adulto) suscetível de praticar roubos. Em vez da confiança geral de todos, de um modo despreocupado e fácil de deixar as coisas espalhadas pela casa, tem de haver uma técnica especializada, no intuito de proteger os bens importantes, tais como o dinheiro, os chocolates, o açúcar etc. Nesse caso, alguém está doente na casa. Muitas pessoas manifestam um sentimento bastante grosseiro quando pensam nisso. Sentem-se intranquilas quando são confrontadas por um roubo, igual ao que lhes sucede quando a palavra masturbação é mencionada. À parte de terem-se encontrado com ladrões, as pessoas poderão ficar verdadeiramente perturbadas pelo próprio pensamento do roubo em si, por causa das lutas que travaram a respeito de tendências para roubar, manifestadas na própria infância delas. É em virtude desse incômodo sentimento de roubo irresistível que as mães por vezes se preocupam desnecessariamente com a tendência bastante natural das crianças para tomarem coisas pertencentes às suas respectivas mães.

Após uma breve meditação, notar-se-á que em um lar comum e normal, em que não existe pessoa doente que pudesse ser classificada de ladrão, ocorre na realidade uma enorme quantidade de roubos; só que não se lhe dá o nome de roubo. Uma criança penetra na despensa e apanha um biscoito ou dois, ou serve-se de um torrão de açúcar. Em uma boa família ninguém chama a criança que faz isso de ladrão. (Contudo, a mesma criança, em uma instituição, poderá ser punida por isso e ficar marcada em virtude das regras que vigoram ali.) Talvez seja necessário que os pais estabeleçam regras, a fim de manter o lar em ordem. Poderão ter de elaborar uma lei segundo a qual determinam que, ao passo que a criança está sempre autorizada a ir buscar pão, ou uma determinada espécie de bolo, é-lhe interditado servir-se de bolos especiais, ou de açúcar guardado na despensa. Há sempre certa soma de reciprocidade nessas coisas, e a vida em um lar consiste, em considerável medida, no estabelecimento de relações entre os pais e os filhos, nesses e em outros termos semelhantes.

Mas a criança que, digamos, rouba regularmente maçãs e dispõe delas rapidamente, sem que disso resulte qualquer prazer para ela própria, está agindo sob uma compulsão e está doente. Pode-se-lhe chamar ladra. Não saberá explicar por que fez o que fez e, se insistirem com ela por uma razão, mentirá. A questão é esta: o que esse menino está fazendo? (Certamente o ladrão pode ser uma menina, mas é bastante incômodo usar ambos os pronomes de cada vez.) *O ladrão não está procurando usar o objeto de que se apodera. Está procurando uma pessoa. Está procurando sua própria mãe, e ignora-o.* Para o ladrão, não é a caneta-tinteiro das Lojas Woolworth, ou a bicicleta encostada ao gradeamento da casa do vizinho ou a maçã do pomar que pode dar satisfação. Uma criança doente dessa maneira é incapaz de desfrutar a posse das coisas roubadas. Está unicamente agindo segundo uma fantasia que pertence aos seus primitivos impulsos de amor, e o máximo que poderá desfrutar é o desempenho da ação e a habilidade exercida. O fato é que perdeu contato com a mãe, em um sentido ou outro. A mãe pode ou não estar ainda presente. Pode ser que ainda esteja, que seja uma mãe perfeitamente boa e capaz de dar ao filho qualquer soma de amor. Do ponto de vista da criança, porém, algo está faltando. Pode querer muito a mãe, e até amá-la, mas, em um sentido mais primitivo, ela perdeu-se para o filho, por uma ou outra razão. A criança que rouba é uma criança em busca da mãe, ou da pessoa *de quem ela tem o direito de roubar*; de fato, busca a pessoa de quem pode tomar coisas, tal como, quando era um bebê de um ou dois anos de idade, tomava coisas da mãe simplesmente porque *era* sua mãe e por causa dos direitos que tinha sobre ela.

Há ainda outro ponto: *sua própria mãe é realmente sua, porque ela (a criança) a inventou.* A ideia da mãe surgiu gradualmente da sua própria capacidade de amor. Podemos saber que a Senhora X, que teve seis filhos, em uma dada época deu à luz o bebê Johnny, amamentou-o, criou-o, e depois teve outro filho. Contudo, do ponto de vista de Johnny, quando ele nasceu essa mulher era algo por ele criado; ao adaptar-se ativamente às necessidades do bebê, ela mostrou-lhe o que seria sensato criar, como a realidade de fato apresentava. O que a mãe dava de si própria ao bebê tinha de ser concebido como tal, tinha de ser *subjetivo* para ele, antes de a *objetividade* começar a ter algum sentido. Fundamentalmente, ao averiguarmos o fenômeno de roubar até as próprias raízes, podemos concluir sempre que o ladrão tinha a necessidade de restabelecer suas relações com o mundo na base de reencontrar a pessoa que, por ser dedicada a ele, compreendeu-o e está disposta a fazer uma adaptação ativa às suas necessidades; de fato, para dar-lhe a ilusão de que o mundo contém o que ele pode conceber e para habilitá-lo a colocar o que ele invoca precisamente onde na realidade existe uma pessoa dedicada, em uma realidade externa "compartilhada".

Qual é a explicação prática disso? O caso é que o bebê sadio que existe em cada um de nós só gradualmente fica habilitado a perceber objetivamente a mãe que por ele foi inicialmente criada. Esse doloroso processo é o que se chama desilusionamento e não há necessidade de desiludir ativamente uma criança pequena; pelo contrário, pode-se dizer que a boa mãe normal retém o desilusionamento e só o permite na medida em que veja poder a criança aceitá-lo e acolhê-lo favoravelmente.

A criança de dois anos de idade que rouba moedas da bolsa da mãe está brincando de bebê faminto que pensa ter criado sua mãe e supõe ter direitos sobre ela e seus pertences. A desilusão pode vir com demasiada rapidez. O nascimento de um novo bebê, por exemplo, pode ser um terrível choque dessa maneira particular, mesmo quando a criança está preparada para o advento do irmãozinho ou irmãzinha e ainda que manifeste sentimentos favoráveis em relação ao novo bebê. O súbito acesso de desilusão, a respeito do sentimento da criança de que criara a sua própria mãe, que a chegada de um novo bebê pode provocar, dá facilmente início a uma fase de roubos compulsivos. Em vez de agir na crença de que tem plenos direitos sobre a mãe, a criança poder-se-á encontrar tomando compulsivamente coisas, especialmente coisas doces, e ocultando-as, mas sem realmente obter satisfação por tê-las. Se os pais compreenderem o que essa fase de um tipo mais compulsivo de roubo significa, agirão com tato e sensatez. Serão tolerantes, para começar, e tentarão fazer com que a criança frustrada possa, pelo menos, confiar em certa dose de atenção pessoal, em um dado momento de cada dia; e o tempo para começar a dar à criança uma pequena mesada em dinheiro talvez tenha chegado. Sobretudo, os pais que compreendem essa situação não cairão sobre a criança, como inquisidores ferozes, exigindo uma confissão. Sabem que, se o fizerem, a criança por certo começará tanto a mentir como a roubar, e a culpa será inteiramente dos pais.

Esses são problemas corriqueiros em lares comuns e sadios, e na maioria dos casos a questão é resolvida com ponderação; a criança que está temporariamente sob a compulsão de roubar coisas acaba recuperando-se.

Contudo, existe uma grande diferença, segundo os pais compreendam o suficiente sobre o que está acontecendo, para evitar uma ação insensata, ou segundo eles achem que devem "curar" a roubalheira logo nas primeiras fases, a fim de impedir que a criança se converta em um ladrão confirmado, posteriormente. Mesmo quando as coisas acabem por correr bem, o montante de sofrimento desnecessário a que as crianças foram sujeitas, por meio da má orientação desse gênero de detalhes, é tremendo. O sofrimento essencial é deveras suficiente. Não é apenas a respeito de roubo. De todas as maneiras possíveis, as crianças que sofreram algum acesso demasiado grande ou súbito de desilusionamento encontram-se sob uma compulsão para fazer coisas sem saber por que, criar confusões, recusar a defecação no momento correto, cortar as corolas das flores no jardim etc.

Os pais que sentem que devem ir até o fundo desses atos e que pedem aos filhos que expliquem os motivos por que fizeram isto ou aquilo aumentam enormemente as dificuldades das crianças, que nessa época já são bastante intensas. Uma criança não pode dar a razão real, porque a ignora, e o resultado poderá ser que, em vez de sentir uma culpa quase insuportável, em consequência de ser mal compreendida e censurada, sua pessoa se divida em duas partes, uma terrivelmente severa e outra possuída por impulsos maléficos. A criança, então, deixa de sentir-se culpada, mas, em vez disso, transforma-se no que as pessoas chamarão de mentirosa.

O choque de ter roubado a bicicleta de alguém não é mitigado, porém, pelo conhecimento de que o ladrão estava inconscientemente em busca da mãe. Isso é outra questão muito distinta. Os sentimentos de vingança da vítima não podem ser ignorados, por certo, e qualquer tentativa de sentimentalismo sobre crianças delinquentes destrói a sua própria finalidade, ao incrementar a tensão de antagonismo geral para com os criminosos. Os magistrados em um juizado de menores não podem pensar apenas no ladrão como doente e não podem ignorar a natureza antissocial do ato delinquente, bem como a irritação que o mesmo deve engendrar na parcela localizada da sociedade que foi afetada. Com efeito, exigimos um tremendo esforço da sociedade quando solicitamos aos tribunais que reconheçam o fato de um ladrão ser um doente, de modo que um tratamento, em lugar de uma punição, possa ser prescrito.

Existem, claro, muitos roubos que nunca aparecem nos tribunais, porque o assunto é resolvido satisfatoriamente no lar da criança por bons pais comuns. Pode-se afirmar que a mãe não sente qualquer tensão quando o filho pequeno rouba alguma coisa dela, visto que nunca lhe passaria pela cabeça classificar isso de roubo e facilmente reconhece como expressão de amor o que a criança cometeu. Na orientação da criança de quatro e cinco anos de idade, ou da criança que está passando por uma fase de roubar compulsivamente, verifica-se, claro, certa tensão na tolerância dos pais. Deveríamos dar a esses pais tudo o que pudéssemos, no sentido de uma compreensão dos processos envolvidos, a fim de os ajudarmos a conduzirem seus filhos para o ajustamento social. Por essa razão é que tentei deixar aqui anotado um ponto de vista pessoal, simplificando deliberadamente o problema a fim de apresentá-lo em uma forma que possa ser compreendida pelos bons pais ou professores.

CAPÍTULO 25

Primeiras Experiências de Independência

A Psicologia é suscetível de ser superficial e fácil, ou então profunda e difícil. Uma coisa curiosa acerca do estudo das primeiras atividades das crianças, e dos objetos que usam quando vão para a cama ou quando estão apreensivas, é que esses fatos parecem existir em uma camada entre a superfície e o fundo, entre o simples exame de fatos óbvios e uma sondagem nos domínios obscuros do inconsciente. Por esta razão, quero chamar a atenção para o uso que os bebês fazem dos objetos vulgares e comuns, e demonstrar que há muito a aprender nas observações correntemente feitas e nos fatos que estão permanentemente à vista.

Estou falando de nada mais difícil do que o habitual urso de pelúcia de uma criança normal. Toda pessoa que cuida de crianças tem interessantes detalhes a dar que são tão característicos no caso de cada criança quanto as demais normas de comportamento e que jamais são exatamente idênticos em dois casos.

No princípio, como todos sabemos, os bebês, em sua grande maioria, levam os punhos à boca e em breve estabelecem uma norma, escolhendo talvez um determinado dedo, dois dedos, o polegar, para sugar, enquanto com a outra mão acariciam alguma parte da mãe ou uma ponta do lençol, da almofada, do cobertor de lã, ou talvez o próprio cabelo. Duas coisas estão acontecendo: a primeira, com uma parte da mão na boca, está claramente relacionada com a excitação alimentar; a segunda é uma fase mais afastada da excitação e está próxima do afeto. A partir dessa carinhosa atividade afetiva pode-se desenvolver uma relação com alguma coisa que aconteça estar por perto, e esse objeto pode tornar-se da maior importância para a criança. Em certo sentido, trata-se da primeira possessão, isto é, a primeira coisa no mundo que pertence à criança e, contudo, não faz parte dela como o polegar, ou os dois dedos, ou a boca.

Até que ponto isso pode ser importante constitui uma prova evidente, portanto, do início de relações com o mundo.

Esses fatos desenvolvem-se paralelamente ao início de um sentido de segurança e também ao início das relações da criança com uma pessoa. Constituem uma prova de que as coisas estão correndo bem no desenvolvimento emocional da criança e de que começam a acumular-se as recordações de relações. Estas podem ser ainda usadas nessa nova relação com o objeto, a que gosto de chamar um objeto transicional. Não é o próprio objeto, claro, que é transicional; representa a transição da criança de um estado de fusão com a mãe para um estado de relacionamento com a mãe como algo externo e separado.

Embora eu queira salientar o que de sadio está implícito nesses fenômenos, não pretendo dar a impressão de que estará necessariamente alguma coisa errada se a criança não desenvolver interesse da espécie que estou descrevendo. Em alguns casos, a própria mãe é retida e necessária em pessoa, por parte da criança, ao passo que outra criança acha o chamado objeto transicional suficientemente bom e até perfeito, desde que a mãe se mantenha em segundo plano. Contudo, é comum a criança ficar especificamente ligada a um determinado objeto que em breve adquire um nome e é divertido averiguar a origem desse nome, que frequentemente deriva de alguma palavra que a criança ouviu muito antes de a fala lhe ser ainda possível. Em breve, claro, os pais e as pessoas amigas presenteiam a criança com brinquedos macios que (talvez por causa dos adultos) têm o formato de animais e bebês. Do ponto de vista infantil, esses formatos não são muito importantes. É mais a contextura e o cheiro que adquirem significado vital, e o cheiro é especialmente importante, de modo que os pais logo aprendem que esses objetos não podem ser impunemente lavados. Pais que em tudo o resto são higiênicos veem-se muitas vezes obrigados a suportar um objeto macio, imundo e malcheiroso, simplesmente para que a paz se conserve. A criança, que já cresceu um pouco, precisa que esse objeto esteja ao seu alcance; que lhe seja devolvido vezes sem conta, sempre que ela o deixa cair do berço ou do carrinho; precisa poder arrancar-lhe pedaços e sugá-lo. De fato, não há nada que não possa acontecer a essa coisa, que passa a estar sujeita a uma forma bastante primitiva de amor – um misto de afeição acariciadora e de ataque destruidor. Com o tempo, vão-se somando outros objetos e estes são cada vez mais apropriadamente confeccionados de maneira a parecerem-se com animais ou bebês. Além disso, com o decorrer do tempo, os pais tentam fazer com que a criança diga "tá", que significa o reconhecimento do fato de que a boneca ou o urso de pelúcia veio do mundo e não nasceu da imaginação da criança.

Se voltarmos ao primeiro objeto, que poderá ser talvez um guardanapo, ou um cachecol especial de lã, ou um lenço da mãe, devemos admitir, creio eu, que do ponto de vista da criança seria inadequado pedirmos-lhe que diga a palavra "tá" e o reconhecimento do fato de que o objeto proveio do mundo. Do ponto de vista da criança, esse primeiro objeto foi de fato criado pela sua imaginação. Foi o início da criação infantil do mundo e parece termos de admitir que, no caso de cada criança, o mundo tem de ser criado todo de novo. O mundo, tal como se apresenta, é despido de qualquer significação para o ser humano em recente evolução, a menos que seja tanto criado quanto descoberto.

É impossível citar com igual relevo, dada a sua enorme variedade, todas as posses e técnicas iniciais empregadas pelas crianças em tempos de aflição e, particularmente, na hora de ir dormir.

Uma menina usava a um tanto longa cabeleira da mãe para acariciar enquanto chupava o polegar. Quando o próprio cabelo ficou bastante comprido puxava-o para o rosto – em lugar do da mãe – e fungava nele, quando se preparava para dormir. Fez isto com regularidade até chegar a uma idade em que quis cortar o cabelo para parecer menino. O resultado agradou-lhe até a hora de ir para a cama, quando, evidentemente, ficou frenética. Felizmente, os pais tinham conservado as madeixas cortadas e deram-lhe algumas. Imediatamente espalhou os cabelos pelo rosto, da maneira habitual; fungou e adormeceu feliz.

Um menino mostrou-se desde muito cedo interessado em um colorido cobertor de lã. Antes de ter um ano de idade, interessara-se em separar os fios de lã que puxara segundo as cores. Seu interesse na tessitura da lã e nas cores persistiu e, de fato, nunca o abandonou, de modo que, quando cresceu, tornou-se um especialista de cores em uma usina têxtil.

O valor dos exemplos pode ilustrar a vasta gama de fenômenos e de técnicas usadas pelas crianças sadias em momentos de aflição e de separação. Quase todos quantos cuidam de crianças podem fornecer exemplos, todos fascinantes para estudo, desde que se compreenda, acima de tudo, que cada detalhe é importante e significativo. Por vezes, em lugar de objetos encontramos técnicas, como seja murmurar ou "palrar", ou atividades mais escondidas, tais como a combinação de luzes vistas ou o estudo dos jogos de arestas, por exemplo, entre duas cortinas que se movem ligeiramente com a brisa ou a justaposição de dois objetos que mudam suas posições recíprocas, segundo os movimentos da cabeça da criança. Outras vezes, o pensar toma o lugar das atividades visíveis.

A fim de salientar a normalidade dessas questões, eu gostaria de chamar a atenção para a maneira como a separação pode afetá-las. De modo geral, quando a mãe, ou qualquer outra pessoa de quem a criança é dependente, está ausente, não se verifica mudança imediata, devido ao fato de a criança ter uma versão interna da mãe que permanece viva durante certo tempo. Se a mãe continuar ausente durante um período que excede certo limite, então a versão interna desvanece-se; ao mesmo tempo, todos esses fenômenos transicionais tornam-se vazios de significado, e a criança é incapaz de usá-los. O que vemos agora é uma criança, que tem de ser cuidada e alimentada e que foi deixada sozinha, propender para as atividades excitantes, com gratificação sensual. O que se perdeu foi toda a área intermédia de contato afetivo. Com o regresso da mãe, se o intervalo não foi demasiado longo, elabora-se primeiro uma nova versão interna dela, e isto leva tempo. O êxito desse restabelecimento de confiança na mãe revela-se pelo retorno ao emprego de atividades intermédias. O que vemos nas crianças torna-se obviamente mais grave quando, em uma fase posterior, a criança sente-se abandonada e se torna incapaz de brincar, de ser afetuosa ou de aceitar uma afeição. A par de tudo isso, como sabemos perfeitamente, pode haver atividades eróticas compulsivas. Os roubos por crianças privadas desse contato e que estão recuperando-o podem ser considerados como fazendo parte da busca de um objeto transicional, que se perdera por intermédio da morte ou do desaparecimento da versão interiorizada da mãe.

Conhecemos uma menina que sempre chupava um pedaço de tecido áspero de lã, enrolado no polegar. Aos três anos, ficou "curada" de chupar no dedo ao retirarem-lhe esse retalho. Mais tarde, contraiu um grave impulso para roer as unhas, acompanhado de leitura compulsiva na hora de ir para a cama.

O roer as unhas cessou quando, aos onze anos, foi auxiliada a recordar o tecido de lã, o padrão do mesmo e o afeto que ela tinha por ele.

Em estado saudável, há uma evolução dos fenômenos transicionais e do uso de objetos para a capacidade total de brincar da criança. É muito fácil constatar que as brincadeiras são de importância vital para todas as crianças e que a capacidade de brincar é um sintoma de saúde no desenvolvimento emocional. Pretendo chamar a atenção para o fato de que uma primeira versão disso é a relação entre a criança e o primeiro objeto. A minha esperança é que, se os pais compreenderem que esses objetos transicionais são normais e, de fato, sintomas de um crescimento sadio, não se sentirão envergonhados quando se virem às voltas com coisas curiosas sempre que tiverem de viajar com os filhos. Certamente não mostrarão desrespeito por essas coisas e farão todo o possível para evitar que se percam. À semelhança dos velhos soldados, esses objetos desvanecem-se, simplesmente. Por outras palavras, passam a constituir o grupo de fenômenos que se amplia até abranger todo o domínio da brincadeira infantil e das atividades e interesses culturais – essa vasta área que medeia entre a vida no mundo exterior e o sonho.

Evidentemente, a tarefa de separar os fenômenos externos dos sonhos é bastante árdua. É uma tarefa que todos nós esperamos ser capazes de cumprir, para assim podermos pretender que somos pessoas lúcidas. Todavia, necessitamos de um lugar para repousarmos dessa tarefa de seleção e o obtemos em nossos interesses e atividades culturais. Às crianças consentimos uma área mais vasta do que para nós, na qual a imaginação desempenha um papel dominante, de modo que as atividades lúcidas que usam o mundo, mas ainda retêm toda a intensidade do sonho, são consideradas características da vida infantil. À criança que mal começa a desempenhar essa terrível tarefa de atingir a lucidez adulta concedemos uma vida intermédia, especialmente no período entre despertar e dormir, e esses fenômenos a que me referi, bem como os objetos que são usados, pertencem ao local de repouso que damos à criança a princípio, quando só muito vagamente esperamos uma separação entre o sonho e a realidade.

Como psiquiatra infantil, quando estabeleço contato com crianças e as surpreendo fazendo desenhos, falando sobre elas próprias e os seus sonhos, verifico, para minha surpresa, que elas recordam facilmente esses objetos mais remotos. Com frequência, elas surpreendem os pais ao recordarem pedaços de tecidos e objetos curiosos que eles há muito já tinham esquecido. Se um objeto ainda estiver ao alcance, é a criança quem sabe precisamente onde, no limbo das coisas meio esquecidas, essa coisa está, talvez no fundo de uma gaveta de baixo, ou na prateleira de cima de um armário. É aflitivo para a criança não só quando o objeto se perde, como algumas vezes acontece por acidente, mas também quando um dos pais, com uma falta de compreensão do seu significado, entrega-o a outro bebê. Alguns pais estão de tal modo acostumados à ideia desses objetos que, logo que o bebê nasce, tomam o objeto transicional da família e enfiam-no ao lado da criança, esperando que tenha o mesmo efeito no novo bebê que teve no anterior. Naturalmente, podem ficar desapontados, porque o objeto aparecido dessa maneira pode acabar ou não por ter algum significado para a nova criança. Tudo depende. Pode-se facilmente ver que apresentar um objeto dessa maneira tem seus perigos, visto que, em certo sentido, priva a nova criança da oportunidade de criar. É por certo de grande ajuda, muitas vezes, a criança poder fazer uso de um determinado objeto doméstico; algo a que possa ser dado um nome e que, frequentemente, acaba quase por fazer parte da família. É a partir do interesse da criança nisso que se afirma a preocupação final com bonecas, outros brinquedos e animais.

Todo esse assunto é fascinante para o estudo pelos pais. Não precisam ser psicólogos para extrair enormes vantagens da observação e, talvez, registro ou gravação de uma linha de desenvolvimento de tais conquistas e técnicas nessa área intermediária que é característica de cada um dos filhos.

CAPÍTULO 26

Apoio aos Pais Normais

Se a leitora me acompanhou até este ponto, terá notado que procurei dizer algo de positivo. Não mostrei como as dificuldades podem ser superadas, ou o que se deveria fazer quando as crianças dão sinais de inquietação ou angústia, ou quando os pais discutem em frente dos filhos, mas tentei dar um pouco de apoio aos sólidos instintos dos pais normais, aqueles que têm probabilidade de realizar e manter uma família de crianças normais e sadias. Há muito mais a dizer, mas aqui deixo a minha tentativa para um começo.

Pode-se perguntar: Para que serve dar-se ao trabalho de falar a pessoas que estão agindo bem? Por certo, as maiores necessidades provêm dos pais que estão em dificuldade, não é assim? Bem, procuro não ser derrotado pelo fato de que muita aflição existe mesmo aqui na Inglaterra, em Londres, no bairro imediatamente em redor do hospital onde trabalho. Conheço demasiado bem essas desgraças, a angústia e a depressão que predominam. Mas as minhas esperanças baseiam-se nas famílias estáveis e sadias que também vejo crescerem à minha volta, famílias que constituem a única base para a estabilidade da nossa sociedade nas próximas décadas.

Também se pode indagar: Por que se preocupa o senhor com as famílias sadias que diz existirem e em que baseia suas esperanças? Não podem elas governar-se por si próprias? Bem, tenho uma ótima razão para dar-lhes aqui um apoio ativo, que é a seguinte: existem tendências no sentido da destruição dessas boas coisas. De maneira alguma é sensato supor que o que é bom está a salvo de ataque; pelo contrário, a verdade manda dizer que o melhor sempre tem de ser defendido, se quisermos que sobreviva à descoberta. Há sempre um ódio ao que é bom, e um medo dele, quase sempre inconsciente, suscetível de aparecer na forma de interferências, regulamentos mesquinhos, restrições legais e toda sorte de estupidez.

Não quero dizer que os pais sejam manejados ou refreados pela orientação oficial. O Estado, na Inglaterra, esforça-se por dar liberdade de escolha aos pais, e por que estes aceitem ou recusem o que o Estado oferece. Evidentemente, os nascimentos e óbitos têm de ser registrados, certas doenças infecciosas são notificáveis e as crianças têm de frequentar obrigatoriamente a escola dos cinco aos quinze anos. E os meninos e meninas que violam as leis do país são abrangidos, com os respectivos pais, por determinada forma de compulsão. Contudo, o Estado fornece uma enorme quantidade de serviços que os pais podem utilizar ou rejeitar. Para mencionar alguns, temos as escolas maternais, a vacina contra varíola, a imunização contra a difteria, as clínicas de assistência pré-natal e infantil, o óleo de fígado de bacalhau e os sucos de frutas, o tratamento dentário, o leite barato para os bebês e o leite escolar para as crianças mais velhas; tudo isto está à disposição, mas não é obrigatório. O que, em suma, sugere que o Estado, na Inglaterra, reconhece atualmente o fato de que uma boa mãe é o melhor juiz para decidir o que é bom para o seu próprio filho, desde que esteja informada quanto aos fatos e educada quanto às necessidades.

O problema é, como já sugerimos, que as pessoas encarregadas realmente da administração desses serviços públicos de modo algum confiam, de maneira uniforme, na capacidade da mãe para compreender o filho melhor que ninguém. Os médicos e as enfermeiras ficam, muitas vezes, tão impressionados com a estupidez e ignorância de certos pais que não dão margem para a sabedoria de outros. Ou talvez a falta de confiança nas mães, que tantas vezes se observa, provenha do treino especializado dos médicos e enfermeiras, que possuem um conhecimento profissional do corpo, na doença e na saúde, mas que não estão forçosamente qualificados para compreender toda a tarefa dos pais. É muito fácil para os especialistas pensarem, quando a mãe põe em dúvida seus conselhos, que ela assim procede por mera perversidade, quando ela realmente sabe que seria lesivo para o bebê ser afastado dela e levado para um hospital na época em que está sendo desmamado, ou que o seu filhinho deveria estar capacitado para entender melhor como é o mundo, antes de ser empurrado para uma clínica, para fazer a circuncisão, ou que a filhinha é realmente o tipo errado para injeções e imunizações (a menos que haja de fato uma epidemia) por causa do seu extremo nervosismo.

O que deve a mãe fazer se estiver preocupada com a decisão do médico de que as amígdalas de seu filho têm de ser extraídas? O médico, certamente, conhece muito a respeito de amígdalas, mas não consegue muitas vezes convencer a mãe de que realmente compreende até que ponto é grave agarrar uma criança que, na época, sente-se bem e operá-la quando é demasiado nova para que se lhe explique devidamente o problema. A mãe pode agarrar-se apenas à sua convicção da necessidade de evitar, se possível, tal acontecimento; e se de fato acredita em seu instinto, porque foi educada nessas questões do desenvolvimento da personalidade do filho, pode impor o seu ponto de vista ao médico e desempenhar seu papel para chegar-se a uma decisão. Um médico que respeite o conhecimento especializado da mãe granjeia facilmente o respeito por seu próprio conhecimento especializado.

Os pais sabem que os filhos pequenos precisam ser dotados de um ambiente simplificado e que necessitam disso até estarem aptos a compreender o significado das complicações e, portanto, a contar com elas. Chegará o tempo em que o filho e herdeiro pode então extrair as amígdalas, se realmente precisarem ser removidas, sem causar danos ao desenvolvimento da sua personalidade; e poderá até encontrar certo interesse e prazer em sua experiência hospitalar, dando um passo à frente pelo fato de, por assim dizer, ter saído vencedor da prova. Mas a época própria depende do tipo de criança que o menino é, não só da sua idade; e só uma pessoa que o conheça tão intimamente quanto sua mãe poderá ser juiz, embora o médico deva, por certo, estar capacitado para ajudá-la a pensar maduramente no assunto.

O Estado é, com efeito, sensato em sua política de educação dos pais sem recurso à compulsão e o próximo passo é a educação dos que administram os serviços públicos e o aprofundamento de seu respeito pelos sentimentos e conhecimento instintivo da mãe comum, em relação a seus próprios filhos e, se não for extremamente respeitada pela voz da autoridade, pode ao menos reconhecer-se que conhece bem o que é bom e o que é mau, em questões de orientação.

Tudo o que não apoiar especificamente a ideia de que os pais são pessoas responsáveis será prejudicial, em longo prazo, ao próprio âmago da sociedade.

O que é significativo é a experiência individual de desenvolvimento desde bebê a uma criança e um adolescente, em uma família que continua existindo e que se considera capaz de enfrentar os seus próprios problemas localizados os problemas do mundo em miniatura. Em miniatura, sim... Mas não menor no que respeita à intensidade de sentimentos e riqueza de experiência, menor apenas na acepção relativamente secundária da quantidade e complexidade.

Se o que escrevi não fizer mais do que estimular outros a fazerem melhor do que consegui nestas páginas, para apoiar as pessoas comuns, e para dar-lhes as razões corretas e concretas de seus bons sentimentos intuitivos, então considerar-me-ei satisfeito. Façamos tudo o que estiver ao nosso alcance, como médicos e enfermeiros, pelos enfermos de corpo e de espírito, e que o Estado faça tudo o que puder por aqueles que, por uma razão ou outra, se achem em dificuldade e precisem de cuidados e proteção. Mas deixem-nos também recordar que existem, felizmente, alguns homens e mulheres normais, em especial entre os componentes menos sofisticados da comunidade, que não receiam sentimentos, e cujos sentimentos não temos por que recear. Para obter o melhor dos pais, devemos conceder-lhes plena responsabilidade no tocante ao que constitui seu assunto particular, isto é, a criação de sua própria família.

TERCEIRA
PARTE

O Mundo
Exterior

CAPÍTULO 27

Necessidades das Crianças de Menos de Cinco Anos

As necessidades dos bebês e crianças pequenas não são variáveis; são inatas e inalteráveis.

É necessário pensar sempre na criança em desenvolvimento. Trata-se de um critério sempre útil, mas é especialmente importante no caso das crianças de menos de cinco anos, visto que cada criança de quatro é também de três, de dois e de um ano, e é também um bebê que está sendo desmamado, ou um bebê recém-nascido, ou mesmo no ventre materno. As crianças avançam e recuam em sua idade emocional.

É grande a distância entre o bebê recém-nascido e a criança de cinco anos, em termos de personalidade e crescimento emocional. Essa distância não pode ser coberta se determinadas condições não forem preenchidas. Essas condições só precisam ser suficientemente boas, dado que a inteligência da criança se torna cada vez mais apta para ter em conta a possibilidade de fracassos e para dominar a frustração mediante uma prévia preparação. Como se sabe, as condições que são necessárias para o crescimento individual da criança não são estáticas, assentes e fixas em si mesmas; encontram-se em um estado de transformação qualitativa e quantitativa, em relação à idade da criança e às necessidades em constante mutação.

Consideremos mais de perto um menino, ou menina, sadio de quatro anos de idade. No decorrer do dia, pode-se notar um grau de mundanismo semelhante ao de um adulto. O menino tornou-se apto a identificar-se com o pai, e a menina com a mãe, e há ainda as identificações cruzadas. Essa capacidade de identificação revela-se no comportamento concreto e na aceitação de responsabilidades por um prazo limitado, em uma área limitada; mostra-se nas brincadeiras, em que as tarefas e alegrias da vida de casados, da família e da pedagogia são francamente expostas;

reflete-se nos amores e ciúmes violentos que são característicos dessa idade; e existe nas fantasias diurnas e, especial e fundamentalmente, nos sonhos da criança adormecida.

Esses são alguns dos elementos maduros na criança sadia de quatro anos de idade, se tomarmos especialmente em conta a intensidade de vida que deriva do instinto infantil, que é a base biológica para as excitações reveladas pela sequência: preparação com tensão crescente; clímax; e, depois, certa descontração resultante de determinada forma de gratificação.

No sonho completo que assinala a maturidade pertencente ao período imediatamente anterior aos cinco anos, a criança está no vértice de um triângulo de relações humanas. Nesse sonho, o impulso biológico a que chamamos instinto é aceito e não constitui pequena proeza para uma criança suportar o crescimento biológico, de modo que no sonho, e na fantasia potencial subentendida na vida desperta, as funções corporais da criança estão envolvidas em relações de um tipo intenso, como o amor sentido como tal, e o ódio também, e todos os conflitos inerentes.

Isto significa que toda a gama de sexualidade se encontra no âmbito de uma criança sadia, salvo a existência da limitação física pertinente à imaturidade física. Em forma simbólica e nos sonhos e brincadeiras, os detalhes das relações sexuais fazem parte da experiência infantil.

Uma necessidade da criança bem desenvolvida de quatro anos é ter pais com quem se identifique. Nessa importante idade, não é bom implantar princípios morais nem inculcar padrões culturais. O fator ativo é o pai e a mãe, a conduta de ambos e as relações recíprocas dos pais, tal como a criança as percebe. É isso que a criança absorve, imita ou contra o que reage; é também o que a criança usa centenas de vezes em um processo pessoal de autodesenvolvimento.

Além disso, o lar, que tem por base as relações entre os pais, tem uma função a desempenhar pelo fato de existir e sobreviver; o ódio expresso da criança, e o ódio que aparece nos desastres oníricos, podem ser tolerados pela criança em virtude do fato de o lar continuar funcionando, apesar do pior e por causa do melhor.

Mas uma criança que, por vezes, é surpreendentemente madura aos quatro anos e meio se converte de súbito em um bebê de dois anos quando precisa que a tranquilizem, por causa de um dedo cortado ou de uma queda ocasional, e é suscetível de tornar-se ainda mais infantil na hora de dormir. Uma criança de qualquer idade que precise ser amparada afetuosamente necessita de uma forma física de amor que foi naturalmente dada pela mãe quando transportou o seu filho no ventre e o segurou nos braços.

Com efeito, uma criança não começa logo como uma pessoa apta a identificar-se com outras pessoas. Tem de haver uma elaboração gradual do eu como um todo, ou uma unidade, e também um desenvolvimento gradual da capacidade de sentir que o mundo externo e o mundo interior são coisas relacionadas, mas não idênticas ao eu, o eu que é individual e particular e jamais o mesmo em duas crianças.

A conquista da maturidade apropriada à idade entre três e cinco anos é realçada primeiro porque as crianças sadias estão permanentemente elaborando e acumulando essa maturidade tão vital para todo o desenvolvimento futuro do indivíduo. Ao mesmo tempo, a maturidade das crianças de menos de cinco anos é normalmente compatível com todo o tipo e grau de imaturidade. As imaturidades são os resíduos daqueles estados sadios de dependência que caracterizam as fases iniciais do crescimento. É mais simples reproduzir o resultado de sondagens, feitas em diversas fases do desenvolvimento, do que tentar desenhar um vasto painel detalhado da criança de quatro anos.

Mesmo em uma exposição condensada, devemos separar os seguintes elementos:

1) Relação triangular (mantida pela família).

2) Relação de duas pessoas (a mãe apresentando o mundo ao bebê).

3) A mãe mantém a criança em estado não integrado (ver a pessoa toda, antes de o bebê sentir o todo).

4) O amor de mãe expresso em termos de assistência física (técnicas maternais).

1) *Relação triangular*. A criança converteu-se em um ser humano total entre seres humanos totais, colhida em relações triangulares. No sonho subjacente ou inconsciente, a criança ama um dos seus progenitores e, por consequência, odeia o outro. Até certo ponto, o ódio é expresso de uma forma direta, e é feliz a criança que pode reunir todos os resíduos agressivos latentes e oriundos de fases anteriores, para usá-los nesse

ódio, que é aceitável por basear-se no amor primitivo. Em certa medida, porém, esse ódio é absorvido pela capacidade infantil de identificar-se com o rival no sonho. Neste caso, a situação familiar comporta a criança e o sonho infantil. O triângulo tem uma forma de realidade e esta permanece intacta. O triângulo também se encontra em todos os tipos de relações próximas que permitem a propagação do tema central e o abrandamento gradual das tensões que se tornarão controláveis em dada situação concreta. As atividades lúdicas são, neste ponto, especialmente importantes, visto serem ao mesmo tempo reais e concretas, por uma parte, imaginadas ou sonhadas, por outra parte; e embora as experiências lúdicas permitam tremendos sentimentos de todos os gêneros que, de outro modo, ficariam encerrados no sonho não recordado, as brincadeiras cessam por fim e os que estavam brincando arrumam suas coisas, comem juntos a merenda, preparam-se para o banho ou para escutar uma história antes de dormir. Além disso, nas brincadeiras, durante o período que estamos analisando, há sempre um adulto perto, que está indiretamente envolvido e pronto para assumir o controle.

Um estudo de duas brincadeiras infantis – pais e mães, médicos e enfermeiras – poderia ser facilmente instrutivo para o neófito nestes assuntos, bem como os jogos específicos baseados na imitação dos trabalhos domésticos da mãe ou no trabalho especial do pai. O estudo dos sonhos infantis requer uma habilidade especial, mas, naturalmente, faz o estudioso ir mais além, no inconsciente, do que a simples observação das brincadeiras das crianças.

2) *Relação de duas pessoas*. Em uma fase anterior, em vez da relação triangular, temos a relação mais direta entre a criança e a mãe. Por métodos extremamente sutis, a mãe está apresentando o mundo ao bebê, em âmbito limitado, mediante a obstrução e intromissões ocasionais e o fornecimento do que for mais necessário, da maneira mais correta e no momento mais adequado. Pode-se facilmente notar que, nessa relação de dois corpos, há muito menos lugar do que na relação triangular para uma orientação pessoal, por parte da criança, em momentos difíceis. Contudo, são dois seres humanos integrais, estreitamente inter-relacionados e interdependentes. Se a mãe for sadia, sem inquietações nem depressões, sem confusões nem hesitações, haverá então um vasto âmbito para o desenvolvimento da personalidade da criança, no enriquecimento cotidiano das relações entre a mãe e o filho.

3) *A mãe mantém a criança em estado não integrado*. Antes disso existe, evidentemente, um grau ainda maior de dependência. A mãe é necessária como alguém que sobrevive diariamente e que pode integrar os diversos sentimentos, sensações, excitações, zangas e pesares etc., que contribuem para estruturar a vida da criança, mas que esta não pode manter. A criança ainda não é uma unidade. A mãe está mantendo a criança, sustentando o ser humano em formação. Se necessário, a mãe pode rever em seu espírito tudo o que o dia significou para o bebê. Ela compreendeu. Ela vê o filho como um ser humano, em uma época em que o bebê é ainda incapaz de sentir-se integrado.

4) *O amor de mãe expresso em termos de assistência física*. Ainda antes, a mãe está sustentando o seu bebê e, desta vez, quero dizer de uma forma física. Todos os detalhes mais remotos dos cuidados *físicos* constituem questões psicológicas para o bebê. A mãe procede a uma adaptação ativa às necessidades do filho e, no princípio, essa adaptação pode ser notavelmente completa. A mãe sabe, instintivamente (como diz o povo), que necessidade está a ponto de tornar-se premente. Ela apresenta o mundo à criança da única maneira que não gera o caos, que é pela satisfação de necessidades à medida que elas surgem. Também ao exprimir seu amor em termos de assistência física e pela concessão de satisfações físicas, ela habilita a psique infantil a começar a viver no corpo da criança. Por sua técnica de assistência infantil, ela exprime seus sentimentos para com a criança e afirma-se como pessoa que pode ser reconhecida pelo indivíduo em desenvolvimento.

Essa afirmação de necessidades é dada como base para o exame do impacto sobre a criança das várias alterações que foram observadas no padrão familiar. Essas necessidades, cada uma à sua maneira, são absolutas, levando em consideração a qualidade variável das mesmas. O malogro em satisfazer tais necessidades resulta em deformação do desenvolvimento da criança, individualmente considerada, e pode ser tomado como um axioma, segundo o qual quanto mais primitivo for o tipo de necessidade, tanto maior será a dependência do indivíduo em relação ao meio ambiente e mais desastroso o malogro na satisfação dessas necessidades. O método inicial de orientação de uma criança é uma questão que excede o pensamento consciente e a intenção deliberada. E algo que só se torna possível por intermédio do *amor*. Dizemos, por vezes, que a criança precisa de amor, mas queremos significar com isso que só alguém que ame a criança pode fazer a necessária adaptação à necessidade, e só alguém que ame a criança pode graduar um malogro na adaptação para acompanhar a evolução da capacidade individual da criança e tornar possível o uso do próprio malogro.

As necessidades essenciais das crianças de menos de cinco anos pertencem aos indivíduos por elas afetados e os princípios básicos não mudam. Esta verdade é aplicável aos seres humanos do passado, presente e futuro, em qualquer parte do mundo e em qualquer cultura.

Os Pais e o Seu Sentido de Tarefa

Parece existir hoje entre os jovens pais um novo sentido de realização de uma tarefa; eis uma daquelas coisas importantes que não figuram nos inquéritos estatísticos. Os pais modernos esperam; planejam e leem. Sabem que serão capazes de prestar uma atenção apropriada a dois ou três filhos, apenas, de modo que se empenham em sua limitada tarefa paternal ou maternal da melhor maneira possível: realizando-a eles próprios. O resultado, quando tudo corre bem, é o estabelecimento de relações diretas que por sua intensidade e riqueza são, por si mesmas, alarmantes. São de esperar e encontramos – dificuldades especiais resultantes da falta de deslocamento para outras pessoas que cuidem das crianças. O triângulo de pais e filho torna-se de fato uma realidade.

Pode-se observar que os pais que estão de tal modo deliberados na realização da tarefa de pôr os filhos no bom caminho para a saúde mental são eles próprios individualistas. Faz parte e é uma parcela desse individualismo que os pais venham eles próprios a necessitar, mais tarde, promover maior desenvolvimento pessoal. Na sociedade moderna, verifica-se um abrandamento da simulação.

Os pais que sentem estar empenhados em uma tarefa fornecem um ambiente fértil para a criança. Além disso, se uma ajuda real estiver ao alcance, esses pais não hesitam em utilizá-la. Mas essa ajuda deve ser de um gênero tal que não corrompa o sentido de responsabilidade dos pais.

O nascimento de um novo bebê pode constituir uma valiosa experiência para os filhos mais velhos, ou pode ser um enorme problema, e os pais que estiverem dispostos a dar tempo para reflexão estão aptos a impedir erros evitáveis. Contudo, não se deve esperar que, mediante a reflexão, seja possível impedir o amor, o ódio e o conflito de lealdades.

A vida é difícil e para ninguém mais difícil do que para a criança normal e sadia de três a cinco anos. Felizmente, a vida também traz suas recompensas e, nessa idade, anuncia promessas, desde que o lar seja estável e a criança obtenha a sensação de felicidade e contentamento nas relações entre os pais.

Os pais decididos a serem-no de um modo adequado certamente assumem uma grande tarefa, e há sempre o risco de não haver uma compensação. Muitas circunstâncias fortuitas podem privar os pais de um êxito, mas, felizmente, há hoje muito menos riscos de doença física do que há vinte anos. Os pais estão dispostos a estudar as necessidades dos filhos e isso é uma boa ajuda; devemos recordar, porém, que, se as coisas correrem mal entre eles, os pais não se podem amar mutuamente só porque os filhos precisam que eles estejam em relações estáveis.

A Sociedade e o Seu Sentido de Responsabilidade

Verificou-se uma grande alteração na atitude da sociedade a respeito da assistência à criança. Existe hoje a compreensão de que na infância está a base para a saúde mental e, finalmente, para a maturidade em termos do adulto que pode identificar-se com a sociedade, sem perder o sentido de sua importância pessoal.

Os grandes progressos da Pediatria, na primeira metade do século XIX, realizaram-se principalmente no setor físico. Avolumou-se a ideia de que, se a doença física pode ser prevenida ou curada em uma criança, a sua psicologia poderá ficar entregue a si mesma. A Pediatria ainda precisa superar esse princípio básico, e terá de encontrar um meio de fazê-la sem abrandar sua preocupação pela saúde física. A obra do Dr. John Bowlby, que se concentrou em uma coisa, o efeito pernicioso na criança pequena de sua separação da mãe, produziu uma enorme mudança nos métodos dos últimos anos, tanto assim que as mães visitam agora os filhos hospitalizados e, sempre que possível, evita-se uma separação. Além disso, houve uma mudança na orientação da assistência a crianças separadas dos pais, com uma abolição virtual do internato e um crescente desenvolvimento do educandário. Mas aos pediatras e às assistentes familiares que cooperam nessas matérias falta ainda uma verdadeira compreensão das razões subentendidas na necessidade infantil de continuidade nas relações com a mãe e o pai. Contudo, é importante passo à frente o fato de reconhecer-se que muita enfermidade mental pode ser prevenida se forem evitadas separações desnecessárias. O que ainda é preciso é a melhor compreensão do desenvolvimento da saúde mental da criança em um ambiente familiar normal.

Uma vez mais, os médicos e assistentes sabem bastante no que diz respeito ao aspecto físico da gravidez e do parto, bem como à saúde corporal do bebê nos primeiros meses de vida. Nada sabem, contudo, no que concerne à conjugação de mãe e filho desde as primeiras mamadas, porque isso constitui uma matéria delicada que está acima de normas e regras e só a mãe pode saber como agir. Muitas desgraças são universalmente causadas pela interferência de especialistas em outros setores, precisamente quando a mãe está descobrindo sua maneira de travar relações com o bebê desde o começo.

Precisamos ver que a pessoa exercitada nesses domínios (a enfermeira da maternidade, a visitadora sanitária, a professora da escola maternal etc., cada uma especializada em uma tarefa) pode ser uma personalidade imatura em comparação com um pai ou mãe, e o *julgamento* dos pais sobre uma matéria específica ser mais sólido do que o de um especialista. Não se deduza que isso possa causar dificuldades, desde que o problema seja bem compreendido. O indivíduo exercitado é necessário em virtude de seu conhecimento e seus dotes especiais.

O que os pais necessitam sempre é ser esclarecidos sobre as causas subjacentes, não aconselhados nem instruídos quanto a um método. Deve-se também dar aos pais margem para experiências e para o cometimento de erros, para que possam aprender à própria custa.

A difusão do trabalho social teórico, no setor da Psicologia, que pode imediatamente provar o seu valor, no aspecto preventivo, mediante a aceitação de amplos princípios de orientação, produz, não obstante, uma grande ameaça à vida familiar normal ou sadia. É prudente recordar que a saúde do país depende de unidades familiares sadias, com pais que sejam indivíduos emocionalmente maduros. Essas famílias sadias são, portanto, território sagrado, onde não se pode penetrar sem um entendimento concreto de valores positivos. Todavia, a unidade familiar sadia precisa de ajuda proveniente de unidades mais amplas. Os pais estão permanentemente empenhados em suas próprias relações pessoais recíprocas, dependendo da sociedade para a sua própria felicidade e integração social.

A Falta Relativa de Irmãos e Primos

Uma alteração significativa no padrão familiar é a falta relativa não só de irmãos e irmãs, mas também de primos. Não imaginemos poder fornecer primos mediante o fornecimento de companheiros de brincadeira. As relações de sangue são de extrema importância no deslocamento gradual das relações de duas e três pessoas, no sentido da mãe para fora e do pai e mãe para a sociedade, em seu aspecto mais amplo. É de esperar que a criança moderna não tenha, frequentemente, uma ajuda do tipo que era fornecido nos tempos das grandes famílias. Deve ser comum para uma criança não ter qualquer primo ao seu alcance e, no caso do filho único, isso constitui uma questão muito séria. Contudo, se este princípio for aceito, podemos afirmar que a principal ajuda a ser prestada à pequena família moderna é a ampliação do âmbito de relações e de oportunidades. A escola maternal, o jardim de infância, podem fazer muito nesse sentido, se não forem demasiado grandes e se estiverem adequadamente dotados de pessoal. Não me refiro apenas à quantidade de pessoal, mas também à educação do mesmo em problemas de psicologia infantil. Os pais podem usar esses estabelecimentos para disporem de algumas horas de folga e repouso; para ampliarem o âmbito das relações da criança com adultos e outras crianças e para ampliarem, também, o âmbito das brincadeiras.

Muitos pais normais ou quase normais irritam-se com os filhos se os tiverem sempre junto a si, dia e noite, mas se dispuserem de algumas horas para si próprios poderão ser bons e pacientes com os filhos o resto do tempo. Chamo a atenção especial para este ponto, visto que, em minha prática, vejo-me sempre a braços com a necessidade de ajudar as mães quando elas buscam emprego com horário parcial, para bem da saúde e tranquilidade delas. Há neste ponto grande margem para debate, mas, com respeito à família sadia (e espero que se admita não tratar-se de um fenômeno raro), os pais podem participar das decisões variáveis sobre a frequência às escolas maternais e jardins de infância.

Na Grã-Bretanha, a educação adaptada à escola maternal atingiu um nível muito elevado. As nossas escolas maternais lideraram o caminho no mundo, em parte graças à influência de Margaret McMillan e da minha falecida amiga Susan Isaacs. Além disso, a educação de professoras para trabalharem nessas escolas foi afetada pela atitude geral em relação ao ensino em grupos de idades mais adiantados. Seria realmente uma coisa trágica não vermos um desenvolvimento ainda maior do tipo de escolas maternais que são de fato convenientes para ajudar às famílias sadias. Por contraste, a creche não se destina primordialmente à criança e não é certo que as autoridades que a mantêm estejam propriamente interessadas em pessoal e equipamento. A creche deve provavelmente, mais do que a escola maternal, ficar sob o domínio das autoridades médicas que, lamento dizer, visto que sou médico, parecem por vezes pensar que o crescimento físico e a liberdade de doenças físicas são tudo o que interessa. Não obstante, a creche pode efetuar uma parte do trabalho que uma escola maternal realmente boa, apropriadamente dotada de pessoal e equipamento, tem por finalidade realizar; e, sobretudo, pode habilitar mães preocupadas e fatigadas a serem mães bastante boas porque tiveram mudança de ocupação.

As creches continuarão desfrutando o apoio oficial por causa do seu mais óbvio valor para a sociedade em dificuldade; que sejam bem equipadas e dotadas de pessoal, para que não causem danos às crianças normais de famílias sadias. A escola maternal, na sua melhor expressão, é tão boa que as famílias sadias dos tempos modernos podem usá-la para ampliações razoáveis do âmbito de relações da que, de outro modo, seria apenas uma criança pequena e solitária; e, porque a boa escola maternal assiste à família sadia, reveste-se de um valor muito especial, embora intangível e não estatístico, para a comunidade. A sociedade deve ter um futuro se o presente for tomado a sério; e é da família sadia que o futuro dimana.

CAPÍTULO 28

A Mãe, a Professora e as Necessidades da Criança*

A função da escola maternal não é ser um substituto para a mãe ausente, mas suplementar e para ampliar o papel que, nos primeiros anos da criança, só a mãe desempenha. Uma escola maternal, ou jardim de infância, será possivelmente considerada, de um modo mais correto, uma ampliação da família "para cima", em vez de uma extensão "para baixo" da escola primária. Parece aconselhável, portanto, antes de examinarmos em detalhe o papel da escola maternal e o da professora, em particular, estabelecermos um resumo do que a criança precisa da mãe e a natureza do papel que a mãe desempenha no fomento de uma evolução psicológica saudável, nos primeiros anos de vida da criança. Só à luz do papel da mãe e das necessidades da criança é que se pode conseguir uma compreensão real da maneira como a escola maternal pode dar continuidade ao trabalho da mãe.

Qualquer exposição da necessidade de uma criança, na infância e na idade da escola maternal, deve, se tiver que ser breve, cometer uma grande injustiça a ela. Contudo, ainda que seja difícil esperar uma exposição unânime e detalhada, na fase atual dos nossos conhecimentos, o relato que se segue, em suas linhas gerais, parece ser, para aqueles componentes do grupo de especialistas particularmente interessados no estudo clínico do desenvolvimento psicológico da infância, o único que poderia receber uma aceitação geral por parte dos demais trabalhadores neste domínio.

São necessários alguns comentários preliminares sobre os papéis respectivos da mãe, da professora da escola maternal e da professora das crianças mais velhas.

---

*Extraído de um relatório da UNESCO. O autor fez parte do grupo de especialistas que elaborou o relatório e este capítulo não é, portanto, inteiramente obra sua.

A *mãe* não precisa ter uma compreensão intelectual da sua tarefa, uma vez que está preparada para a mesma, em sua essência, pela orientação biológica em relação ao seu próprio bebê. É mais o fato de sua devoção ao bebê do que o seu conhecimento autoconsciente que a torna suficientemente boa para obter pleno êxito nas primeiras fases da criação do filho.

Uma *jovem professora da escola maternal* não está biologicamente orientada para qualquer criança, exceto de um modo indireto, por intermédio da identificação com uma figura materna. Para ela é, portanto, necessário ser levada gradualmente a compreender que está na presença de uma psicologia complexa de crescimento e adaptação infantis, a qual necessita de condições especiais de meio ambiente. O exame das crianças a seu cuidado irá habilitá-la a reconhecer a natureza dinâmica do crescimento emocional normal.

Uma *professora de crianças mais velhas* tem de estar mais apta a apreciar intelectualmente a natureza desse problema de crescimento e adaptação. Felizmente, não precisa saber tudo, mas deve estar temporariamente capacitada para aceitar a natureza dinâmica dos processos de crescimento e a complexidade do assunto, ávida por aumentar o seu conhecimento dos detalhes mediante observações objetivas e estudos bem planejados. Poderá ser grandemente auxiliada se tiver a oportunidade de debater a *teoria* com psicólogos infantis, pediatras e psicanalistas e, evidentemente, pela leitura.

O papel do pai é de uma importância vital, primeiro, por meio do seu apoio material e emocional à esposa e depois, gradualmente, por suas relações diretas com a criança. Na idade da escola maternal, ele poderá tornar-se mais importante para o filho do que a mãe. Todavia, não é possível fazer inteira justiça ao papel do pai na exposição que se segue.

Os anos da escola maternal são significativos pelo fato de uma criança, nesse período, estar em transição de uma fase para outra. Conquanto, de certa maneira e em certos momentos, a criança de dois a cinco anos atinja maturidade que se assemelha à do adolescente, em outros aspectos e momentos, porém, a mesma criança é também (normalmente) imatura e infantil. Só quando os cuidados iniciais da mãe foram bem-sucedidos e quando, além disso, os pais continuaram a fornecer os elementos essenciais de um bom ambiente é que as professoras de escola maternal podem dar à sua função de assistência um segundo lugar, em relação à instrução pré-escolar propriamente dita.

Na prática, todas as crianças de uma escola maternal, em certos momentos e de um ou outro modo, são bebês que necessitam de assistência materna (e paterna). Também em maior ou menor grau, poderá ter havido um fracasso materno e, então, a escola maternal tem oportunidade de suplementar e corrigir esse fracasso, sempre que não seja muito grave. Por essas razões, a jovem professora precisa aprender a respeito de cuidados maternos e tem oportunidade de obter esses ensinamentos por meio de suas conversações com as mães e de sua observação da conduta das mães das crianças a seu cargo.

Psicologia Normal da Infância

No período entre os dois e os cinco ou sete anos de idade, cada criança normal experimentou os mais intensos conflitos resultantes de poderosas tendências instintivas que enriquecem os sentimentos e as relações pessoais. A qualidade do instinto tornou-se menos afim dos primeiros anos da infância (principalmente, no plano alimentar) e mais próxima da que é mais tarde reconhecida, na puberdade, como base da vida sexual dos adultos. A vida de fantasia consciente e inconsciente da criança adquiriu um novo teor que possibilita identificações com pais e mães, esposas e maridos, e os acompanhamentos corporais dessas experiências de fantasia passaram a envolver excitações semelhantes às dos adultos normais.

Ao mesmo tempo, as relações só agora foram estabelecidas como entre seres humanos integrais. Além disso, nessa idade, o menino ou a menina está ainda aprendendo a perceber a realidade externa e a compreender que a mãe tem uma vida própria, de modo que não pode realmente ser possuída como se pertencesse a outra pessoa.

A consequência desses acontecimentos é que às ideias de amor se seguem as ideias de ódio, o ciúme e um conflito emocional doloroso, enfim, o sofrimento pessoal; e sempre que o conflito é demasiado grande, sobrevêm a perda de capacidade total, inibições, "recalque" etc., resultando na formação de sintomas. A expressão de um sentimento é, em parte, direta, mas a possibilidade é cada vez maior, à medida que o desenvolvimento da criança prossegue, de que o alívio seja obtido mediante a autoexpressão, quer por meio de brincadeiras ou da fala.

Nessas questões, a escola maternal tem funções importantes e óbvias. Uma delas é o fornecimento, durante algumas horas diárias, de uma atmosfera emocional que não é a tão densamente carregada do lar. Isso propicia à criança uma pausa para o desenvolvimento pessoal. Também novas relações triangulares menos intensamente carregadas do que as familiares podem ser formadas e expressas entre as próprias crianças.

A escola, que é um apoio, mas não uma alternativa para o lar da criança, pode fornecer oportunidade para uma profunda relação pessoal com outras pessoas que não os pais. Essas oportunidades apresentam-se na pessoa das professoras e das outras crianças e no estabelecimento de uma tolerante, mas sólida, estrutura em que as experiências podem ser realizadas.

É vital recordar, porém, que simultaneamente com as provas evidentes de que o processo de maturação está sendo levado a efeito, em outros aspectos ainda existe imaturidade. Por exemplo, a capacidade de percepção exata ainda não está totalmente desenvolvida, pelo que devemos esperar da criança uma concepção mais subjetiva do que objetiva do mundo, especialmente na hora de dormir e de acordar. Quando a angústia ameaça, a criança retorna facilmente à posição infantil de dependência, muitas vezes com a consequência do reaparecimento da incontinência infantil, bem como da intolerância infantil da frustração. Em virtude dessa imaturidade, a escola tem de estar apta para desempenhar a função da mãe, que deu confiança à criança nos primeiros tempos.

Não se pode supor que a criança na idade da escola maternal possui uma capacidade plenamente estabelecida para manter amor e ódio da mesma pessoa. A saída mais primitiva para o conflito é a separação do bom e do mau. A mãe da criança, que inevitavelmente estimulou nela amor e ódio, continuou a existir e a ser ela e, por isso, habilitou a criança a começar a reunir o que parece bom e o que parece mau na mãe; assim, a criança principiou a ter sentimentos de culpa e a preocupar-se a respeito da agressão que acaba por dirigir-se à mãe, por intermédio do amor que lhe dedica e também das suas insuficiências.

Existe um fator de tempo envolvido na evolução do sentimento de culpa e de preocupação. A sequência é a seguinte: amor (com elementos agressivos), ódio, um período de digestão, culpa, reparação mediante expressão direta ou brincadeira construtiva. Se faltar a oportunidade de reparação, a criança deve então reagir mediante a perda de capacidade para sentir culpa e, por último, pela perda da capacidade de amor. A escola maternal continua essa obra da mãe pela estabilidade do seu pessoal e também pela sua provisão de brincadeiras construtivas, que habilitam cada criança a descobrir um modo de enfrentar a culpa que pertence aos impulsos agressivos e destrutivos.

Uma tarefa muito importante, já realizada pela mãe, pode ser descrita pelo termo "desmame". O desmame implica que a mãe deu algo bom, que esperou até haver sintomas de que a criança estava pronta para ser desmamada e que ela realizou essa tarefa, apesar de suscitar reações furiosas. Quando a criança passa dos cuidados maternos para os escolares, essa experiência é até certo ponto reproduzida, de modo que a história do desmame de uma criança auxilia materialmente a jovem professora a compreender as dificuldades iniciais que poderão surgir na escola. Quando a criança aceita facilmente a escola, a professora poderá entender esse fato como um prolongamento do êxito materno em sua tarefa de desmame.

Há outros aspectos em que a mãe, sem o saber, desempenha tarefas essenciais na criação das bases para o subsequente desenvolvimento da saúde mental do filho. Por exemplo, sem a sua cuidadosa apresentação da realidade externa, a criança não possui meios de estabelecer uma relação satisfatória com o mundo.

Na educação da escola maternal, criam-se condições propícias para o que é intermediário entre o sonho e o real; principalmente, as brincadeiras são respeitadas de um modo positivo e empregam-se estórias, desenhos e música. É especialmente neste setor que a escola maternal pode fomentar o enriquecimento e ajudar a criança a encontrar uma relação operante entre as ideias que são livres e o comportamento que precisa tornar-se relacionado com o grupo.

Ao procurar constantemente e ao ver o ser humano que existe no filho, a mãe habilitou a criança, gradualmente, a estruturar-se como personalidade, a integrar-se de dentro até constituir uma perfeita unidade. Esse processo não fica concluído na idade em que a criança frequenta a escola maternal e, durante esse período, continua a necessidade de um tipo pessoal de relações, sendo cada criança conhecida pelo nome, vestida e tratada segundo o que essa criança é e sente que é. No caso favorável, a individualidade da criança torna-se tão firme, com o decorrer do tempo, que é a própria criança quem quererá aderir às atividades grupais.

A assistência *física*, desde o nascimento (ou antes) em diante, foi um processo *psicológico*, do ponto de vista da criança. A técnica materna de pegar ao colo, de banhar, de alimentar, de tudo o que ela fez ao bebê, somou-se na primeira ideia que a criança formulou a respeito da mãe e, a isso, adicionaram-se depois gradativamente o aspecto e outros atributos físicos maternos, bem como os seus sentimentos.

A capacidade da criança para sentir que o corpo é um lugar onde habita a psique não poderia desenvolver-se sem uma técnica coerente de tratamento, e quando a escola maternal continua a propiciar um meio físico e a assistência corporal à criança, está desempenhando uma tarefa básica de higiene *mental*. A alimentação não constitui, meramente, uma questão de meter comida na criança; é outra maneira pela qual a professora continua a obra da mãe. A escola, à semelhança da mãe, mostra amor mediante a alimentação da criança e, tal como sucede à mãe, tanto espera ser recusada (odiada, rejeitada) como ser aceita (merecer confiança). Na escola maternal não há lugar para tudo quanto seja impessoal ou mecânico, visto que, para a criança, isso significa hostilidade ou (ainda pior) indiferença.

O quadro do papel da mãe e das necessidades das crianças, estabelecido nesta seção, torna claro que a professora da escola maternal necessita estar em contato com as funções maternais e isso é coerente com o fato de que a sua principal tarefa está ligada às funções educativas da escola primária. Há falta de professores de Psicologia, mas, por toda parte existem fontes de informações que podem ser desvendadas pela professora da escola maternal, se ela for dirigida nesse sentido: ou seja, a observação do tratamento infantil pelas mães e pelos pais, no ambiente familiar.

O Papel da Professora na Escola Maternal

Partindo do princípio de que a escola maternal suplementa e prolonga em certas direções a função do bom lar, a professora que exerce funções nessa escola herda, naturalmente, alguns dos atributos e deveres da mãe para o período escolar, sem procurar descobrir, porém, as suas próprias necessidades de desenvolver vínculos emocionais maternos. O seu dever é, antes, manter, fortalecer e enriquecer as relações pessoais da criança com a própria família, apresentando simultaneamente um mundo mais vasto de pessoas e oportunidades. Assim, desde o momento da entrada da criança na escola, pela primeira vez, relações sinceras e cordiais entre a professora e a mãe servirão para suscitar um sentimento de confiança na mãe e de tranquilidade na criança. O estabelecimento de tal relação auxiliará a professora a localizar e compreender aquelas perturbações, em suas crianças, que resultem de circunstâncias familiares e, em muitos casos, facultará oportunidades para que a professora ajude as mães a terem maior fé em si mesmas como mães.

O ingresso em uma escola maternal é uma experiência social exterior à família. Cria um problema psicológico para a criança e uma oportunidade para a professora realizar a sua primeira contribuição para a higiene mental.

A entrada na escola poderá também gerar inquietações na mãe, que pode interpretar erroneamente a necessidade infantil de oportunidade de desenvolvimento além do âmbito familiar e pensar que essa necessidade resulta mais de sua própria inadequação do que do desenvolvimento natural da criança.

Esses problemas, que surgem com o ingresso da criança na escola maternal, exemplificam o fato de que, em todo o período em que a criança a frequenta, a professora tem responsabilidade e oportunidade duplas. Tem a oportunidade de dar assistência à mãe na sua descoberta das próprias potencialidades maternais, e de assistir à criança para que esta supere os inevitáveis problemas psicológicos com que o ser humano em desenvolvimento se defronta.

A lealdade ao lar e o respeito pela família são fundamentais na manutenção de relações firmes entre a criança, a professora e a família.

A professora assume o papel de uma amiga calorosa e simpática, que será não só o principal esteio da vida da criança fora de casa, mas também uma pessoa resoluta e coerente em seu comportamento para com ela, discernindo suas alegrias e mágoas pessoais, tolerante com suas incoerências e apta a ajudá-la no momento de necessidades especiais. Suas oportunidades situam-se em suas relações pessoais com a criança, com a mãe e com todas as crianças como um grupo. Em contraste com a mãe, a professora possui conhecimentos técnicos resultantes de seu treino e de uma atitude de objetividade em relação às crianças sob seus cuidados.

À parte a professora e suas relações com as crianças individuais, suas mães e as crianças como grupo, o ambiente da escola maternal, como um todo, promove importantes contribuições para o desenvolvimento psicológico da criança. Fornece um ambiente físico mais apropriado ao nível das capacidades infantis do que o lar, onde o mobiliário é na escala das dimensões gigantescas dos adultos, em que o espaço é comprimido pelas dimensões dos modernos apartamentos e onde os que cercam a criança estão inevitavelmente mais preocupados com a tarefa de manter em funcionamento a engrenagem doméstica do que em criar uma situação em que a criança possa desenvolver novas capacidades por meio de suas brincadeiras – uma atividade criadora que é essencial para o desenvolvimento de toda criança.

A escola maternal também fornece à criança a companhia de outras da mesma idade. É a primeira experiência da criança como participante de um grupo de iguais e, portanto, cria-lhe a necessidade de desenvolver a capacidade de relações harmoniosas em tal grupo.

Nos seus primeiros anos, as crianças são incapazes de cometer simultaneamente três tarefas psicológicas. Primeiro, estão elaborando uma concepção delas próprias como um "eu" relacionado a uma realidade que começam a definir. Segundo, estão desenvolvendo uma capacidade de relação com uma pessoa, a mãe. Esta habilitou a criança a desenvolver-se nesses dois aspectos, em uma considerável medida, antes de ir para a escola maternal e de fato, no princípio, o ingresso na escola é um choque para as relações pessoais com a mãe. A criança enfrenta esse choque mediante o desenvolvimento de outra capacidade, ou seja, a de relações pessoais com outras pessoas além da mãe. É em virtude de a professora constituir o objeto dessa relação pessoal não materna que ela deve reconhecer que, para a criança, ela não é uma pessoa "vulgar" e não pode conduzir-se de um modo "vulgar". Ela deve, por exemplo, aceitar a ideia de que a criança só gradualmente chegará a ponto de cedê-la a outras crianças sem ficar perturbada.

A capacidade de cedê-la a outras crianças evoluirá à medida que a criança estabelecer com êxito um terceiro tipo de desenvolvimento, a saber, a capacidade de relações em que diversas pessoas estejam envolvidas. Até que ponto qualquer criança ter-se-á desenvolvido nesses três aspectos, na época da escola maternal, dependerá bastante da natureza das experiências prévias da criança com a mãe. Os três processos de desenvolvimento prosseguem paralelamente.

O processo de desenvolvimento, à medida que prossegue, cria problemas "normais" que se manifestam frequentemente na conduta da criança na escola maternal. Embora a ocorrência de tais problemas seja normal e frequente, a criança precisa de ajuda para resolvê-los, pois um fracasso poderia, nessa altura, deixar marca para toda a vida na personalidade infantil.

Visto as crianças em idade pré-escolar tenderem a ser vítimas de suas próprias emoções fortes e agressivas, a professora deve, por vezes, proteger as crianças delas próprias e exercer o controle e orientação necessários na situação imediata; e, além disso, assegurar o fornecimento de atividades lúdicas satisfatórias para ajudar a criança a guiar sua própria agressividade para canais construtivos e para adquirir habilidades eficazes.

Em todo esse período, existe um processo duplo entre o lar e a escola: as tensões que são geradas em um ambiente se manifestam como perturbações no comportamento do outro. Quando o comportamento da criança é perturbado em casa, a professora pode frequentemente ajudar a mãe a compreender o que está acontecendo, com base em sua experiência dos problemas da criança na escola.

Por intermédio do seu conhecimento das fases normais do crescimento, a professora deve estar também preparada para súbitas e drásticas mudanças no comportamento e aprender a tolerar o ciúme suscitado por perturbações no ambiente familiar. Colapsos no asseio, dificuldades na alimentação e no sono, atraso na fala, atividade motora defeituosa, estes e outros sintomas podem apresentar-se como problemas normais do crescimento ou, de uma forma exagerada, como desvios do normal.

A professora terá também de encarar, no período inicial da criança na escola, uma surpreendente flutuação entre tendências de grande dependência e independência; além de, mesmo nos últimos tempos da idade de frequência da escola maternal, certa confusão entre o que é certo e errado, entre a fantasia e o fato, entre o que é propriedade pessoal e o que pertence a outros.

A professora precisa possuir conhecimentos suficientes para orientá-la no sentido do tratamento mais apropriado, quer na escola maternal, quer então recorrendo a um especialista.

Da organização e do fornecimento de ocupações e atividades na escola maternal depende o completo florescimento de potencialidades emocionais, sociais, intelectuais e físicas da criança. A professora desempenha função essencial nessas atividades, ao combinar a sensibilidade a linguagem e expressão simbólicas da criança com o conhecimento das mesmas, bem como pela avaliação das necessidades especiais da criança, no seio de um grupo. Além disso, a engenhosidade e inventividade no fornecimento do equipamento necessário devem combinar-se com a compreensão do valor das diferentes formas de brincadeira, por exemplo, dramática, inventiva, livre, organizada, construtiva etc.

Nos anos pré-escolares, a brincadeira é um meio fundamental para a criança resolver os problemas emocionais que fazem parte do desenvolvimento. A brincadeira é também um dos métodos característicos da manifestação infantil – um meio para perguntar e para explicar. A professora precisa de uma compreensão intuitiva desses fatos se quiser auxiliar a criança nos problemas penosos que inevitavelmente existem, os quais os adultos tantas vezes ignoram, e ela necessita de treino que a ajude a desenvolver e usar essa compreensão do significado da brincadeira na criança em idade pré-escolar.

A educação na escola maternal exige que a professora esteja pronta a exercer restrições e controles sobre aqueles impulsos e desejos instintivos, comuns a todas as crianças, que são inaceitáveis em suas próprias comunidades, fornecendo simultaneamente os instrumentos e oportunidades para o pleno desenvolvimento criador e intelectual da criança, assim como os meios de expressão para a sua fantasia e vida dramática.

E, finalmente, inseparável de seu trabalho com as crianças é a capacidade da professora para atuar em harmonia com os demais membros da equipe e para salvaguardar em si própria suas qualidades femininas.

CAPÍTULO 29

Sobre Influenciar e Ser Influenciado

Sem dúvida, o grande impedimento no inquérito científico às questões humanas foi a dificuldade que o homem encontrou para reconhecer a existência e a importância dos sentimentos inconscientes. Claro, as pessoas há muito revelaram que conheciam o inconsciente; sabiam, por exemplo, como se sente uma ideia surgir e desaparecer, recuperar uma recordação perdida ou estar apto a apelar para a inspiração, seja benigna ou maligna. Mas há uma grande diferença entre esses relâmpagos intuitivos do reconhecimento de fato e a apreciação intelectual do inconsciente e de seu lugar no esquema das coisas. Foi preciso uma grande coragem para realizar essa descoberta dos sentimentos inconscientes, uma descoberta que para sempre ficará ligada ao nome de Freud.

Era preciso coragem porque, uma vez que aceitemos o inconsciente, estaremos em um rumo que, mais cedo ou mais tarde, nos leva a algo muito doloroso – o reconhecimento de que, por muito que tentemos encarar o mal, a bestialidade e as más influências como algo fora de nós próprios, ou que nos é inculcado de fora, no fim verificamos que, seja o que for que as pessoas façam ou que influências atuem sobre elas, tudo se encontra na própria natureza humana, de fato, em *nós próprios*. Certamente poderá existir um ambiente prejudicial ou coisa semelhante, mas (desde que tenhamos realizado um bom começo) as dificuldades que encontramos em defrontar tal ambiente resultam, principalmente, da existência de conflitos essenciais dentro de nós próprios. Também isto o homem já sabia há muito, por meio de relâmpagos intuitivos; poderíamos afirmar, desde que o primeiro ser humano cometeu suicídio.

O homem também não aceita facilmente como provenientes de sua própria natureza as boas influências e as coisas que atribui a Deus.

O nosso poder para julgar as coisas da natureza humana é suscetível, portanto, de ser obstruído pelo nosso medo das plenas implicações do que concluirmos.

Contra um fundo de reconhecimento tanto do inconsciente como do consciente na natureza humana, podemos estudar com vantagem os detalhes das relações humanas. Um aspecto desse gigantesco assunto é indicado pelas palavras: Influenciar e Ser Influenciado.

Um estudo do lugar da influência nas relações humanas foi sempre de grande importância para o professor, e reveste-se de especial interesse para os estudiosos da vida social e da política moderna. Esse estudo envolve-nos em uma apreciação dos sentimentos que são mais ou menos inconscientes.

Existe um tipo de relações humanas cuja compreensão ajudará a elucidar alguns dos problemas da influência. Esse tipo de relações tem suas raízes nos primeiros dias da vida do indivíduo, quando um dos principais contatos com outro ser humano foi nas horas de alimentação. Paralelamente à alimentação fisiológica comum, existe uma ingestão, digestão, retenção e rejeição de coisas, pessoas e acontecimentos no ambiente da criança. Embora a criança cresça e torne-se capaz de desenvolver outros tipos de relações, esse mais prematuro persiste ao longo da vida, em maior ou menor grau, e em nossa linguagem encontramos muitas palavras ou frases que podem ser usadas para uma relação com o alimento ou igualmente bem com pessoas e coisas não ingeríveis. Tendo isto em mente, poderemos examinar o problema que estamos estudando e talvez seja possível vislumbrar um pouco mais longe ou um pouco mais nitidamente.

Obviamente, podem existir bebês insatisfeitos e também podem existir mães urgentemente desejosas – e desejando em vão – de ter seu alimento aceito; e é possível descrever pessoas que estão de igual modo insatisfeitas ou se sentem frustradas em suas relações com outras pessoas.

Por exemplo, temos aquela pessoa que se sente vazia e que teme sentir-se vazia, e que teme a qualidade agressiva que o vazio adiciona ao seu apetite. Essa pessoa pode, talvez, estar vazia por uma razão conhecida: um bom amigo morreu ou algo de valioso perdeu-se; ou, em virtude de alguma causa mais subjetiva, está deprimida. Semelhante pessoa tem necessidade de encontrar um novo objeto que a encha, uma nova pessoa que ocupe o lugar da pessoa perdida, ou um novo conjunto de ideias, ou uma nova filosofia, para substituir os ideais perdidos. Pode-se deduzir que tal pessoa é particularmente suscetível de ser influenciada. A menos que possa suportar essa depressão, tristeza ou desamparo, e aguardar uma recuperação espontânea, ela deve lançar-se na busca de uma nova influência, ou sucumbir às poderosas influências que suceda despontarem.

É também fácil o retrato de uma pessoa com uma grande necessidade de dar, de encher os demais, de meter-se na pele de outras pessoas, realmente para provar a si mesma que o que tem a dar é bom. Existe uma dúvida inconsciente, claro, a respeito dessa boa coisa. Semelhante pessoa deve ensinar, organizar, efetuar propaganda, abrir o seu caminho por meio da influência que exerce em outras para que atuem. Tal como a mãe, semelhante pessoa é suscetível de alimentar excessivamente ou de dirigir de algum outro modo os filhos, e existe uma relação entre essa ânsia inquieta de dar e saciar e a fome ansiosa que já descrevi. Há um medo de que a fome ansiosa se manifeste em outros.

Sem dúvida, o impulso normal para ensinar desenvolve-se segundo essas diretrizes. Todos nós, em certa medida, precisamos realizar o nosso trabalho para benefício da nossa própria saúde mental – o professor não menos que o médico ou a enfermeira. A normalidade ou anormalidade, em nosso impulso, é em grande parte uma questão de grau de inquietação. Mas, de modo geral, creio que os alunos preferem sentir que os professores não têm essa necessidade urgente de ensinar, essa necessidade de ensinar para evitar um confronto direto com suas próprias dificuldades pessoais.

Ora, pode-se facilmente imaginar o que acontece quando esses extremos se tocam, e o doador frustrado encontra o recebedor frustrado. Aqui temos uma pessoa vazia e ansiosamente procurando uma nova influência. No caso extremo em que uma pessoa, por assim dizer, engole a outra toda, o resultado pode ser uma personificação algo cômica. Semelhante incorporação de uma pessoa por outra pode explicar aquela maturidade espúria com que frequentemente nos deparamos ou como acontece haver pessoas que parecem estar o tempo todo representando. Uma criança que tenha personificado algum herói ou heroína pode ser boa, mas essa bondade parece ser de certo modo instável. Outra criança atua do lado mau, personificando um admirado e temido vilão, e sentimos que essa maldade não é inata, parece ser imposta à criança que está representando o papel. É uma experiência comum encontrar uma criança com uma doença que é uma imitação da doença de uma pessoa que acabou de morrer e que era extremamente amada.

Veremos que essa relação íntima entre o que influencia e o que é influenciado constitui uma espécie de relação de amor e pode facilmente ser confundida com o artigo genuíno, em especial com as pessoas tal como realmente são.

Entre os extremos situa-se a grande maioria das relações entre professor e aluno. Aí, o professor gosta de ensinar e ganha a tranquilidade por meio do êxito, mas não necessita absolutamente do êxito para a sua saúde mental; o aluno também sente prazer em corresponder àquilo que o professor tem para lhe oferecer, sem ser compelido pela angústia para atuar como o professor, para reter tudo quanto ele ensinou ou acreditar em tudo o que qualquer professor ensina. O professor tem de ser capaz de tolerar que duvidem ou suspeitem dele, tal como a mãe tolera os vários caprichos alimentares dos filhos; e o aluno tem de ser capaz de tolerar a admissão, não imediatamente nem de um modo confiante, daquilo que acha aceitável.

Disto segue-se que alguns dos mais impacientes membros da profissão docente possam ver-se limitados em sua atividade prática com os respectivos alunos, exatamente por causa dessa impaciência, pois esta poderá tomá-los incapazes de tolerar a seleção e comprovação pelas crianças daquilo que lhes é oferecido, ou a sua reação inicial à rejeição. Na prática, trata-se de coisas penosas, mas inevitáveis, não podendo ser evitadas exceto por um atropelo nada saudável.

Essas mesmas considerações aplicam-se à maneira como os pais criam os filhos; de fato, quanto mais cedo ocorrer na vida de uma criança tanto mais grave deve ser o efeito do tipo de relações ser influente ou ser influenciado, quando é articulado como substituto para o amor.

Se a mulher espera ser mãe sem nunca ter satisfeito a necessidade infantil de fazer porcaria no momento de desejo agudo de defecar, se espera nunca ter de enfrentar os problemas decorrentes do choque entre as suas conveniências e a espontaneidade da criança, teremos que pensar nela como uma pessoa superficial em seu amor. Ela pode sobrepor-se aos desejos do filho, mas o resultado, se for coroado de êxito, seria considerado medíocre; e um êxito dessa espécie redundaria facilmente em fracasso, visto que o protesto inconsciente da criança pode inesperadamente surgir na forma de uma incontinência intratável. Não é isso semelhante ao ensino?

Um bom ensino exige do professor uma tolerância das frustrações em sua espontaneidade de dar, ou alimentar frustrações que podem ser agudamente sentidas. A criança, ao aprender a ser civilizada, também sente, naturalmente, frustrações de uma forma aguda, e é auxiliada para tornar-se um ser civilizado não tanto pelos preceitos do professor como pela habilidade própria deste para suportar as frustrações inerentes ao ensino.

A frustração do professor não termina com o reconhecimento de que o ensino é sempre imperfeito, de que se cometeram inevitavelmente erros e que, por vezes, qualquer professor pode atuar mediocremente ou injustamente, ou cometer até coisas más. Pior de suportar em tudo isso é o fato de o bom ensino do professor ser algumas vezes rejeitado. As crianças transportarão para a situação escolar as dúvidas e suspeitas que fazem parte de seu próprio caráter e experiências, que constituem uma parcela integrante das distorções sofridas pelo seu próprio desenvolvimento emocional; as crianças são sempre suscetíveis, também, de desvirtuar o que descobrem na escola, pois estão sempre esperando encontrar seu ambiente familiar nela reproduzido ou então representado pelo seu oposto.

O professor tem de suportar esses desapontamentos e, por seu turno, a criança tem de suportar os acessos de humor e as dificuldades ou inibições de caráter do professor. Certas manhãs, até os professores podem saltar da cama de mau humor.

Quanto mais observamos, tanto mais concluímos que se os professores e alunos estão convivendo de um modo saudável encontram-se empenhados em um sacrifício mútuo de espontaneidade e independência, e isso é quase tão importante, como parte da educação, quanto o ensino e a aprendizagem dos assuntos programados. De qualquer modo, a educação é pobre de conteúdo, mesmo quando os assuntos são bem ensinados, se essa lição objetiva – "dar e receber" – estiver ausente ou for anulada pelo domínio de uma personalidade sobre outra.

Que conclusão poderemos extrair de tudo isso?

As nossas meditações levaram-nos, como ao pensamento sobre educação frequentemente acontece, à conclusão de que nada é mais enganador na avaliação dos métodos educativos do que o simples êxito ou fracasso acadêmico. O êxito pode meramente significar que uma criança encontrou ser o da subserviência o caminho mais fácil para lidar com um determinado professor, ou certo assunto, ou com a educação como um todo, uma boca sempre aberta com os olhos fechados, ou um engolir tudo sem inspeção crítica. Isso é falso, pois significa a existência de uma completa negação de dúvidas e suspeitas muito concretas. Tal estado de coisas é insatisfatório no que diz respeito ao desenvolvimento individual, mas é a matéria-prima para um ditador.

No nosso exame da influência e de seu lugar apropriado na educação, vimos que a prostituição da educação reside no uso errado do que quase poderia ser considerado o mais sagrado atributo da criança: *as dúvidas sobre o eu*. O ditador conhece tudo a tal respeito e maneja o poder mediante a oferta de uma vida isenta de dúvidas. Que monotonia!

CAPÍTULO 30

Diagnóstico Educacional

O que poderá um médico dizer de útil a um professor? Obviamente, não pode ensinar-lhe como ensinar e ninguém quer que um professor adote uma atitude terapêutica em relação aos alunos. Os alunos não são pacientes. Pelo menos, não são pacientes em relação ao professor, enquanto este está ensinando.

Quando um médico investiga o campo da educação, logo se encontra formulando para si próprio a seguinte pergunta: o conjunto do trabalho de um médico baseia-se no diagnóstico; o que é que, no ensino, corresponde a essa prática médica?

O diagnóstico é tão importante para um médico que já houve até uma tendência, nas escolas de Medicina, para ignorar o assunto da terapia, ou relegá-la a um canto onde pudesse ser facilmente esquecida. No auge dessa fase da educação médica, que foi atingido talvez entre a terceira e a quarta década do século XX, as pessoas falavam com entusiasmo sobre uma nova fase dessa educação em que a terapia seria a principal matéria ensinada. Agora somos presenteados com notáveis métodos de terapia: a penicilina, a cirurgia eficiente e segura, a imunização contra a difteria etc., e o público é levado a crer que a prática da medicina progrediu por isso, quase ignorando por completo que esses importantes progressos ameaçam os alicerces da boa medicina, que estão no diagnóstico rigoroso. Se um indivíduo está doente e febril, e se lhe administram um antibiótico que o põe bom, ele pensa que foi bem tratado, mas sociologicamente o caso é uma tragédia, porque o médico foi aliviado da necessidade de fazer um diagnóstico pelo fato de o paciente ter reagido bem à droga, cegamente administrada. Um diagnóstico em base científica é a parte mais preciosa da nossa herança médica e distingue a profissão médica dos curandeiros, dos osteopatas e de todas as outras pessoas que consultamos quando queremos obter uma cura rápida.

A questão é esta: o que vemos na profissão docente que corresponde ao diagnóstico clínico? É muito possível que eu esteja errado, mas sou levado a afirmar que pouco vejo no ensino verdadeiramente equivalente ao diagnóstico deliberado dos médicos. Em meus tratos com a profissão docente, vejo-me frequentemente perturbado, em minhas ideias, pela maneira como a grande massa das crianças é educada sem primeiro ser submetida a um diagnóstico. Exceções óbvias me ocorrem, mas penso que a afirmação geral é verdadeira. De qualquer modo, poderá ser útil para um médico mostrar o que, em sua opinião, poderia ser ganho com algo equivalente a um diagnóstico, se este fosse seriamente realizado no mundo do ensino.

Primeiro que tudo, o que é que já se fez nesse sentido? Há um método pelo qual o diagnóstico chega a todas as escolas; se houver dúvida sobre a capacidade de uma criança, a tendência é para livrarem-se dela, rejeitando-a ou removendo-a por pressão indireta. Isto pode ser bom para a escola, mas péssimo para a criança, e a maioria dos professores concordará que o melhor é eliminar essa criança logo no início, quando o diretor ou o conselho informará "ser infelizmente impossível admitir outra criança neste momento". Contudo, é extremamente difícil para um responsável estar certo de que, ao recusar a admissão de casos duvidosos, não estará ao mesmo tempo deixando de fora crianças especialmente interessantes. Se existisse um método científico acessível para a seleção de alunos, seria indubitavelmente usado.

Um método científico está ao nosso alcance para medir a inteligência útil: é o Quociente de Inteligência (QI). Os diversos testes são bem conhecidos e empregados em escala crescente, embora algumas vezes sejam usados como se significassem algo mais do que na verdade eles jamais atingirão. Um QI pode ser valioso em ambas as extremidades da escala. É útil para averiguar que, por esses testes cuidadosamente elaborados, uma criança que não está rendendo bem está apta a alcançar um rendimento médio, assim revelando serem suas dificuldades emocionais que a estão atrasando, se não um defeito no próprio método de ensino; e é também útil para conhecermos que uma criança está tão abaixo da média, intelectualmente, que é quase certo ela possuir um cérebro fraco e incapaz de beneficiar-se com a educação planejada para crianças de cérebro robusto. No caso dos defeituosos mentais, o diagnóstico é, usualmente, bastante óbvio mesmo antes da realização do teste. Há o reconhecimento geral de que o estabelecimento de escolas especiais para os atrasados e de centros ocupacionais para os com comprometimento mental faz essencialmente parte de qualquer esquema educacional.

    Até aqui tudo bem. O diagnóstico é feito na medida em que um método científico está ao nosso alcance. Contudo, a maioria dos professores acha natural a existência em suas classes de alunos mais inteligentes e menos brilhantes, e eles, naturalmente, adaptam-se às diversas necessidades de seus alunos, desde que as classes não sejam muito grandes, impedindo-lhes um trabalho individual. O que preocupa os professores não é tanto a variável capacidade *intelectual* de seus alunos, mas as suas distintas necessidades *emocionais*. Mesmo no tocante ao ensino, algumas crianças progridem absorvendo tudo o que lhes metem pela goela abaixo, enquanto outras só aprendem segundo o seu próprio ritmo e à sua própria maneira, quase em segredo. Quanto à disciplina, os grupos variam enormemente e não há regra rígida que funcione. Se a gentileza de trato funciona com êxito em uma escola, fracassa em outra; a liberdade, a gentileza e a tolerância podem causar tantas vítimas quanto uma atmosfera de severidade. E há ainda a questão das necessidades emocionais de diversos tipos de crianças – a soma de confiança na personalidade do professor, os sentimentos maduros e primitivos que se desenvolvem em uma criança em relação à pessoa do professor ou professora. Tudo isso varia e, embora o bom professor normal consiga separar todos esses fatores, registra-se por vezes a sensação de que a algumas crianças tem de ser negado o que elas obviamente necessitam, para o bem de todas as outras, que seriam perturbadas se a escola tivesse de adaptar-se às necessidades especiais de uma ou duas delas. Trata-se de grandes problemas que ocupam constantemente o pensamento dos professores, e a sugestão de um médico é que mais poderia fazer-se do que realmente se faz no presente de acordo com essas diretrizes de diagnóstico. Talvez o problema resida no fato de a classificação não estar ainda elaborada de um modo adequado. As seguintes sugestões talvez ajudem.

    Em qualquer grupo de crianças existem aquelas cujos lares são satisfatórios e aquelas cujos lares são insatisfatórios. As primeiras, naturalmente, usam seus lares para o desenvolvimento emocional. No caso delas, as comprovações e atuações mais importantes realizam-se no lar, estando os pais dessas crianças aptos e dispostos a assumir a responsabilidade. As crianças vão para a escola para que se adicione algo à sua vida; querem aprender lições. Mesmo que o ensino seja tedioso, querem tantas horas diárias de trabalho árduo que as habilitem a passar nos exames, o que lhes proporcionará finalmente trabalharem em um emprego com os pais. Esperam a organização de brincadeiras, porque isso não pode ser feito em casa, mas a brincadeira no sentido vulgar da palavra é algo que faz parte do lar e no limite da vida familiar. Em contraste, as outras crianças vão para a escola com outros propósitos. Frequentam-na com a ideia de que a escola talvez lhes forneça o que o lar não logrou propiciar. Não vão à escola para aprender, mas para encontrar um lar fora do lar. Isso significa que procuram uma situação emocional, um grupo de que gradativamente possam fazer parte, um grupo que possa ser testado por sua capacidade para enfrentar a agressão e tolerar as ideias agressivas. Quão estranho que esses dois tipos de crianças se encontrem reunidos na mesma classe! Seria certamente possível dispormos de tipos diferentes de escolas, não ao acaso, mas planejadas e adaptadas aos diagnósticos extremos desses agrupamentos.

Os professores, por temperamento, acham-se mais ajustados a um tipo ou outro de orientação. O primeiro grupo de crianças clama por um ensino propriamente dito, com realce para a instrução acadêmica, e é com as crianças que vivem em seus próprios lares satisfatórios (ou com bons lares aos quais regressarem no caso de frequentarem escolas públicas) que se obtém o melhor rendimento de ensino. Por outra parte, os grupos de crianças privadas de lares satisfatórios, a necessidade é de uma vida escolar organizada, com apropriadas disposições de pessoal docente, refeições regulares, supervisão do vestuário, direção do humor das crianças e de seus acessos extremos de obediência e não cooperação. Aqui, o realce é para a *direção*. Neste tipo de trabalho, os professores deveriam ser escolhidos por sua estabilidade de caráter ou por sua própria vida privada satisfatória, em vez da habilidade para o ensino de Matemática. Isso não pode conseguir-se senão em pequenos grupos; se houver demasiadas crianças ao cuidado de um professor, como poderá cada criança ser conhecida pessoalmente, como providenciar as alterações diárias, e como poderá um professor distinguir entre coisas tais como explosões maníacas, inconscientemente determinadas, e as mais conscientes sondagens de autoridade? Em casos extremos, o passo tem que ser dado para fornecer a essas crianças uma alternativa à vida familiar, na forma de pensão residencial, só isto proporcionando à escola uma probabilidade de efetuar também algum ensino. Em pequenos internatos, obtém-se uma vantagem imensa derivada do fato de que, em virtude das reduzidas proporções do grupo, cada criança pode ser totalmente dirigida durante um longo período de tempo, de um modo pessoal, por uma equipe reduzida, mas constante. A relação entre a equipe e o que resta da vida familiar de cada criança é, em si mesma, um assunto delicado e absorvente, que mais corrobora a necessidade de evitar grandes grupos na orientação dessas crianças.

Uma seleção, segundo essas diretrizes, ocorre naturalmente na escola particular, porque há todos os tipos de escolas e todos os tipos de professores e professoras, e, gradativamente, por intermédio de entidades e pais que "ouviram dizer", a seleção faz-se mais ou menos por si mesma e as crianças acabam por encontrar-se em escolas adequadas. Contudo, onde as escolas tiverem de ser fornecidas pelo Estado, a questão é muito diferente. O Estado tem de agir de um modo relativamente cego. As crianças têm de ser dotadas de escolas no ou próximo do bairro onde vivem, e é difícil ver como seria alguma vez possível haver escolas suficientes em cada bairro para suprir as necessidades desses tipos extremos de crianças. O Estado pode apreender a diferença entre a criança inteligente e a com comprometimento mental, e pode tomar nota do comportamento antissocial, mas a aplicação de algo tão sutil quanto à distinção entre crianças que têm bons lares e as que não têm é extremamente difícil. Se o Estado tentar selecionar os bons e os maus lares, erros crassos podem ser cometidos e esses erros irão interferir, necessariamente, nos pais especialmente bons que são isentos de convenções e não planejam sua conduta de acordo com as aparências.

Apesar dessas dificuldades, parece valer a pena chamar a atenção para o fato exposto. Os extremos, por vezes, ilustram utilmente as ideias. É fácil dizer que uma criança antissocial e cujo lar fracassou, por um ou outro motivo, necessita uma direção especial, e isso pode ajudar-nos a ver que as chamadas crianças "normais" já podem ser divididas entre aquelas cujos lares estão dando conta do recado, e para quem a educação é um aditamento bem recebido, e aquelas que esperam da escola as qualidades essenciais que faltam em seu próprio lar.

O assunto é ainda mais complexo pelo fato de que algumas crianças que poderiam ser classificadas entre aquelas a quem falta um bom lar possuem realmente um bom lar de que não são capazes de tirar proveito, em virtude de suas próprias dificuldades pessoais. Muitas famílias de muitos filhos têm, entre estes, um que não é passível de direção em casa. É, porém, uma simplificação justificável estabelecer uma divisão entre aquelas crianças cujos lares podem tomar conta delas e aquelas cujos lares não podem, apenas para os fins de ilustração de uma tese. Seria necessário, em maior desenvolvimento desse tema, estabelecer uma nova distinção entre aquelas crianças cujos lares lhes faltaram depois de lhes darem um bom princípio e aquelas crianças que não desfrutaram uma satisfatória e coerente introdução pessoal no mundo, nem mesmo nos primeiros tempos da infância. A par destas últimas crianças, estarão aquelas cujos pais poderiam ter propiciado essas coisas necessárias se algo não tivesse interrompido o processo, tal como uma operação, uma longa permanência em hospital, a mãe que teve de deixar subitamente o filho por causa de doença etc.

Em poucas palavras, tentei mostrar que o ensino poderia muito bem basear-se, como a boa prática médica, no diagnóstico. Escolhi apenas um tipo de classificação para tornar mais clara a minha intenção. Isto não significa que não existam outros e talvez mais importantes métodos de selecionar crianças. A seleção de acordo com a idade e o sexo tem sido, certamente, muito debatida entre os professores. Outra seleção poderia ser utilmente realizada de acordo com os tipos psiquiátricos. Quão estranho ensinar a crianças retraídas e preocupadas a par das extrovertidas e daquelas cujas mercadorias estão bem patentes na vitrina! Quão estranho ministrar o mesmo ensino a uma criança na fase depressiva e, a essa mesma criança, quando tal fase já cedeu o lugar a um humor mais descuidado e confiante! Quão estranho ter uma só técnica para o domínio da verdadeira excitação e para a orientação do efêmero e instável impulso contradepressivo, ou humor exaltado!

Evidentemente, os professores adaptam-se intuitivamente e adaptam os seus métodos de ensino às diversas e variáveis condições com que se defrontam. Em certo sentido, essa ideia de classificação e diagnóstico já está até ultrapassada. Todavia, faz-se aqui a sugestão de que o ensino deveria ser oficialmente baseado no diagnóstico, tão bom quanto é na prática médica, e que a compreensão intuitiva, por parte de professores especialmente talentosos, não é bastante boa para a profissão como um todo. Isso é particularmente importante em virtude da propagação do planejamento estatal, que tende sempre a interferir nos talentos individuais e a produzir o incremento quantitativo da teoria e prática aceitas.

CAPÍTULO 31

Timidez e Perturbações Nervosas nas Crianças

É missão do médico atender, no momento pelo menos, às necessidades individuais de um paciente – o paciente que lhe foi levado à consulta. Um médico, portanto, talvez não seja a pessoa mais indicada para falar a professores, dado que estes praticamente nunca dispõem de uma oportunidade para confinar suas atenções a uma só criança de cada vez. Frequentemente, devem sentir o desejo de fazer o que lhes parece excelente por uma criança e, entretanto, refreiam-se por temor de causar perturbações no grupo como um todo.

Isto não significa, porém, que o professor não esteja interessado no estudo individual das crianças a seu cuidado, e o que um médico pode dizer talvez os leve a ver um pouco mais claramente o que sucede quando, por exemplo, uma criança é tímida ou fóbica. Uma crescente compreensão pode levar à inquietação atenuada e à melhor orientação, mesmo quando poucos conselhos diretos possam ser dados.

Há uma coisa que os médicos fazem que poderia ser praticada mais vezes do que é pelos professores. Um médico obtém dos pais um quadro tão nítido quanto possível da vida pregressa da criança e do seu estado atual, e procura relacionar os sintomas pelos quais a criança lhe foi trazida com a personalidade da criança, com as suas experiências internas e externas. O professor nem sempre dispõe de tempo suficiente ou de uma completa oportunidade para assim proceder, mas eu gostaria de sugerir que as oportunidades que eventualmente se apresentam para diagnóstico nem sempre são usadas. Muitas vezes, o professor pode saber como são os pais da criança, especialmente quando eles são "impossíveis", superagitados ou negligentes; e a posição na família pode ser observada. Mas há ainda muito mais.

Mesmo que se ignore o desenvolvimento interno, muito pode ser frequentemente associado a acontecimentos tais como a morte de um irmão ou irmã predileto, de uma tia ou avó, ou, evidentemente, à perda de um dos próprios pais. Posso imaginar uma criança que estava sendo dirigida de um modo bastante normal até que, por exemplo, um irmão mais velho foi atropelado e morto, mas que a partir dessa data se tornou morosa, sujeita a dores nas pernas, a insônias, a achar a escola insípida, a fazer amigos só com grande dificuldade. Posso facilmente concluir que ninguém se deu ao trabalho de investigar esses fatos ou de juntá-los, e os pais, que têm todos os fatos à sua disposição, tiveram ao mesmo tempo de enfrentar sua própria dor; por isso, não conseguiram perceber a relação existente entre a mudança no estado da criança e a perda na família.

A consequência de tal falta de registro da história da família é que o professor se une ao médico escolar em uma série de erros de orientação que só pode confundir a criança, ansiosa de encontrar alguém que lhe leve compreensão.

É claro, a etiologia do nervosismo e timidez da maior parte das crianças não é uma coisa assim tão simples; na maioria dos casos, não há um nítido fator externo precipitante, mas o método do professor deve ser tal que, se esse fator existir, não possa deixar de ser registrado.

Recordo sempre um caso muito simples desse gênero: o de uma inteligente menina de doze anos que se tornara nervosa na escola e enurética à noite. Ninguém parecia ter compreendido que ela estava lutando com a dor causada pela morte de seu irmão favorito. O irmãozinho partira, supostamente por uma semana ou duas, com uma febre infecciosa, mas não regressara à casa imediatamente, pois contraíra uma dor logo diagnosticada como tuberculose óssea. A irmã ficara satisfeita, como o resto da família, por ele ter sido internado em um bom hospital para o tratamento de tuberculose. Com o decorrer do tempo, ele foi acometido de muito mais dores e quando morreu, por fim, de tuberculose generalizada, a irmã ficara de novo contente. Fora uma feliz libertação, todos disseram.

Os acontecimentos tinham ocorrido de modo tal que ela nunca sofrera uma dor aguda e, contudo, a dor ali estava, aguardando para ser reconhecida. Surpreendi-a com uma inesperada pergunta, "Você gostava muito dele, não gostava?", que gerou a perda de controle e um caudal de lágrimas. O resultado disso foi o retorno à normalidade na escola e o fim da enurese noturna.

Semelhante oportunidade para uma terapia direta não acontece todos os dias, mas o caso ilustra a inutilidade do professor e do médico que não saibam como aproveitar uma história exata.

Por vezes, o diagnóstico só se torna claro depois de uma acurada investigação. Uma menina de dez anos estava em uma escola onde se preocupavam bastante com os indivíduos. Visitei a sua professora, que me disse: "Essa criança é nervosa e tímida, como tantas outras. Eu era também dolorosamente tímida quando menina e compreendo o nervosismo. Na minha classe, sou habitualmente capaz de controlar as crianças nervosas, de maneira que, após algumas semanas, perdem uma boa dose da timidez. Mas essa criança excede as minhas possibilidades: parece totalmente imune a tudo quanto eu possa fazer; não melhora nem piora."

Sucede que essa criança foi tratada pela Psicanálise, e a timidez não a abandonou enquanto uma suspeita oculta não foi desvendada e analisada: uma grave doença psicótica que não poderia ter sido esclarecida senão pela análise. A professora tinha razão em assinalar a diferença entre essa criança tímida e as outras que superficialmente se pareciam com ela. Todas as amabilidades eram como que uma armadilha, para essa criança, e todos os presentes eram maçãs envenenadas. Não podia aprender nem sentir-se tranquila e segura de si enquanto estivesse doente e era impelida pelo medo, também, a querer parecer-se com as demais crianças, até onde fosse capaz, de modo a não dar a impressão de dispensar uma ajuda que não tinha qualquer esperança de receber ou de aceitar. Depois de essa criança ter sido tratada, durante um ano, aproximadamente, a mesma professora ficou apta a orientá-la da mesma forma que às outras e, finalmente, surgiu uma menina que se tornou um orgulho para a escola.

Muitas das crianças que são excessivamente nervosas têm, em sua compleição psicológica, uma expectativa de perseguição, e é útil poder distinguir essas crianças das outras. Tais crianças frequentemente veem-se perseguidas; praticamente pedem para ser intimidadas – quase poderíamos dizer que, por vezes, geram "papões" entre os seus companheiros. Não fazem amigos com facilidade, embora possam conseguir certas alianças contra um inimigo comum.

Essas crianças são-nos trazidas com diversas dores e perturbações de apetite, mas o interessante é queixarem-se, com frequência, de que o professor ou professora as agrediu.

Felizmente, sabemos que o objeto dessa queixa não é uma afirmação da verdade divina. Seu objeto é um caso bastante mais complexo, por vezes uma ilusão pura e simples, outras vezes, uma sutil afirmação desvirtuada, sempre um sinal de aflição, um sintoma de muito piores perseguições inconscientes e ocultas, e assim muito mais aterradoras para a criança. É claro que existem maus professores, e há os que agridem rancorosamente as crianças, mas é muito raro que se encontrem casos realmente provocados por tais métodos. A queixa da criança é quase sempre um sintoma de doença psicológica de um tipo persecutório.

Muitas crianças resolverão seus próprios problemas de ilusão de perseguição mediante a realização constante de maldades secundárias, assim gerando um professor que realmente as persegue e constantemente as pune. O professor é forçado a usar de rigor pela própria criança, a qual, em um grupo, poderá forçar uma disciplina rígida para todo o grupo, que afinal só é realmente "boa" para uma criança. Será útil, por vezes, entregar semelhante criança a algum colega insuspeito e assim salvaguardar a possibilidade de um são tratamento dos outros e mais equilibrados alunos.

É aconselhável recordar, evidentemente, que o nervosismo e a timidez revestem-se de um aspecto normal e saudável. No meu departamento, posso reconhecer certos tipos de distúrbio psicológico pela *ausência* de timidez normal. Uma criança rondará enquanto estou examinando outro paciente e vem diretamente para mim, sem me conhecer, saltando para os meus joelhos. As crianças mais normais são medrosas, fazem-me exigências como processo e técnica para se tranquilizarem. São capazes até de dizer que preferem ir para o pai etc.

Esse nervosismo normal observa-se de um modo mais óbvio na criança que começa a dar os primeiros passos. A criança que não tem medo das ruas de Londres, ou mesmo de uma trovoada, está doente. Há coisas tremendas no íntimo de tal criança, como no íntimo de outras, mas ela não pode arriscar-se a encontrá-las fora, não pode deixar que a sua imaginação a arraste. Os pais e professores que empregam a evasão da realidade como uma principal defesa contra o intangível, o grotesco e o fantástico são muitas vezes induzidos erroneamente a crer que a criança que não tem medo de "cachorro, médico e escuro" é apenas sensata e corajosa. Mas, realmente, a criança devia estar apta a ter medo, a obter um alívio para a maldade interior vendo a maldade em outras pessoas, nas coisas e situações externas. Só gradativamente a comprovação da realidade modifica os temores internos e para ninguém esse processo é totalmente completo. Para sermos bem claros, a criança que não tem medo está fingindo, reforçando a sua coragem ou, então, está doente. Mas se está doente e cheia de medo, também pode ser tranquilizada, de acordo com o seu poder para ver igualmente a *bondade* que nela existe fora dela própria.

A timidez e o nervosismo, portanto, são matérias para diagnóstico e para exame em relação à idade da criança. Partindo do princípio de que as crianças normais podem ser ensinadas e de que as crianças doentes desperdiçam o tempo e as energias do professor, é importante estar habilitado a chegar a uma conclusão quanto à normalidade ou à anormalidade dos sintomas em cada caso individual; e sugeri que o uso apropriado da história da criança pode ajudar nesse sentido, isto é, se for combinada com o conhecimento do mecanismo do desenvolvimento emocional da criança.

CAPÍTULO 32
Educação Sexual nas Escolas

As crianças não podem ser classificadas e descritas todas em um grupo. Suas necessidades variam de acordo com as influências familiares, o tipo de crianças que são e a saúde delas. Contudo, em uma breve exposição sobre o tema da educação sexual, é conveniente falarmos na generalidade e não tentarmos adaptar a tese principal aos requisitos individuais.

As crianças necessitam de três coisas simultaneamente:

1) Precisam de pessoas em torno delas em quem possam confiar simplesmente em virtude do fato de que são seres humanos dignos de confiança, com uma capacidade comum para a amizade humana.

2) Precisam de instrução em Biologia, a par das outras matérias escolares; parte-se do princípio de que a Biologia significa a verdade (até o ponto em que a conhecemos) sobre a vida, o crescimento, a propagação e a relação dos organismos vivos com o meio.

3) Precisam de um meio circundante emocionalmente sólido e constante, em que elas próprias possam descobrir, cada uma à sua maneira, o surto ao sexo em si próprias e o modo como isso altera, enriquece, complica e inicia relações humanas.

Uma coisa muito distinta são as lições sobre o sexo, dadas por uma pessoa que chega à escola, faz uma preleção e vai-se outra vez embora. Pareceria que as pessoas impelidas para ensinar sexo às crianças deveriam ser desencorajadas. Além disso, o que não pode ser feito pela equipe da própria escola também não pode ser tolerado pela própria equipe. Existe algo melhor do que os conhecimentos sobre sexo: é a descoberta do mesmo pelo indivíduo.

Nos internatos, a existência de professores casados e com família crescendo à sombra da própria escola fornece uma influência natural e favorável, mais estimulante e instrutiva do que muitas lições teóricas. Nos dias de escola, as crianças estão aptas a comunicar-se com as crescentes famílias dos parentes e vizinhos.

O problema a respeito das lições é trazerem elas algo difícil e íntimo para a vida das crianças em momentos escolhidos ao caso, em lugar de corresponderem a uma acumulação de necessidades na criança.

Outra desvantagem das preleções sobre o sexo é elas raramente darem uma imagem verdadeira e completa. Por exemplo, o prelecionador terá algum tendenciosismo ou preconceito, como o feminino, a ideia de que a fêmea é passiva e o macho ativo, uma fuga da brincadeira sexual para o sexo genital maduro, uma falsa teoria de mãe-amor que deixa de fora as características mais cruas e focaliza apenas o sentimentalismo etc.

Mesmo as melhores preleções sobre o sexo empobrecem o assunto, o qual, quando abordado de dentro para fora, pela experimentação e pela experiência, tem o potencial de infinita riqueza. Mas só em uma atmosfera criada pela maturidade dos adultos é que os adolescentes sadios podem descobrir em si próprios o anseio de corpo e alma por uma união de corpo e alma. Apesar dessas importantes considerações, parece que deve existir lugar para os verdadeiros especialistas, que realizam um estudo especial da função sexual e da apresentação desse gênero de conhecimento. Não seria uma solução convidar os especialistas a falarem para os corpos docentes das escolas e a fomentarem debates do tema, de um modo organizado, pelos próprios professores? Estes estariam então livres para atuar segundo seu próprio critério pessoal, em seus contatos com as crianças, mas agora com uma base mais sólida de conhecimento dos fatos.

A masturbação é um subproduto sexual de grande importância em todas as crianças. Nenhuma preleção sobre masturbação pode abranger totalmente o assunto, que em qualquer caso é tão pessoal e individual que só a conversa particular com um amigo ou confidente tem valor. Não interessa explicar às crianças em grupos que a masturbação não é prejudicial, visto que, para uma do grupo, realmente *é prejudicial*, compulsiva e um grande incômodo; de fato, é a prova de uma doença psiquiátrica. Para as demais crianças talvez seja inofensiva e não represente mesmo qualquer problema; nesse caso, torna-se complexo um caso pela simples menção do mesmo, com a sugestão de que possa ser prejudicial. Contudo, as crianças apreciam poder falar com alguém sobre essas coisas, e devia ser a mãe a quem competiria discutir livremente tudo aquilo que passasse pela ideia da criança. Se a mãe não o puder fazer, então devem estar ao alcance outras pessoas que o façam e talvez a entrevista com um psiquiatra deva até ser combinada; mas as dificuldades não são superadas pelas instruções sexuais em classe. Além disso, a instrução sexual afugenta a poesia e deixa a função e as partes sexuais a seco e banalizadas.

Seria mais lógico assinalar nas classes de artes que as ideias e os voos da imaginação têm acompanhamentos corporais e que estes precisam ser respeitados e atendidos, tanto quanto as ideias.

Existe uma dificuldade óbvia para os que têm adolescentes a seu cuidado. Não tem qualquer utilidade se os que falam acerca de se permitir às crianças descobrirem-se a si mesmas e mutuamente, do ponto de vista sexual, não atentarem para a existência da possibilidade de algumas adolescentes ficarem grávidas. Esse problema é por certo real e tem de ser enfrentado, visto que o filho ilegítimo tem uma posição infeliz e uma tarefa muito maior do que o filho normal, se quiser triunfar e converter-se finalmente em um ser social; com efeito, a menos que seja adotado muito cedo, é muito improvável que o filho ilegítimo vingue na vida sem algumas cicatrizes e, talvez, algumas bastante pronunciadas. Todos os que lidam com adolescentes devem enfrentar esse problema de acordo com as suas próprias convicções, mas a opinião pública devia levar em conta o fato de que mesmo no melhor tipo de orientação tomam-se riscos e ocorrem acidentes. Nas escolas livres, onde não existe praticamente interdição ao convívio de sexos, os filhos ilegítimos são surpreendentemente raros, e quando ocorre um caso de gravidez é usual constatar-se que pelo menos um dos pais é um caso psiquiátrico. Há a criança, por exemplo, que, temendo inconscientemente e fugindo da brincadeira sexual, salta diretamente para uma espúria maturidade sexual. Muitas crianças que não tiveram relações infantis satisfatórias com suas próprias mães alcançam pela primeira vez relações interpessoais nas relações sexuais, que são, por conseguinte, da maior importância para elas, embora do ponto de vista do observador sejam fragilmente maduras, uma vez que não derivaram gradativamente da imaturidade. Se houver uma grande proporção dessas crianças em um grupo, a supervisão sexual terá obviamente de ser rigorosa, já que a sociedade não pode admitir mais do que certa quantidade de filhos ilegítimos. Por outra parte, na maioria dos grupos de adolescentes, a maior parte é mais ou menos sadia e, nesse caso, tem de se formular a pergunta: a orientação deve-se basear no que as crianças sadias necessitam ou no medo da sociedade do que possa acontecer a alguns membros antissociais ou doentes?

Os adultos detestam pensar que as crianças tenham, comumente, um sentido social muito sólido. Do mesmo modo, os adultos detestam pensar que as crianças pequenas tenham sentimentos precoces de culpa e, com a maior regularidade, os pais decretam a moralidade onde uma moralidade natural poderia desenvolver-se, tornando-se uma força estável e pró-social.

Os adolescentes comuns não querem gerar filhos ilegítimos e tomam medidas para garantir que isso não aconteça. Dada uma oportunidade, eles evoluem na brincadeira sexual e nas relações sexuais até o ponto em que acabam por compreender que tudo aquilo conduz, por fim, à geração de bebês. Isto pode levar anos. Mas, habitualmente, essa evolução realiza-se e então esses novos membros da sociedade humana começam a pensar em termos de casamento e do estabelecimento de uma estrutura em que novos bebês e crianças possam ter acesso.

A instrução sexual pouco tem a ver com essa evolução natural que cada adolescente masculino ou feminino deve empreender por si próprio. Um ambiente maduro e tranquilo, despido de moralidade, ajuda tanto que quase poderíamos afirmar ser necessário. Os pais e professores também precisam estar aptos a enfrentar o surpreendente antagonismo que os adolescentes podem contrair em relação aos adultos, em especial contra aqueles que querem ajudar nessa época crítica do crescimento.

Quando os pais não são capazes de dar o que é necessário, os professores ou a própria escola podem, frequentemente, fazer bastante para cobrir essa deficiência, mas pelo exemplo, pela integridade e honestidade pessoais, pela dedicação e pela presença direta para responder a perguntas, e não pela instrução sexual organizada.

Para as crianças mais novas a resposta é a Biologia, a apresentação objetiva da natureza, sem expurgos nem omissões. A princípio, a maior parte das crianças pequenas gosta de conservar e de aprender coisas sobre seus animais de estimação, e de compreender o que se passa com as flores e insetos. Algures no período anterior à adolescência, podem sentir prazer na instrução progressiva por intermédio de animais, sua adaptação ao meio e sua capacidade para adaptarem o meio a eles próprios. No meio de tudo isso vem a propagação das espécies, a anatomia e a fisiologia da copulação e da gravidez. O instrutor biológico que as crianças apreciam não menosprezará os aspectos dinâmicos da relação entre os pais animais e a maneira como a vida familiar se desenvolve na série evolutiva. Não haverá muita necessidade de efetuar uma aplicação consciente do que é ensinado dessa maneira aos assuntos humanos, porque será demasiado óbvio. É mais provável que as crianças vejam, por elaboração subjetiva, os sentimentos e fantasias humanos transportados para as questões de animais do que apliquem cegamente os chamados processos instintivos animais às questões da raça humana. O professor de Biologia, como o professor de qualquer outra matéria, precisa estar habilitado a dirigir os alunos para a objetividade e o critério científico, esperando que essa disciplina seja acabrunhante para algumas das crianças.

O ensino da Biologia pode ser uma das mais agradáveis e até das mais excitantes tarefas para o professor, principalmente porque são muitas as crianças que apreciam essa introdução ao estudo do que é a vida e do que ela significa. (Outras, claro, atingem melhor o significado da vida por meio da história, da literatura clássica ou em suas experiências religiosas.) Mas a aplicação da Biologia à vida e aos sentimentos pessoais de cada criança é uma questão bastante distinta. É pela resposta delicada à pergunta delicada que se faz a ligação do geral ao particular. No fim de contas, os seres humanos não são meros animais; são animais dotados de um patrimônio de fantasia, psique, alma ou um potencial do mundo íntimo, ou o que se queira chamar-lhe. E algumas crianças chegam à alma por intermédio do corpo, enquanto outras chegam ao corpo por meio da alma. A adaptação ativa é a expressão-chave em toda a assistência e educação infantil.

Em resumo, a informação completa e franca sobre o sexo deveria estar ao alcance das crianças, mas não tanto como uma coisa que faz parte das relações delas com pessoas conhecidas e respeitadas. A educação não é substituto para a exploração e realização pessoal. As verdadeiras inibições são resistentes à educação e no caso médio para o qual a psicoterapia não é útil essas inibições são mais bem tratadas por meio da compreensão de um amigo.

CAPÍTULO 33

Visitas a Crianças Hospitalizadas*

Toda criança tem uma linha de vida que, de qualquer modo, começa no nascimento, sendo nossa missão zelar para que essa linha não se quebre. Há um processo contínuo de desenvolvimento interior que só pode realizar um constante progresso se a assistência à criança também for constante. Assim que a criança, como pessoa, principia a estabelecer relações com outras pessoas, tais relações são intensas e não poderão ser desvirtuadas sem perigo. Não há necessidade de que eu desenvolva este ponto, dado que as mães detestam, naturalmente, deixar os filhos partirem enquanto não estiverem aptos para a experiência e, evidentemente, estão ansiosas por ir vê-los caso eles tenham de permanecer afastados do lar.

Atualmente, há uma onda de entusiasmo pelas visitas às enfermarias. O problema com as ondas de entusiasmo é que podem postergar as dificuldades reais e, mais cedo ou mais tarde, verifica-se uma reação. A única coisa razoável é levar as pessoas a compreenderem as razões a favor e contra as visitas. E existem algumas dificuldades realmente grandes, do ponto de vista da enfermagem.

Por que, de fato, uma enfermeira realiza o seu trabalho? Talvez, a princípio, a enfermagem constituísse uma das muitas maneiras de ganhar a vida; mas, por fim, a enfermeira deixou-se absorver pela sua atividade

---

*No século XIX, grandes transformações ocorreram na prática hospitalar. Em muitos hospitais, os pais visitam livremente os filhos internados e, sempre que necessário, são admitidos com eles. Os resultados são geralmente reconhecidos como bons para as crianças e para os pais e até úteis para o pessoal hospitalar, em uma grande porcentagem de casos. Contudo, conservei este capítulo tal como foi escrito em 1951 pelo fato de as mudanças não terem, de modo algum, atingido todos os hospitais e também porque existem dificuldades inerentes ao método moderno, as quais têm de ser reconhecidas.

e acabou por empenhar-se nela, enfrentando tremendos problemas para aprender todas as imensamente complicadas técnicas; finalmente, converteu-se em uma irmã enfermeira. Como irmã, ela trabalha horas a fio e assim sucederá sempre, porquanto nunca haverá número bastante de boas irmãs enfermeiras e o trabalho é difícil de repartir. A irmã enfermeira tem responsabilidade absoluta por vinte a trinta crianças que não são suas. Muitas dessas crianças estão muito doentes e requerem um tratamento cheio de habilidade. E ela é responsável por tudo quanto lhes é feito, até pelo que as enfermeiras subalternas façam quando ela não está vigilante. Torna-se terrivelmente determinada a fazer com que as crianças fiquem boas, e isso pode significar a obediência a diretrizes muito definidas estabelecidas pelo médico. Além de tudo isso, tem de estar pronta para tratar com médicos e estudantes de Medicina, e estes também são seres humanos.

Quando não há visitas, a irmã toma a criança a seu cuidado e o que de melhor existe dentro dela é despertado. Muito frequentemente, ela preferiria estar de serviço do que de folga, pois fica sempre cogitando sobre o que estará acontecendo na sua enfermaria. Algumas crianças passam a depender muito dela e não suportam que ela abandone o serviço sem lhes dizer adeus. E querem saber exatamente quando a irmã regressa. Tudo isto apela para o que há de melhor na natureza humana.

Ora, o que sucede quando há visitação? Existe imediatamente uma diferença ou, pelo menos, pode haver. A partir desse momento, a responsabilidade pela criança nunca repousa por completo na irmã. Isto pode funcionar perfeitamente, e a irmã poderá ficar satisfeita por repartir a sua responsabilidade, mas se ela estiver muito atarefada e, especialmente, se houver alguns casos graves na enfermaria, ou algumas mães desesperadas de visita à mesma, é muito mais simples fazer uma só pessoa tudo do que repartir o serviço.

A leitora ficaria espantada se eu começasse a contar as coisas que acontecem durante as horas de visita. Depois de os pais saírem, as crianças ficam frequentemente agoniadas e o que se passa com elas é uma longa história. Talvez não tenha grande importância esse episódio das agonias depois da visita, mas poderá revelar que às crianças que menos se esperava foram dadas cenouras, que a uma criança sujeita à dieta trouxeram doces, o que transtorna completamente toda a investigação em que o seu futuro tratamento deve basear-se.

O fato é que, nas horas de visita, a irmã tem de largar o controle da situação e creio que, por vezes, ela não tem realmente uma ideia do que acontece durante esse período. E não há maneira de evitar isto. Além de que, à parte as indiscrições alimentares, existe a ameaça de infecção.

Outra dificuldade, como uma excelente irmã encarregada de uma enfermaria me contou, é que, como lhes foi permitida a visita diária, as mães pensam que os filhos estão sempre chorando no hospital, o que, evidentemente, não é verdade. É verdade que, se a mãe visita o filho, essa visita causa frequentemente tristeza e aflição. Todas as vezes que a mãe visita a enfermaria, fomenta na criança recordações suas. Faz reviver nela o desejo de estar em casa, de modo que não são poucas as vezes em que a mãe deixa a criança chorando. Mas esse gênero de tristeza, creio eu, nem de longe é tão prejudicial para a criança quanto a tristeza que se converteu em indiferença. Se a mãe tiver de deixar a criança sem visita por um largo tempo, que acabe por ser esquecida, a criança recuperar-se-á passados uns dias e deixará de afligir-se, adotando as enfermeiras e as demais crianças e desenvolvendo uma nova vida. Neste caso, a mãe foi esquecida e terá de ser novamente relembrada mais tarde.

Não seria tão mau se as mães se contentassem em ver os filhos e sair de novo, passados alguns minutos apenas; mas as mães não são capazes disso, naturalmente. Como seria de esperar, vão para a enfermaria e usam todo o tempo que lhes é concedido. Algumas parecem estar quase "namorando" os filhos; trazem-lhes presentes de toda espécie, especialmente comida, e exigem respostas afetuosas; e levam um tempo imenso para retirar-se, ficando paradas à porta acenando, até a criança estar completamente exausta pelo esforço de dizer adeus. E as mães são muito capazes de abordar a enfermeira, à saída, para lhe dizer alguma coisa a respeito de a criança não estar suficientemente abrigada, não ter bastante para comer ao jantar ou qualquer coisa semelhante. São poucas as mães que aproveitam o momento de partir para agradecerem à irmã o que está fazendo por seus filhos e que é realmente algo de grande. É muito difícil admitir que alguém esteja cuidando do filho como a própria mãe o faria.

É compreensível, portanto, no caso que perguntássemos à irmã, depois de os pais terem partido, "Irmã, o que faria a respeito das visitas, se fosse uma ditadora?", ela responder, muito provavelmente: "Decretaria a sua abolição." Contudo, ela poderia concordar, em um momento mais favorável, que a visitação é uma coisa natural e boa. Os médicos e enfermeiras compreendem que vale a pena autorizá-las se puderem enfrentar as consequências e se aos pais puder ser solicitado que cooperem.

Eu estava dizendo termos verificado que tudo quanto divida a existência da criança em fragmentos é prejudicial. As mães sabem disso, pelo que lhes agrada a visitação diária por tornar-lhes possível manter-se em contato com os filhos durante esses tempos infelizes em que a assistência hospitalar é necessária.

Parece-me que, quando as crianças se *sentem* doentes, todo o problema fica mais fácil; todos compreendem o que é preciso fazer. As palavras parecem tão inúteis, quando estamos falando com uma criança pequena, e tão desnecessárias, quando uma criança se sente muito doente. A criança pressente apenas que alguma coisa será feita que a ajudará, e se essa ajuda implica que a hospitalização será aceita, ainda que com muitas lágrimas. Mas, quando uma criança é colocada em um hospital sem sentir que realmente não está bem, o problema é bem diferente. Recordo-me de uma criança que estava brincando na rua quando, subitamente, surgiu uma ambulância e ela foi levada para um hospital de doenças contagiosas, embora ela se sentisse bem, visto que no dia anterior fora descoberto no hospital (por meio de um exame de garganta) que era portadora de uma difteria. É fácil imaginar quanto isso foi terrível para a criança, a quem não foi sequer permitido que entrasse em casa para dizer adeus à família. Quando não nos podemos explicar, devemos esperar certa perda de fé; com efeito, essa criança a que me estou referindo nunca mais se recuperou, realmente, dessa experiência. Talvez, se a visitação familiar tivesse sido permitida, o resultado tivesse sido mais feliz. Se não houvesse outras razões, parece-me que os pais deveriam poder visitar essa criança a fim de aceitarem sua cólera enquanto não estava muito alta.

Falei da necessidade de assistência hospitalar como *infeliz*, mas pode ser encarada de outra maneira. Quando a criança já tem idade bastante, uma experiência hospitalar, ou uma estada fora de casa com uma tia, pode ser muito valiosa, propiciando uma oportunidade para que o lar seja observado de fora. Recordo-me de um menino de doze anos que disse, depois de ter estado em uma clínica de convalescença durante um mês: "Sabe, acho que não sou realmente o favorito de minha mãe. Ela me dá sempre tudo o que eu quero, mas não me ama, de qualquer maneira." Ele tinha toda a razão; sua mãe esforçava-se ao máximo, mas estava passando por dificuldades próprias que interferiam em seus contatos com os filhos; foi bastante saudável para esse menino poder observar a mãe de certa distância. Ele regressou ao lar disposto a enfrentar a situação de uma nova maneira.

Por causa de suas próprias dificuldades e problemas, alguns pais não são o ideal. De que modo isso influi nas visitas hospitalares? Bem, se os pais, durante a visita, discutem diante da criança, é naturalmente uma coisa bastante penosa que preocupará a criança depois. Tal atitude pode seriamente afetar o regresso da criança a um estado de saúde física. E algumas pessoas são incapazes de manter as promessas. Dizem que virão, ou que trarão um determinado brinquedo ou livro, mas não o fazem. E, depois, há ainda o problema dos pais que, embora deem presentes, roupas e muitas outras coisas que de fato são muito importantes, não são capazes de uma carícia no momento oportuno. Esses pais poderão achar mais fácil amar os filhos nas condições difíceis de uma enfermaria hospitalar. Apresentam-se cedo e permanecem todo o tempo possível, trazendo cada vez mais presentes. Depois de partirem, a criança mal pode respirar. Uma menina implorou-me certa vez (foi por volta do Natal): "Leve-me todos esses presentes daqui para fora!" Estava tão deprimida pelo peso das expressões de amor que tinham adquirido essa forma indireta e nada tinham a ver com o estado de espírito da criança.

Parece-me que os filhos de pais autoritários, inseguros e altamente excitáveis podem obter grande alívio se por algum tempo ficarem no hospital *sem serem visitados*. A irmã enfermeira tem algumas crianças nessas condições a seu cargo e podemos entender o seu ponto de vista quando, por vezes, acha que *todas* as crianças estarão melhores sem visitas. Ela também cuida das crianças cujos pais vivem demasiado longe para poderem fazer visitas e, o mais difícil de tudo, crianças órfãs de pai e mãe. Naturalmente, as horas de visita não ajudam a irmã no tratamento *dessas* crianças, que fazem exigências especiais tanto a ela como às demais enfermeiras, por causa de uma frágil crença nos seres humanos. Para as crianças sem um bom lar, a estada no hospital poderá fornecer-lhes a primeira boa experiência. Algumas delas nem sequer acreditam o bastante nos seres humanos para ficarem tristes; têm de fazer amizade com qualquer pessoa que apareça e quando estão sós balançam-se para um e outro lado, ou batem com a cabeça no travesseiro ou nas grades da cama. Não há motivo para que as mães deixem os filhos sofrer, pelo fato de existirem na mesma enfermaria essas crianças desamparadas, mas simultaneamente conviria saber que o tratamento pelas irmãs dessas crianças menos felizes pode ficar dificultado pelo fato de as outras crianças estarem sendo visitadas pelos seus próprios pais.

Quando tudo corre bem, pode acontecer que o principal efeito de uma estada no hospital seja a criança dispor, daí em diante, de uma nova brincadeira: havia o de "Pais e Mães", depois, claro, o de "Escolas" e, agora, o de "Médicos e Enfermeiras". Por vezes, a vítima é o bebê, outras vezes uma boneca, um cachorro ou um gato.

A principal coisa que quero dizer é que a introdução das frequentes visitas às crianças hospitalizadas é um importante passo à frente e constitui, de fato, uma reforma que há muito era devida. Recebi favoravelmente a nova tendência como algo que atenua a aflição e que, no caso de crianças na idade de começar a dar os primeiros passos, pode facilmente estabelecer uma diferença entre o bom e o completamente mau, quando uma criança é obrigada a passar certo período de tempo no hospital. Chamei a atenção para as dificuldades, que podem ser bastante concretas, em virtude do fato de eu pensar que a visitação hospitalar é tão importante.

Hoje em dia, quando entramos em uma enfermaria de crianças, vemos um pequerrucho de pé em seu berço ou sua caminha, ansioso por encontrar alguém com quem fale, e poderemos facilmente ser recebidos por frases como esta: "Minha mamãe vem visitar-me!" Essa notícia vaidosa é um novo fenômeno. E posso mencionar o caso de um menino de três anos de idade, que estava chorando copiosamente e as enfermeiras fazendo o impossível por descobrir um modo de torná-lo feliz. As carícias não tiveram qualquer efeito; a criança não as queria. Por último, descobriram que certa cadeira deveria ser colocada ao lado da cama. Isso acalmou-o, mas levou algum tempo até que pudesse explicar: "É para o papai sentar, quando vier me ver amanhã."

Por conseguinte, é fácil ver que deve existir alguma coisa nessa questão das visitas mais do que a prevenção de perigos; mas será uma boa ideia os pais tentarem compreender as dificuldades, de maneira que os médicos e enfermeiras fiquem habilitados a salvaguardar algo que é bom, mas que também sabem poder estragar a qualidade do próprio trabalho responsável que estão levando a efeito.

CAPÍTULO 34

Aspectos da Delinquência Juvenil

A delinquência juvenil é um vasto e complexo tema, mas tentarei dizer algo muito simples acerca das crianças antissociais e da relação entre a delinquência e uma vida familiar plena de carências.

Sabemos que, na investigação sobre diversos alunos de uma escola aprovada, o diagnóstico pode variar entre o normal (ou sadio) e o esquizofrênico. Contudo, algo existe que une todos os delinquentes. O que é?

Em uma família convencional, um homem e uma mulher, marido e esposa, assumem responsabilidade conjunta pelos filhos. Nascem os bebês, a mãe (apoiada pelo pai) cria cada um dos filhos, estudando a personalidade de cada, enfrentando o problema pessoal de cada, na medida em que afete a sociedade em sua menor célula, a família e o lar.

Como é uma criança normal? Come, cresce e sorri com meiguice? Não, ela não é assim. Uma criança normal, quando tem confiança no pai e na mãe, provoca constantes sobressaltos. No decorrer do tempo, procura exercer o seu poder de desunião, de destruição, tenta amedrontar, cansar, desperdiçar, seduzir e apropriar-se das coisas. Tudo o que leva as pessoas aos tribunais (ou aos hospícios, tanto importa para o caso) tem seu equivalente normal na infância, na relação entre a criança e o seu próprio lar. Se o lar pode suportar com êxito tudo o que a criança fizer para desuni-lo, ela acaba por acalmar-se por meio das brincadeiras; mas, em primeiro lugar, devem-se realizar testes, especialmente se existirem algumas dúvidas quanto à estabilidade do ambiente paterno e materno no lar (com esta palavra pretendo significar muito mais do que uma casa). A princípio, a criança precisa ter consciência de uma estrutura, se quiser sentir-se livre e estar apta a brincar, a fazer seus próprios desenhos, enfim, ser uma criança irresponsável.

E por que deve ser assim? O fato é que as primeiras fases do desenvolvimento emocional estão repletas de conflitos e rupturas potenciais.

A relação com a realidade externa não está ainda radicada com firmeza; a personalidade ainda não está plenamente integrada; o amar primitivo tem uma finalidade destrutiva, e a criança não aprendeu ainda a tolerar e dominar seus instintos. Ela poderá vir a controlar todas essas coisas, e, ainda mais, se o seu ambiente circundante for estável e pessoal. No início, ela precisa absolutamente viver em um círculo de amor e de força (com a tolerância consequente), se não quisermos que tenha medo de seus próprios pensamentos e de sua imaginação, para realizar progressos em seu desenvolvimento emocional.

Ora, o que sucede se o lar não corresponder ao que a criança precisa, antes de ela elaborar a ideia de uma estrutura como parte de sua própria natureza? A ideia popular é que, encontrando-se "livre", ela trata de obter seu próprio prazer. Isso está longe da verdade. Verificando que a estrutura de sua vida foi quebrada, ela deixa de sentir-se livre. Torna-se inquieta, angustiada, e se tiver esperança tratará de procurar uma estrutura algures, fora de casa. A criança cujo lar não conseguiu dar-lhe um sentimento de segurança procura fora de casa as quatro paredes que lhe faltaram; tem ainda esperança e busca nos avós, tios e tias, amigos da família e na escola o que lhe falta. Procura uma estabilidade externa, sem a qual enlouquecerá. Fornecida em tempo adequado, essa estabilidade poderá consolidar-se na criança como os ossos no seu corpo, de modo que, gradativamente, no decorrer dos primeiros meses e anos de vida, passará da dependência e da necessidade de ser dirigida para a independência. Frequentemente, uma criança aufere nas suas relações e na escola aquilo que lhe faltou no verdadeiro lar.

A criança antissocial está meramente olhando um pouco mais longe, para a sociedade em lugar de sua própria família ou escola, a fim de lhe fornecer a estabilidade de que precisa, se quiser superar as primeiras e essenciais fases da sua evolução emocional.

Descrevo o problema da seguinte maneira. Quando uma criança rouba açúcar, está procurando a boa mãe, a sua própria, de quem tem o direito de tomar toda a doçura que ela comporta. De fato, essa doçura é da criança, pois foi ela quem inventou a mãe e a sua doçura a partir de sua capacidade de amor, de sua capacidade primitiva de criar, seja o que isso for. Está igualmente procurando o seu pai, poderíamos dizer, que protegerá a mãe dos ataques que a criança lhe faz, ataques esses que constituem um exercício de amor primitivo. Quando uma criança rouba fora de sua casa, está ainda procurando sua mãe, mas o faz com maior sentido de frustração e precisando cada vez mais, ao mesmo tempo, encontrar a autoridade paterna que possa pôr e, de fato, ponha um limite ao efeito positivo de seu comportamento impulsivo e à concretização de ideias que assaltam a criança quando se encontra em um estado de excitação. Na delinquência total é difícil uma observação fidedigna, pois nos deparamos com a necessidade aguda da criança de encontrar um pai rigoroso, que proteja a mãe quando ela é encontrada. O pai rigoroso que a criança evoca pode ser também carinhoso, mas, em primeiro lugar, deve ser severo e forte. Só quando a figura paterna, severa e forte, está em evidência é que a criança recupera seus primitivos impulsos amorosos, seu sentimento de culpa e seu desejo de corrigir-se. A menos que caia em dificuldades graves, o delinquente só poderá tornar-se cada vez mais inibido no amor e, por consequência, cada vez mais deprimido e despersonalizado, acabando, finalmente, por ser incapaz de sentir a realidade das coisas, exceto a realidade da violência.

A delinquência indica que certa esperança se mantém. Não se trata, *necessariamente*, de uma doença da criança quando ela age antissocialmente, o comportamento antissocial não passa, por vezes, de um SOS para que a criança seja controlada por pessoas fortes, carinhosas e confiantes. Contudo, a maioria dos delinquentes são, até certo ponto, jovens doentes, e a palavra doença torna-se apropriada mediante o fato de que, em muitos casos, o sentimento de segurança não chegou à vida da criança suficientemente cedo para ser incorporado às suas convicções e crenças. Ao passo que, sob uma orientação forte, a criança antissocial poderá parecer estar em perfeitas condições; mas deem-lhe liberdade e em breve ela sentirá a ameaça de loucura. Assim, ela ofende a sociedade (sem saber o que está fazendo) a fim de restabelecer o controle proveniente de fora.

A criança normal, ajudada nas fases iniciais pelo seu próprio lar, desenvolve a capacidade de controlar-se a si mesma. Desenvolve o que por vezes se denomina "ambiente interno", com uma tendência para encontrar bons meios circundantes. A criança antissocial, doente, sem oportunidade para criar um bom "ambiente interno", necessita absolutamente de um controle de fora para ser feliz e estar apta a brincar ou trabalhar. Entre esses dois extremos, crianças normais e crianças antissociais e doentes, situam-se as que podem obter ainda uma crença na estabilidade, se uma experiência contínua de controle por pessoas carinhosas lhes puder ser propiciada durante vários anos. A criança de seis ou sete anos tem muito mais probabilidades de conseguir ajuda dessa maneira do que a de dez ou onze anos.

Na guerra, muitos dentre nós tivemos a experiência dessa provisão tardia de um meio estável para crianças privadas de vida familiar, nos abrigos para crianças evacuadas, especialmente as difíceis de conseguir alojar. Durante os anos de guerra, as crianças com tendências antissociais foram tratadas como doentes. Esses abrigos e as escolas especializadas para crianças desajustadas que substituíram os primeiros realizaram uma obra profilática para o Ministério do Interior. Trataram a delinquência *como uma doença* mais facilmente porque a maioria das crianças não tivera ainda de apresentar-se perante os tribunais do Juizado de Menores. Esse é o lugar, certamente, para o tratamento da delinquência como uma doença do indivíduo e o lugar adequado para pesquisas, proporcionando oportunidades para ganhar experiências. Todos conhecemos o belo trabalho realizado em algumas escolas aprovadas, mas o fato de que a maior parte das crianças que as frequentavam ter sido sentenciada em tribunais tornava o problema difícil.

Nos mencionados abrigos, ou albergues para crianças desajustadas, há uma oportunidade para os que encaram o comportamento antissocial como um SOS da criança doente, para exercerem uma função e, assim, aprenderem algo. Cada albergue ou grupo de albergues sob o controle do Ministério da Saúde, em tempo de guerra, dispunha de uma comissão orientadora e, no grupo a que eu estava ligado, a comissão realmente interessou-se pelo problema e tomou a responsabilidade pelos detalhes do trabalho junto das crianças albergadas. Por certo, muitos magistrados poderiam ser eleitos para tais comissões e assim ficar em estreito contato com a orientação concreta das crianças que ainda não passaram pelos tribunais de menores. Não basta visitar escolas ou albergues aprovados, ou ouvir as pessoas falarem a tal respeito. A única maneira interessante é assumir alguma responsabilidade, mesmo que indiretamente, no apoio inteligente aos que orientam meninos e meninas que tendem para uma conduta antissocial.

Nas escolas para as chamadas crianças desajustadas, está-se livre para trabalhar com uma finalidade terapêutica e isso faz uma enorme diferença. Os fracassos acabarão por passar pelos tribunais, mas os êxitos converter-se-ão em cidadãos.

Revertemos agora ao tema da criança privada de vida familiar. À parte serem negligenciadas (caso em que chegarão aos tribunais de menores como delinquentes), podem ser tratadas de duas outras maneiras. Podem ser submetidas à psicoterapia pessoal, ou podem ser dotadas de um forte ambiente estável, com amor e carinho pessoal e doses crescentes de liberdade. De fato, sem este último método, o primeiro (a psicoterapia pessoal) não tem probabilidade de ser bem-sucedido. E com o fornecimento de um apropriado substitutivo para o lar, a psicoterapia pode tornar-se desnecessária, o que é uma boa coisa porque, praticamente, nunca é acessível. Passarão ainda muitos anos até que psicanalistas adequadamente treinados estejam acessíveis, mesmo em quantidades modestas, para dispensarem o tratamento pessoal tão urgentemente requerido, em muitos casos.

A psicoterapia pessoal é dirigida no sentido de habilitar a criança a completar o seu desenvolvimento emocional. Isto significa inúmeras coisas, incluindo o estabelecimento de uma boa capacidade para sentir a realidade das coisas concretas, tanto internas como externas, e o estabelecimento da integração da personalidade individual. O pleno desenvolvimento emocional significa isto e muito mais. Após esses fatos primordiais, seguem-se os primeiros sentimentos de preocupação e culpa, bem como os primeiros impulsos para efetuar reparações. E na própria família há os primeiros casos de situações triangulares, bem como de todas as complexas relações interpessoais que fazem parte da vida no lar.

Além disso, se tudo correr bem e se a criança acabar por ser capaz de orientar-se e às suas relações com adultos e outras crianças, terá de lidar com complicações, tais como a mãe com crises de depressão, o pai com episódios maníacos, o irmão com acessos cruéis, a irmã com convulsões. Quanto mais pensamos em todas essas coisas, tanto melhor compreendemos por que as crianças precisam tanto do *background* da própria família e, se possível, da estabilidade também de um ambiente físico; e, com base em tais considerações, compreendemos que as crianças privadas de vida familiar devem ser dotadas de algo pessoal e estável, quando ainda são suficientemente novas para fazer uso disso em certa medida, ou então devem-nos forçar mais tarde a fornecer essa estabilidade na forma de uma escola aprovada ou, em último recurso, quatro paredes na forma de uma cela de prisão.

Dessa maneira, volto à ideia de "manutenção" e de satisfação da independência. Em lugar de sermos obrigados a manter uma criança doente ou um adulto que é antissocial, seria preferível "mantermos" uma criança, logo desde o princípio.

CAPÍTULO 35

As Raízes da Agressividade

A leitora terá compreendido, pelas diversas referências acidentais disseminadas por todo o presente livro, que eu sei que os bebês e crianças gritam, mordem, dão pontapés e puxam os cabelos às respectivas mães, têm impulsos que são agressivos ou destrutivos, ou de qualquer modo desagradáveis.

A assistência às crianças é complicada por episódios destrutivos que podem necessitar de tratamento e, por certo, precisam de compreensão. Seria uma boa ajuda para a compreensão desses acontecimentos cotidianos se pudéssemos formular uma exposição teórica sobre as raízes da agressividade. Contudo, como poderei abranger todos os aspectos desse vasto e difícil tema, se ao mesmo tempo recordar que muitas das minhas leitoras não estudaram Psicologia, mas estão empenhadas em um gênero prático de assistência infantil?

Em poucas palavras, a agressão tem dois significados. Por um lado, constitui direta ou indiretamente uma reação à frustração. Por outro lado, é uma das muitas fontes de energia de um indivíduo. Problemas imensamente complexos resultam de um exame mais detalhado dessa simples afirmação e, na verdade, só poderei começar a elaborar aqui o tema principal.

Todos concordarão que não podemos falar tão somente a respeito de agressividade, tal como se revela na vida da criança. O assunto é bastante mais vasto; e, em qualquer caso, estamos sempre tratando de uma criança em evolução, e é o desenvolvimento de uma coisa a partir da outra que mais profundamente nos interessa.

Por vezes, a agressão mostra-se claramente e consome-se, e precisa de alguém para enfrentá-la e fazer algo que impeça os danos que ela poderia causar. Outras tantas vezes a agressão não se mostra abertamente, aparecendo os seus impulsos sob a forma de um determinado tipo oposto. Talvez seja uma boa ideia, em meu entender, observar alguns tipos antagônicos da agressão.

Mas, em primeiro lugar, devo fazer uma observação de ordem geral. É prudente supor que, fundamentalmente, todos os indivíduos são essencialmente semelhantes, e isso apesar dos fatores hereditários que fazem de nós aquilo que somos e tornam os indivíduos distintos uns dos outros. Quero dizer, existem certas características na natureza humana *que podem encontrar-se em todas as crianças* e em todas as pessoas de qualquer idade; uma teoria compreensiva do desenvolvimento da personalidade humana, desde os primeiros anos da infância até a independência adulta, seria aplicável a todos os seres humanos, independentemente de sexo, raça, cor da pele, credo ou posição social. As aparências podem variar, mas existem denominadores comuns nos problemas humanos. Uma criança pode tender para a agressividade e outra dificilmente revelará qualquer sintoma de agressividade, desde o princípio; todavia, cada uma delas tem o mesmo problema. Trata-se, simplesmente, de que as duas crianças estão manobrando de maneiras distintas suas respectivas cargas de impulsos agressivos.

Se tentarmos observar o início da agressividade em um indivíduo, o que encontraremos é o fato de um movimento infantil. Este principia até antes do nascimento, não só nas evoluções do bebê por nascer, mas também nos movimentos mais bruscos das pernas, que fazem a mãe dizer que sente o filho dar-lhe pontapés. Uma parte da criança movimenta-se e, ao mover-se, encontra algo. Um observador poderia talvez chamar a isso um golpe ou um pontapé, mas a substância desses golpes e pontapés está faltando, porque o bebê (por nascer ou recém-nascido) ainda não se converteu em uma pessoa que possa ter uma razão nítida para justificar essas ações.

Por conseguinte, existe em toda criança essa tendência para movimentar-se e obter alguma espécie de prazer muscular no movimento, lucrando com a experiência de mover-se e encontrar algum obstáculo. Acompanhando essa característica, poderíamos descrever o desenvolvimento de uma criança anotando a progressão desde um simples movimento até as ações que exprimem cólera, ou os estados que denunciam ódio e controle do ódio. Poderíamos continuar a descrever a maneira como a pancada acidental converte-se em um golpe com a intenção de causar dano e, a par disto, poderemos encontrar uma proteção do objeto que é simultaneamente amado e odiado. Além disso, poderemos descrever a organização das ideias e impulsos destruidores em uma criança individual, integrada em um padrão de comportamento; e, no desenvolvimento sadio, tudo isso pode demonstrar a maneira como as ideias destrutivas, conscientes e inconscientes, e as reações a tais ideias, aparecem nos sonhos e brincadeiras infantis, bem como a agressão que é dirigida contra o que parece estar aceito no meio imediato da criança como digno de destruição.

Podemos compreender que essas primeiras pancadas infantis levam a uma descoberta do mundo que não é o eu da criança e ao começo de uma relação com objetos externos. O que muito em breve será um comportamento agressivo não passa, portanto, no início, de um simples impulso que desencadeia um movimento e aos primeiros passos de uma exploração. A agressão está sempre ligada, desta maneira, ao estabelecimento de uma distinção clara entre o que é e o que não é o eu.

Tendo deixado esclarecido, espero, que todos os indivíduos humanos são semelhantes, apesar do fato de cada um ser essencialmente distinto, posso agora referir-me a alguns dos inúmeros opostos da agressão.

Como exemplo, temos o contraste entre a criança atrevida e a tímida. Em uma, a tendência é para obter o alívio que faz parte da manifestação ostensiva de agressão e hostilidade e na outra há uma tendência para encontrar essa agressão, não no eu, mas algures, e ter medo dela ou ficar apreensiva, na expectativa de que se exerça sobre a criança, proveniente do mundo externo. A primeira criança é feliz por descobrir que a hostilidade manifestada é limitada e consumível, ao passo que a segunda criança jamais atinge um extremo satisfatório e fica sempre esperando sucessivas dificuldades. E, em alguns casos, as dificuldades realmente existem.

Algumas crianças tendem, definitivamente, a ver seus próprios impulsos agressivos controlados (recalcados) na agressão de outros. Isto pode evoluir de um modo nada sadio, uma vez que o fornecimento de perseguição pode esgotar-se e tem de ser suprido por ilusões. Assim, encontramos crianças sempre na expectativa de perseguição e tornando-se porventura agressivas como autodefesa contra ataques imaginados. Isso é uma doença, mas o padrão pode ser encontrado como uma fase no desenvolvimento de quase todas as crianças.

Observando outro gênero de oposto, podemos contrastar a criança que é facilmente agressiva com uma que mantém a agressão "dentro dela" e, portanto, fica tensa, excessivamente controlada e séria. Segue-se, naturalmente, certo grau de inibição de todos os impulsos e, assim, da capacidade criadora, pois esta se acha vinculada à irresponsabilidade infantil e a uma existência sem cuidados nem preocupações. Não obstante, no caso desta última alternativa, embora a criança perca algo em termos de liberdade interior, pode-se afirmar que há um benefício na medida em que o autodomínio começou a desenvolver-se, a par de certo respeito pelos outros e uma proteção para o mundo daquilo que, de outra maneira, seria crueldade implacável da criança. Na criança sadia desenvolve-se, com efeito, a capacidade para colocar-se na situação das outras pessoas e identificar-se com objetos externos e pessoas.

Uma das coisas mais desagradáveis no que diz respeito ao autodomínio é que uma criança gentil, que não seria capaz de fazer mal a uma mosca, pode estar sujeita a periódicos surtos de sentimentos e conduta agressiva, uma explosão de cólera, por exemplo, ou uma ação perversa, e isso não tem valor positivo para quem quer que seja, ainda menos para a criança, que mais tarde pode até nem recordar o que sucedeu. Tudo o que os pais podem fazer é encontrar um meio de sair desse episódio desagradável e esperar que, com o desenvolvimento da criança, possa estabelecer-se uma expressão mais significativa de agressão.

Em outra alternativa mais madura para o comportamento agressivo, a criança sonha. Nos sonhos, a destruição e a morte são experimentadas em fantasia e essa atividade onírica está associada com um determinado grau de excitação no corpo; é uma experiência concreta e não um exercício intelectual, apenas. A criança que pode orientar os sonhos está ficando apta para todos os tipos de brincadeira, sozinha ou com outras crianças. Se o sonho contiver demasiada destruição ou envolver uma ameaça muito grave para objetos sagrados, ou se sobrevier o caos, então a criança acordará gritando. Neste ponto, a mãe desempenhará o seu papel ficando ao alcance da criança e ajudando-a a despertar do pesadelo para que a realidade externa possa exercer uma vez mais sua função tranquilizadora. Esse processo de despertar pode constituir também uma experiência estranhamente satisfatória para a criança.

Devo fazer aqui uma nítida distinção entre sonho e devaneio. O encadeamento de fantasias, durante a vida desperta, não é aquilo a que me estou referindo. O essencial a respeito do sonho, em oposição ao devaneio, é que o sonhador está adormecido e pode estar desperto. O sonho pode ser esquecido, mas foi sonhado e isso é significativo. (Existe também o sonho verdadeiro, que se reflete na vida desperta da criança, mas isso é outra história.)

Falei das brincadeiras infantis, que se baseiam na fantasia e no reservatório total do que poderia ser sonhado, e das camadas mais profundas – mesmo as mais profundas de todas – do inconsciente. Pode-se facilmente entender até que ponto é importante o papel desempenhado, no desenvolvimento, normal, pela aceitação infantil dos símbolos. Uma coisa "sustenta" a outra, e a consequência é haver um enorme alívio em relação aos crus e incômodos conflitos que fazem parte da verdade pura.

É bastante incômodo uma criança amar ternamente a sua mãe e querer também comê-la; ou quando uma criança ama e detesta simultaneamente o pai, e não pode deslocar o ódio ou o amor para um tio; ou quando uma criança quer ver-se livre de um novo bebê e não pode expressar satisfatoriamente o sentimento pela perda de um brinquedo. Há algumas crianças que são assim e sofrem por isso.

Habitualmente, porém, a aceitação de símbolos começa cedo. A aceitação de símbolos dá margem ampla para as experiências concretas da criança. Por exemplo, quando um bebê adota muito cedo algum objeto especial para acariciar, este vale tanto pelo bebê como pela mãe. Constitui, assim, um símbolo de união, como o polegar do bebê que chupa o dedo, e o próprio símbolo pode ser atacado, muito mais apreciado do que todas as coisas que mais tarde a criança possua.

A brincadeira, baseada como é na aceitação de símbolos, contém possibilidades infinitas. Habilita a criança a experimentar seja o que for que se encontre em sua *íntima realidade psíquica* pessoal, que é a base do crescente sentido de identidade. Tanto haverá agressão quanto amor.

Na criança individual em evolução de amadurecimento, surge outra alternativa à destruição muito importante. É a *construção*. Tentei descrever algo da maneira complexa como, em condições favoráveis de ambiente, um impulso construtivo relaciona-se com a crescente aceitação pessoal de responsabilidade pelo aspecto destrutivo da natureza infantil. É um dos mais importantes sintomas de saúde, em uma criança, quando surge e se mantém a atividade lúdica construtiva. Trata-se de algo que não pode ser implantado, como implantada não pode ser, por exemplo, a confiança.

Aparece, com o decorrer do tempo, como resultado da totalidade das experiências concretas da criança no ambiente fornecido pelos pais ou pelos que atuam como pais.

Essa relação entre agressão e construção pode ser comprovada se retirarmos a uma criança (ou a um adulto, também) a oportunidade de fazer alguma coisa pelos que lhe são chegados e queridos, ou a possibilidade de prestar a sua "contribuição", de participar na satisfação das necessidades da família. Por "contribuir" entendo fazer coisas por prazer, ou ser como alguém, mas ao mesmo tempo verificar que isso é o que faz falta para a felicidade da mãe ou para o governo da casa. É como "encontrar o próprio nicho". Uma criança participa simulando cuidar do bebê, fazer a cama, usar a máquina de lavar ou fazer doces, uma situação de participação satisfatória que tem como corolário o fato de essa simulação ser levada a sério por alguém. Se troçarem, converte-se então em pura mímica, e a criança experimenta uma sensação de impotência e inutilidade físicas. Nesse ponto, poderá facilmente haver na criança uma explosão de franca destrutividade e agressão.

À parte as experiências, tal estado de coisas pode ocorrer no curso habitual dos acontecimentos, visto ninguém compreender que uma criança precisa ainda mais dar do que receber.

Notar-se-á que a atividade de um bebê sadio caracteriza-se por movimentos naturais e uma tendência para bater contra as coisas; o bebê acaba, gradualmente, por empregar essas atividades, a par dos gritos, de cuspir, de defecar e urinar, a serviço da ira, do ódio e da vingança. A criança passa, simultaneamente, a amar e odiar – aceitando a contradição. Um dos mais importantes exemplos da conjugação do amor e da agressividade surge com o impulso para morder, o que passa a fazer sentido a partir dos cinco meses, aproximadamente. Por fim, integra-se no prazer que acompanha o ato de comer qualquer espécie de alimento. Originalmente, porém, é o bom objeto, o corpo materno, que excita o impulso de morder e que produz ideias de morder. Assim, o alimento acaba por ser aceito como um símbolo do corpo materno, do corpo do pai ou de qualquer outra pessoa amada.

É tudo muito complicado e é preciso bastante tempo para que um bebê controle as ideias e excitações agressivas, sem perder a capacidade para ser agressivo em momentos apropriados, seja no ódio ou no amor.

Disse Oscar Wilde: "Todo homem mata aquilo que ama." Trazem diariamente ao nosso conhecimento que, a par do amor, devemos esperar algo que nos magoe. Na assistência infantil, verificamos que as crianças tendem a amar a coisa que agridem. A agressão faz parte integrante da vida da criança e a pergunta é: de que maneira o seu filho encontrará um método para dominar essas forças agressivas, colocando-as a serviço da tarefa de viver, amar, brincar e, finalmente, trabalhar?

E isso não é tudo. Há ainda a pergunta: qual é o ponto de origem da agressividade? Vimos que, no desenvolvimento de um bebê recém-nascido, existem os primeiros movimentos naturais e os gritos, e que estes podem ser agradáveis, mas nada acrescentam a um significado claramente agressivo, pois a criança ainda não está devidamente organizada como pessoa. Queremos saber, porém, como é que isso sucede: um bebê querer, talvez desde o princípio, destruir o mundo. Isso é de uma importância vital, visto ser o resíduo dessa destruição infantil "difusa" que poderá realmente destruir o mundo em que vivemos e amamos. Na mágica infantil, o mundo pode ser aniquilado em um fechar de olhos e recriado por uma nova olhadela e uma nova fase de necessidade. Os venenos e armas explosivas dão à magia infantil uma realidade que é o próprio oposto da mágica.

A maioria das crianças recebe cuidados suficientemente bons, nas primeiras fases, para que certa dose de integração seja efetuada na personalidade, e o perigo de uma erupção maciça da destrutividade inteiramente vazia de sentido é bastante improvável. A título de prevenção, o mais importante é reconhecermos o papel que os pais desempenham na facilitação dos processos de maturação de cada criança, no decurso da vida familiar; e, em especial, podemos aprender a avaliar o papel da mãe nos primeiros tempos, quando as relações do bebê com a mãe transitam das puramente físicas para aquelas em que se opera um encontro do filho com a atitude materna, e o puramente físico começa a ser enriquecido e complicado por fatores emocionais.

Mas a pergunta mantém-se: o que sabemos sobre a origem dessa força que é inata nos seres humanos e que subentende a atividade destrutiva ou seu equivalente no sofrimento sob controle? Por trás dela, tudo é *destruição mágica*. Isso é normal para as crianças nas primeiras fases do seu desenvolvimento, e evolui paralelamente à criação mágica. A destruição primitiva ou mágica de todos os objetos faz parte do fato de que (para a criança) o objeto deixa de ser um componente de "mim" para passar a "não ser eu", deixa de ser fenômeno subjetivo para passar a ser precedido objetivamente. De modo habitual, essa mudança ocorre por gradações sutis que acompanham as mudanças graduais do desenvolvimento da criança, mas com uma assistência maternal defeituosa essas mesmas mudanças ocorrem bruscamente e de maneira que a criança não pode prever.

Ao fazer com que a criança passe a salvo essa fase vital, de um modo sensível, nos primeiros tempos de seu desenvolvimento, a mãe dá tempo ao filho para adquirir toda espécie de processos para enfrentar o choque de reconhecer a existência de um mundo que está situado fora do *seu* controle mágico. Se for concedido tempo suficiente para os processos de maturação, a criança capacita-se, então, a ser destrutiva, odiar, agredir e gritar, em vez de aniquilar magicamente o mundo. Dessa maneira é possível encarar a *agressão concreta como uma realização positiva*. Comparados com a destruição mágica, as ideias e o comportamento agressivos adquirem um valor positivo, e o ódio converte-se em um sinal de civilização, sempre que tivermos presente todo o processo de evolução emocional do indivíduo, especialmente em suas primeiras fases.

No presente livro, tentei descrever precisamente essas fases sutis por meio das quais, quando existem boa assistência materna e boa orientação dos pais, a maioria das crianças adquire saúde e capacidade para deixar de lado o controle e a destruição mágicos, desfrutando prazer com a agressão que neles acompanha as gratificações e, paralelamente, todas as relações ternas e íntimas riquezas pessoais que compõem a vida da infância.